구법

구법

求法

정운

선의 원류를 찾아서

"스님, 인생에서 가장 다급한 일이 무엇입니까?"
조주 선사가 갑자기 일어서며 말했다.
"오줌 좀 눠야겠다.
 이런 사소한 일도 몸소 이 늙은이가 해야 하는구나."

솔바람

들어가는 말

삶의 길 어느 결에,
인생이 아름다워 보였다.
출가 수행의 길을 걸은 지 20여 년이 넘어서야
인생에서 해야 할 일이 무엇이고,
수행자의 길을 선택한 것이 얼마나 잘 했는지를 실감했다.
물론 쉽게 얻은 긍정의 힘이 아니다.
살을 비집고 나온 진주처럼, 가슴에 생채기를 만든 흉터를 남기고.
안주하고프고, 황무지화되는 마음밭에 숲을 조성하고 물이 필요했다.
중국 선종 사찰 순례는 고갈된 정신세계에 광천수요, 비타민이 되었다.

중국은 불교를 받아들인 이래 수많은 경전을 번역하였다. 당나라 때 여러 종파가 발전했는데, 그 중 하나가 선종이다. 520년 무렵 달마가 중국으로 건너온 이래 중국의 선종역사는 시작되었다. 6조 혜능에 이르러 선종은 큰 물줄기를 이룬다. 혜능의 제자 중, 남악 회양과 청원 행사 문하에서 선종의 5가 7종(청원 행사 법맥에서 법안종 · 운문종 · 조동종, 남악 회양 법맥에서 위앙종 · 임제종, 임제종에서 황룡파 · 양기파)이 형성되었다. 송나라 시대에 이르러 조동종에서 묵조선이, 임제종 양기파에서 간화선이 성립되었다.

한국불교는 인도불교를 받아들인 것이 아니라 중국의 불교를 받아들였으며 중국 간화선 법맥의 줄기요, 중국 선사들의 사상이 조계종의 수행길에 녹아 있다고 볼 수 있다. 이는 9산 선문을 연 선사들, 태고 보우를 비롯한 수많은 역대 한국 고승들의 구법 열정으로 인해 현 한국불교의 터밭을 일굴 수 있었다.

그러나 한국 땅을 벗어나지 않고 수행한 훌륭한 승려도 많았다. 고대부터 지금까지 이름 모를 풀잎처럼, 묵묵히 수행하다 열반한 승려가 부지기수다. 법맥과 상관없이 수행한 수많은 역대의 한국 승려들이 있었기에 한국불교는 존재할 수 있었다고 본다.

중국 선종 사찰 순례를 하면서 중국 선사들과 한국 종단의 법맥을 연계시키고 있는 것은 사실이지만, 필자는 옛 한국 승려들을 잊은 적이 없다. 이에 중국 사찰 기행문이기는 하지만 신라의 무상, 의상, 의천, 원측, 9산 선문을 개산한 승려들, 이외 수많은 구법승들의 정진력도 함께 언급했다. 한편 일본의 도오겐道元(묵조선)과 에이서榮西(간화선)의 법맥도 연계해 두었다. 중국 선사들이 머물던 도량과 사상을 통해 한국불교 간화선 확립은 물론이요, 조계종의 현주소를 되살피는 데 작으나마 도움이 되었으면 하는 바람이다.

선사들의 사상을 언급하면서 글 전개상 사견을 덧붙인 부분이 있다. 어여쁜 눈으로 봐 주옵고 아낌없는 경책 바란다.

열 손가락 깨물어서 아프지 않은 손가락이 없다고는 하지만,
중국 사찰 기행 3권 중 선종 사찰편은 유난히 애착이 많이 간다.
원고를 매만질 때도 중간중간 공을 많이 들였다.
글을 쓰는 일이 순탄치만은 않았다.
여행지에서 고생한 것이 아니라, 순례한 뒤 글을 정리하는 압박감,
글을 쓰면서 함께 공유할 선지식의 부재,
여행 후휴증으로 인해 머나먼 타지에서 여러 날을 앓아눕기도 했다.
물론 여행 가지 않고 글 쓰지 않으면
아플 일도 없고 고통 받을 일도 없을 게다.
그러나 편히 살기에는 인생이 너무 허전하지 않은가.

어떤 이는 이렇게 말한다.

"스님도 글을 쓰면서 스트레스를 받습니까?"

할 말이 없다. 내 수행의 부족함을 탓해야 함이니.

하나, 승려도 중생인지라 이런 정신적·육체적 고뇌와 아픔이 있기에

글을 쓸 수 있는 원동력이 된다는 것을 아마도 모르는 모양이다.

산모가 몇 시간의 산통을 겪어야 이쁜 아기가 세상에 나오듯이,

내게 있어 고통이라는 매개체를 통해,

이 세상에 하나의 책이 탄생할 수 있음을….

이 책이 나오기까지

은사스님을 비롯해 지인들의 염려와 격려에 감사할 따름이다.

이생의 연으로 맺어진 뭇 인연들.

당신들과의 소중한 만남, 영원히 잊지 않을 것이며

당신들의 기대를 저버리지 않도록 끊임없이 정진할 것이다.

꽃이 만개한 봄날,

개웅산 자락에서 정운

선의 원류를 찾아서 — 차례

01_ 고민사 · 천동사 · 아육왕사 · 백림사 · 임제사 · 오조사 · 사조사

01 고민사
이 선방에서 나가시오 천혜 선사 강소성 양주 — 25

02 천동사
묵묵히 앉아서 모든 생각을 끊고 좌선하라 천동 여정, 도오겐 절강성 영파 — 35

03 아육왕사
아무 목적 없이 늙어감을 한탄하라 대각 회련, 의통 절강성 영파 — 43

04 백림사
모두 내려 놓아라 조주 종심 하북성 석가장 — 53

05 임제사
진정한 자유란 무엇인가? 임제 의현 하북성 석가장 — 63

06 오조사
제 성은 불성입니다 5조 홍인 호북성 황매 — 73

07 사조사
노동하는 것도 수행의 연장이다 4조 도신 호북성 황매 — 81

02_ 능인사 · 동림사 · 진여사 · 우민사 · 보봉사 · 보리사 · 황벽사

08 능인사
중국의 영원한 신神, 관우 백운 강서성 구강 — 93

09 동림사
사문은 국왕에게 예를 하지 않아도 된다 여산 혜원, 동림상총 강서성 여산 — 103

10 진여사
사량분별을 쉬고 또 쉬시오 운거 도응, 불인 요원 강서성 영수 — 115

11 우민사
성인이 된 뒤에는 절대 고향에 가지 말라 마조의 전법도량 강서성 남창 — 125

12 보봉사
마음도 아니고 부처도 아니다 마조, 수료 강서성 정안 — 133

13 보리사
출가란 애증의 물줄기를 끊고 번뇌를 끊는 것 동산 양개 강서성 의풍 — 143

14 황벽사
갠지스강의 모래는 무심하다 황벽 희운 강서성 의풍 — 155

03_ 보적사 · 석공사 · 정거사 · 보화사 · 남화사 · 대감사

15 보적사
내 짚신이나 갖다 다오 조산 본적 강서성 의황 — 167

16 석공사
화살 한 대로 몇 마리를 쏘느냐? 마조, 석공 혜장 강서성 의황 — 175

17 정거사
노릉의 쌀값은 얼마 하던가? 청원 행사 강서성 길안 — 183

18 보화사
공양하기에 가장 좋습니다 서당 지장 강서성 공주 — 193

19 남화선사
본래 한 물건도 없거늘 어디에 티끌이 묻을 것인가 6조 혜능의 전법도량 광동성 소관 — 201

20 대감사
선도 생각하지 말고 악도 생각하지 말라 『6조단경』 설법도량 광동성 소관 — 213

04_ 대각사 · 별전사 · 광효사 · 육용사 · 전법원(마경대) · 복엄사 · 남대사

21 대각사
날마다 날마다 좋은 날 운문 문언 광동성 유원 — 223

22 단하산 별전사
하늘과 산봉우리가 맞닿은 곳 단귀, 천연 광동성 인화 — 231

23 광효사, 육용사
바람이 움직이는 것도 깃발이 움직이는 것도 아니다 6조 혜능의 삭발도량 광동성 광주 — 237

24 전법원(마경대)
기와를 갈아서 거울을 만든다 마조의 수행도량 호남성 남악형산 — 245

25 복엄사
한 물건이라 해도 맞지 않다 남악 회양 호남성 남악형산 — 255

26 남대사
풀을 엮어 지은 움막, 꾸밀 것이 하나도 없네 석두 희천 호남성 남악형산 — 263

05_ 보통사·서은사·녹산사·개복사·건명사·밀인사·석상사

27 보통사
알려고 하면서 쉬지 않고 물어라 _{양기 방회} 강서성 평향 — 273

28 서은사
분별하지 않는 그 자리가 여여불 _{앙산 혜적} 강서성 의춘 — 281

29 녹산사, 개복사
백척간두에서 한 발 더 나아가라 _{장사 경잠} 호남성 장사 — 291

30 건명사
과거·미래·현재 중 어디에다 점을 찍겠느냐? _{덕산 선감} 호남성 상덕 — 301

31 밀인사
불성을 보고자 하면 시절인연을 관하라 _{위산 영우} 호남성 영향 — 309

32 석상사
마음이 없으면 물질도 없는 법 _{석상 초원, 석상 경저} 호남성 류양 — 319

06_ 숭산 소림사·달마동·초조암·이조암·단하사·향엄사·삼조사·백장사

33 숭산 소림사, 달마동, 초조암
그대의 불안한 마음을 내어 놓으면 안심시켜 주리라 _{초조 달마} 하남성 등대 — 333

34 이조암
네 죄를 가지고 오면 참제해 주리라 _{2조 혜가} 하남성 등대 — 345

35 단하사
목불을 태워도 사리가 나오지 않네 _{단하 천연} 하남성 남소 — 355

36 향엄사
작년 가난은 가난이 아니다 _{향엄 지한, 혜충 국사} 하남성 석천 — 365

37 삼조사
누가 그대를 속박하고 있는가? _{3조 승찬} 안휘성 잠산 — 377

38 백장사
하루 일하지 않으면 하루 먹지 말라 _{백장 회해} 강서성 봉신 — 387

07_ 서선사·용천사·북적령 성적사·설봉사·숭복사·개원사·만복사

39 서선사
스승에게 배웠으되, 스승의 선禪만은 배우지 않았다 <small>서원 대안 복건성 복주</small> — 399

40 용천사
차나 마시거라! <small>고산 신안 복건성 복주</small> — 409

41 불적령 성적사
평상심이 도이니라 <small>마조의 개당 설법도량 복건성 건양</small> — 421

42 설봉사
좋은 도반은 수행의 전부를 얻는 것과 같다 <small>설봉 의존 복건성 복주</small> — 433

43 숭복사, 개원사
양생의 묘약은 욕심을 줄이는 겁니다 <small>복건성 복주</small> — 443

44 만복사
일본 불교사와 웬수 같은 복건성 <small>황벽 희운, 은원 융기 복건성 복청현</small> — 451

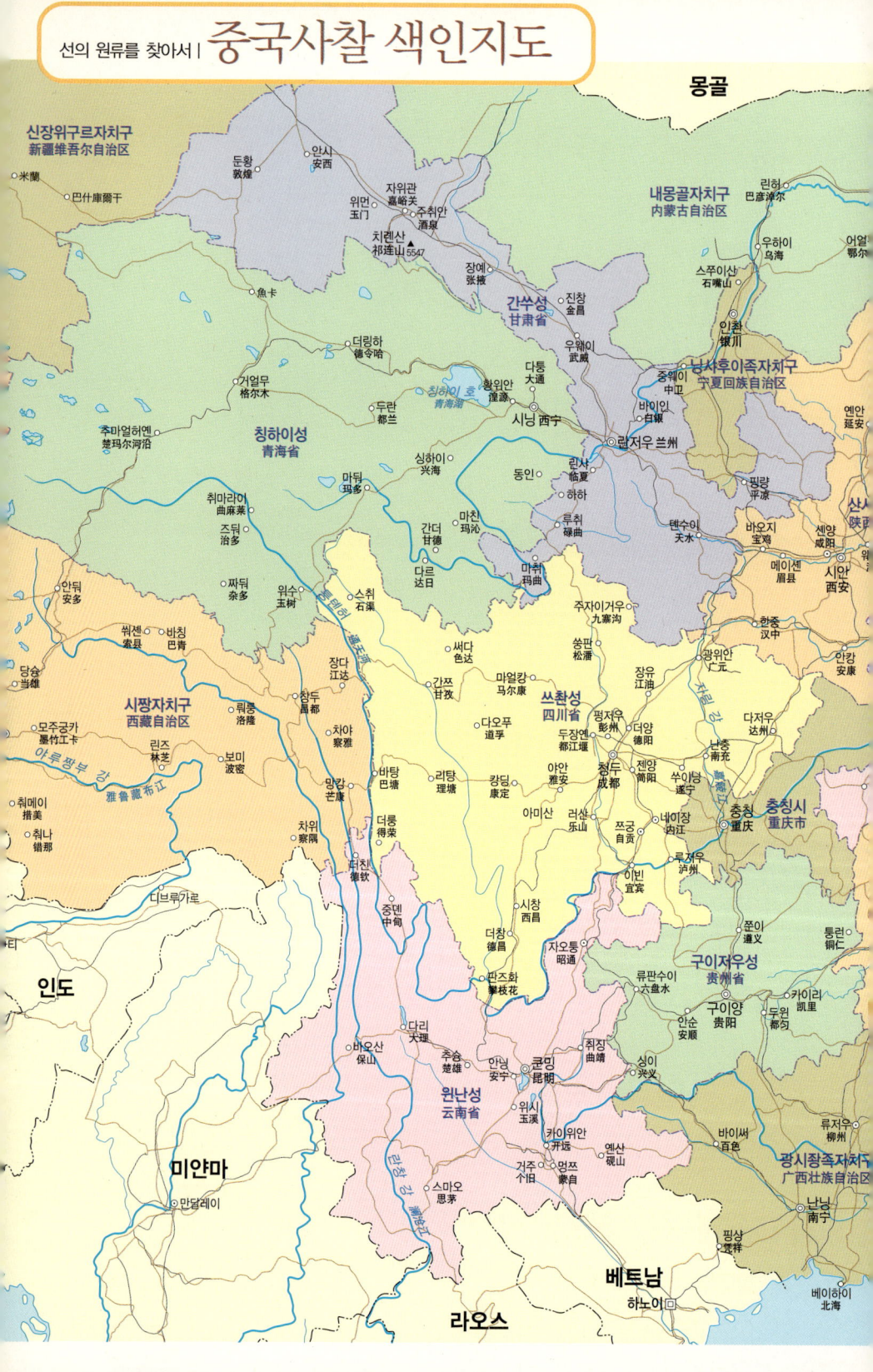

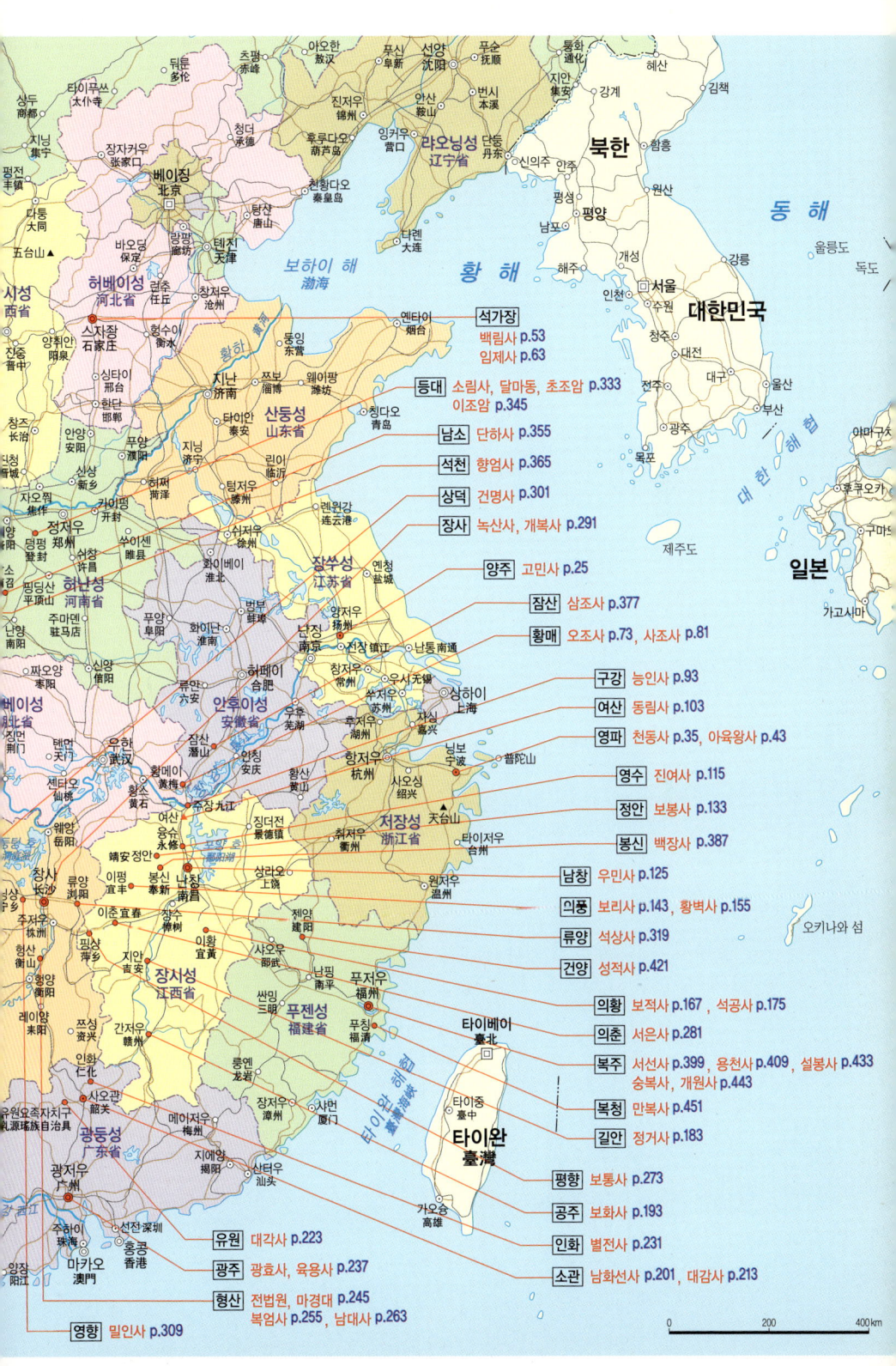

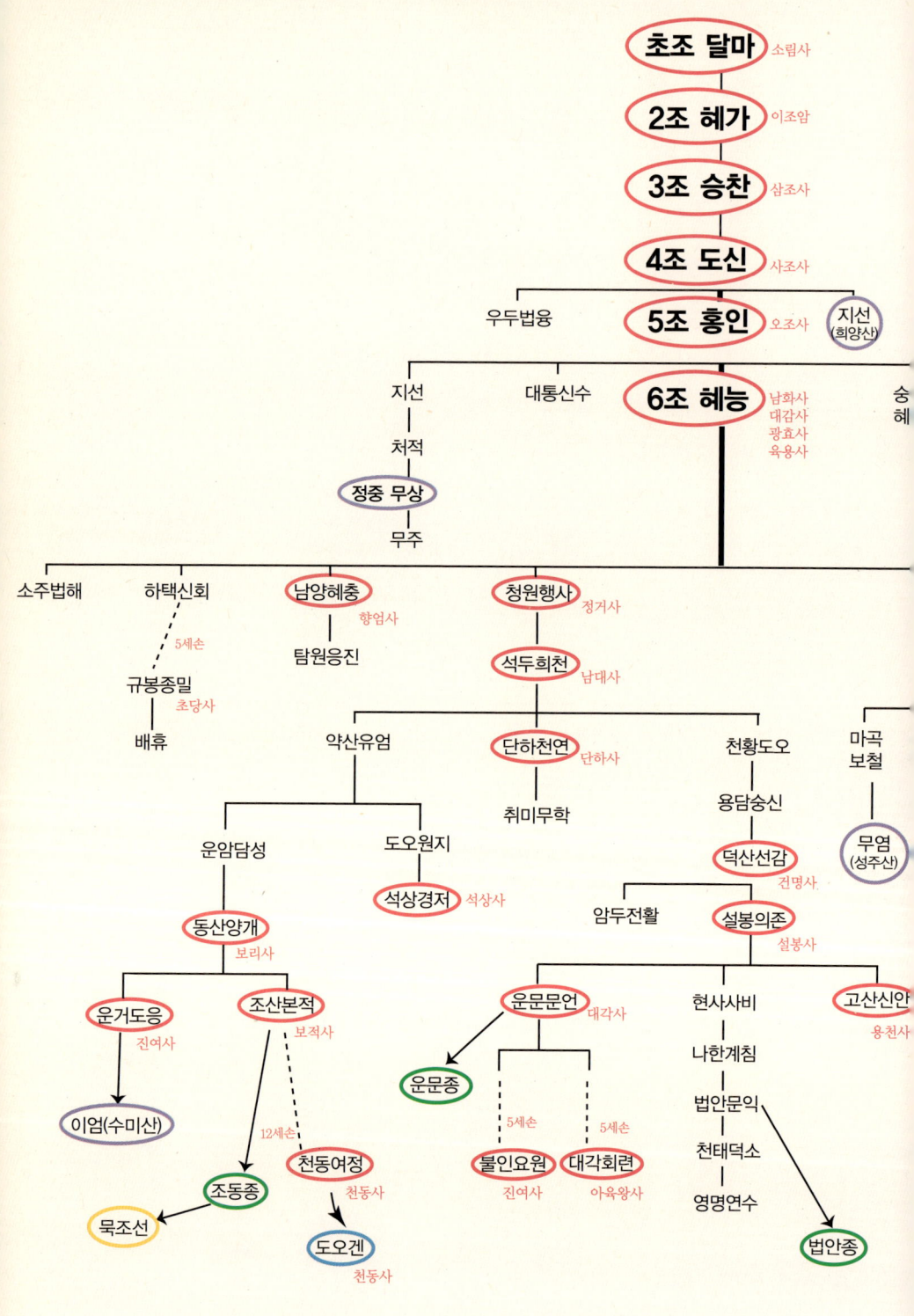

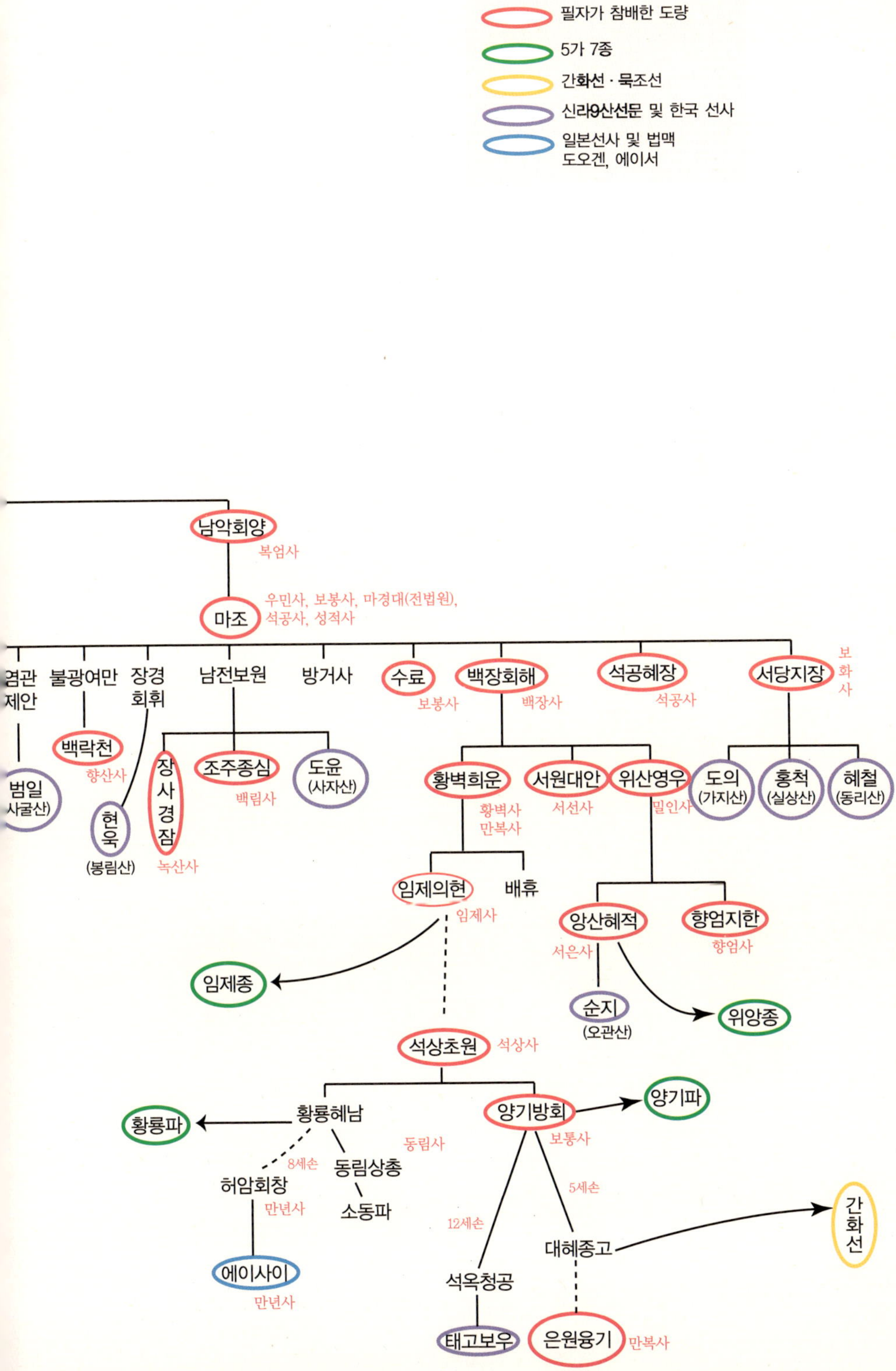

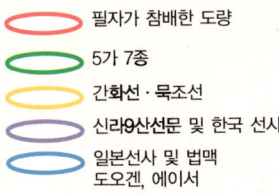

필자가 참배한 도량
5가 7종
간화선 · 묵조선
신라9산선문 및 한국 선사
일본선사 및 법맥
도오겐, 에이서
남악회양
복엄사
마조
우민사, 보봉사, 마경대(전법원),
석공사, 성적사
염관제안
불광여만
장경회휘
남전보원
방거사
수료
보봉사
백장회해
백장사
석공혜장
석공사
서당지장
보화사
범일
(사굴산)
백락천
향산사
현욱
(봉림산)
장사경잠
녹산사
조주종심
백림사
도윤
(사자산)
황벽희운
황벽사
만복사
서원대안
서선사
위산영우
밀인사
도의
(가지산)
홍척
(실상산)
혜철
(동리산)
임제의현
임제사
배휴
앙산혜적
서은사
향엄지한
향엄사
임제종
순지
(오관산)
위앙종
석상초원
석상사
황룡혜남
동림사
양기방회
보통사
양기파
황룡파
8세손
허암회창
만년사
동림상총
소동파
5세손
12세손
간화선
대혜종고
석옥청공
에이사이
만년사
태고보우
은원융기
만복사

선의 원류를 찾아서 | **선사**

초조 달마
(북위, 520년 중국 도래)

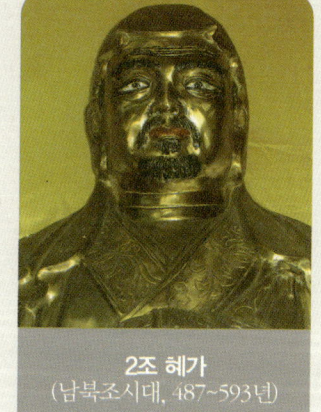

2조 혜가
(남북조시대, 487~593년)

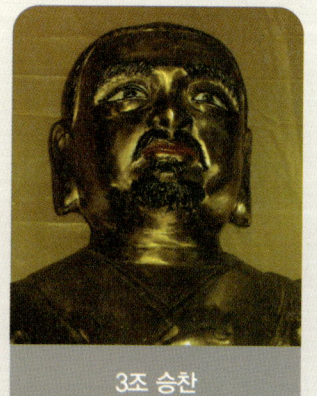

3조 승찬
(수, ?~606년)

4조 도신
(수·당, 580~651년)

5조 홍인
(수·당, 601~674년)

6조 혜능 진신상
(당, 638~713년)

마조 도일
(당, 709~788년)

서당 지장
(당, 738~814년)

방거사
(당, ?~808년)

백장 회해
(당, 749~814년)

위산 영우
(당, 771~853년)

서원 대안
(당, 793~883년)

덕산 선감
(당, 782~865년)

운문 문언
(당~오대 10국, 864~949년)

설봉 의존
(당, 822~908년)

단하 천연
(당, 736~824년)

선의 원류를 찾아서 | **탑림**

선종 사찰은 유달리 승려들의 탑이 많다.
선사들의 구도 열정 당체인 몇 개의 탑들이다.

만복사

백장사

보리사

보통사

보통사

사조사 중생탑

석상사

석상사

석상사

용천사

이조암

진여사

진여사

설봉사

설봉사

오조사

진여사

풍혈사

항직사

황벽사

황벽사

황벽사

이 책을 읽기 전에

1. 이 책은 특성상 현대 지명과 옛 지명(승려 출생지, 고대 지명 등)이 반복되어 나오는데, 이것을 통일하기 위해 지명은 중국식 발음대로 표기하지 않고, 한문 원음대로 표기한다.
   단, 중국의 근·현대 인물들은 중국식 발음대로, 일본 승려 이름은 일본식 발음대로 표기.
2. 현재 중국은 한족(90%)과 소수민족(10%, 55민족)이 더불어 사는 다민족 국가이다.
3. 글 전개상, 중국 역대 지명이 자주 나오므로 독자들의 이해를 돕기 위해 중국역사 연대기를 첨부한다.

중국역사 연대기

나라 이름	연대	나라 이름	연대
진秦	BC221~BC206년	북송北宋	960~1127년
한漢	BC202~AD220년	남송南宋	1127~1276년
3국三國	220~280년	요遼	916~1125년
서진西晉	265~316년	서하西夏	1038~1227년
동진東晉	317~420년	금金	1115~1234년
16국十六國	304~439년	원元	1271~1368년
남북조南北朝	386~589년	명明	1368~1644년
수隋	581~618년	청淸	1644~1911년
당唐	618~907년	중화민국中華民國	1912~1949년
5대10국 五代十國	907~979년	중화인민공화국 中華人民共和國	1949년 10월 1일~

 **01**
고민사 · 천동사 · 아육왕사 · 백림사 · 임제사 · 오조사 · 사조사

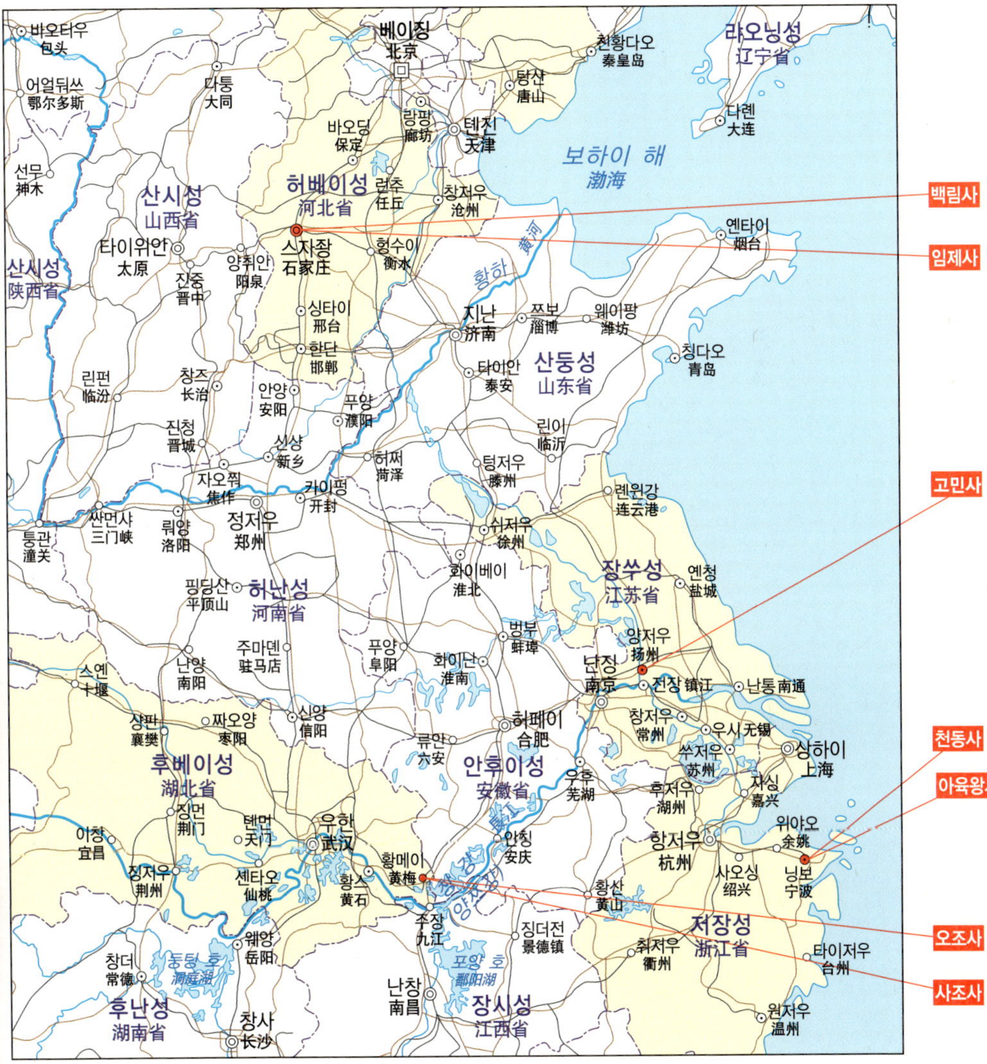

● 사조사

고민사
이 선방에서 나가시오

천혜 선사 강소성 양주

● 고민사 도량 입구

강소성 진강鎭江 금산사 바로 앞에서 버스를 탔다. 40여 분을 달린 뒤 양주 고민선사 정류장에서 내려 다시 택시를 타고 사찰 안으로 들어갔다. 말은 양주 시내라고 하지만 꽤 외진 곳이었고, 마치 한국의 가을날 추수가 끝난 한적한 시골에 온 기분이다.

고민선사高旻禪寺에 오기는 왔는데 '그저 전형적인 중국 사찰이거니' 했다. 그런데 절 입구에 들어서자마자 눈이 번쩍 뜨이고 마음이 환히 열렸다. 이렇게 좋은 곳에 올 수 있다니 부처님께 감사드린다. 속된 말로 운수 좋은 날이다. 절 도량의 사천왕문은 다른 사찰에 비해 거창하지 않았다. 선종고도량禪宗古道場이라고 쓰여 있고, 양쪽 문 기둥에는 6조 혜능(638~713년)의 게송인 "본래무일물本來無一物 하처야진애何處惹塵埃"란 대련이 걸려 있다. 본래 한 물건도 없거니, 어디에 티끌이 있을 것인가.

이 절은 수나라 때 처음 창건되었으니, 지금으로부터 1400여 년의 역사를 가진 도량이다. 시대를 거치면서 몇 번의 불사가 있었다. 이 지역에 수재水災가 자주 일어나 삼보의 힘으로 재앙을 막고자 천중보탑天中寶塔을 세웠다.

청나라 4대 강희제(1661~1722년)가 절의 보탑에 올라 주변 경관을 바라보며 "때가 가을인지라 높은 기운으로 매우 상쾌하다. 하늘은 청량하고 맑다." 말한 뒤 고민사高旻寺라는 이름을 하사했다.

'민旻'은 가을 하늘이라는 뜻이다.

후에 옹정제(1722~1735년)가 『옥림국사어록玉琳國師語錄』을 보다가 감명을 받아 옥림의 5세손 천혜 선사를 원명원에 들게 했다. 옹정제는 선사로부터 가르침을 받고 그에게 가사를 하사하며 고민사의 주지 소임을 맡긴다. 이후부터 고민사로 승려들이 사방에서 몰려들어 크게 선풍을 드날렸다고 전한다.

중국 불교사나 사찰기록을 읽다 보면 지나치게 왕권과 밀착된 곳이 많을 뿐만 아니라, 사찰 연혁에도 왕권과의 관계를 무슨 벼슬자리라도 되는 듯 기재하고 있다. 웬만큼 큰 사찰에는 행궁行宮이 있다. 이는 황제가 사찰에 다녀갔다는 것을 알리기 위해 만든 당우이다.

여산廬山의 혜원(334~416년) 스님은 여산의 산문 밖으로 나오지 않고 30여 년을 수행한 승려이다. 그의 저서 『사문불경왕자론沙門不敬王者論』에서 "승려는 황제에게도 예를 하지 않는다."고 하였다. 그만큼 승려는 삼계도사요, 사생자부가 되기 위한 출가자로서 세속적인 왕에 비유될 만큼 정신적으로 높은 위치에 있기 때문이다.

또 당나라 때 나잔懶殘이라는 선사가 있었다. 나잔은 누더기를 걸친 노쇠한 노인이라는 뜻인데, 당시 현종이 그의 덕을 칭송해 관직에 기용하려고 몇 번이나 칙사를 보냈다. 그때마다 나잔 선사는 칙사를 거들떠보지도 않았다. 성철 종정 스님도 어느 대통령이 해인사를 방문했을 때, 백련암에 주하면서 해인사 큰절로 나와 보지 않았을 만큼 승려로서의 체통과 위의를 지켰다.

권력과 명예에 굴하지 않는 승려로서 카랑카랑한 위의를 지켜야 한다는 데에 적극 지지하는 바이다. 집을 버리고 부모를 여의면서까지 출가해 부나 명예에 집착한다면 출가에 무슨 의미가 있을 것인가!

고민사는 중국 선종의 4대 근본 도량에 속한다. 그 어려운 중국의 격변기에도 선종 도량으로서 면모를 굳건히 지켜나갔다. 그런데 오래된 옛 절이라 해놓고 옛 건물은 하나도 없고 모두 근래 지어진 것임을 한눈에 알 수 있었다.

대웅보전 이외에 다른 당우에 들어가는 것이 일반인에게는 금지되어 있다. 승려라는 배짱으로 시침 떼고 들어갔더니 선방이었다. 선방 중간에 네 분의 부처님이 모셔져 있고, 그 불상들을 중심으로 300여 개의 방석이 놓여 있다. 또한 선방 밖 복도에도 100여 개의 방석이 놓여 있다.

선방 당우 건너편 건물에는 신장님이 모셔져 있고 30여 명이 공부할 수 있는 방석이 놓여 있었는데, 벽에는 이전에 수행했던 선사들의 영정 사진이 붙어 있었다. 사진이 중요한 것이 아니라 그 사진을 붙이면서까지 그 선사의 정진력을 닮고자 하는 마음가짐이 너무 아름답다.

선방에서 나와 보니 누구를 위한 방인지는 모르겠지만, 건축한 지 얼마 안 된 건물인데 객실이 많다. 그만큼 많은 승려와 재가자가 드나는 곳이리라.

아름다운 낙원이 또 하나 그림처럼 펼쳐졌다. 적어도 200평쯤은 되어 보이는 호수다. 그 호수 주변의 고목에 낙엽이 가득하다. 호수 중간쯤 정자가 하나 있고, 물가에는 조각배 한 척과 오리인지 백조인지 모를 이쁜 놈이 한가롭게 헤엄을 치고 있다. 게다가 금상첨화격으로 호수에 막 떨어진 낙조를 바라보니, 세상에 이보다 더 아름다운 광경이 어디 있을까 싶다. 한참이나 그 장관을 바라보며 우수에 젖었다. 그러다 발길을 돌리니 스님들이 밭에서 울력을 하고 있었다.

순간 미안했다.

스님네들은 열심히 일하며 수행하는데, 팔자 좋게 사진이나 찍고 감상하는 한량한으로 비쳐졌을 것 같아 내심 걱정스럽다. 지나가다 빗자루를 들고 청소하는 젊은 비구니 스님 세 분과 몇 마디 나누며 "사진을 한 장 찍어도 되느냐?"고 물었다.

● 선방 복도

그냥 그대로도 이쁜데, 앞치마를 툭툭 털고 승복을 다시 매만진다. 이 사찰은 비구니가 200여 명, 비구가 150여 명, 일반 재가자가 몇십여 명으로 사부대중이 예불·참선·울력·공양을 함께 하고 있다.

저녁 5시 반이 넘어 도저히 산문 밖으로 떠날 수 없는데다, 이를 핑계삼아 하루를 묵기로 했다. 객실客室에 가서 지객스님에게 "너무 늦어 갈 수 없으니 묵게 해 달라."고 하자, 스님은 난색을 표하며 여권을 보여 달라고 한다.

여행하는 중에는 가능한 사찰에서 묵는다. 솔직히 사찰은 난방이 잘 되지 않고, 음식도 기름지며, 화장실 문제 등 문화가 다르기 때문에 빈관(우리 나라 모텔 정도)만큼 편하지는 않다. 그러나 타국일지라도 사찰에서 묵으면 부처님 도량이라는 것 하나만으로도 빈관보다 맘이 편하다. 또한 조금 불편함을 감수함으로써 색다른 사찰문화를 경험하는 것, 이것보다 횡재하는 복이 어디 있을 것인가? 이 말을 듣고 억울한 생각이 들면 빨리 출가를 할 것이고, 연세가 지긋한 분이라면 이번 생에 잘 닦아 내생에 승려로 출가함을 기약할지어다.

어쨌든 하루만이라도 묵음으로써 이 도량의 가풍과 중국선의 향기를 맡고 싶었다. 젊은 사미승이 방 안내를 했는데, 스님은 16살로 초등학교를 졸업하고 줄곧 절에서 살았단다. 방은 4~6명이 함께 묵을 수 있는 공간이었다. 아마 줄잡아 재가자가 50여 명 정도 머무는 듯하고, 일반 객승도 매일 3~4명은 된다.

한국은 일반적으로 겨울이면 저녁공양(오후 5시)을 마치고 6시경 저녁예불을 올린다. 그런데 중국은 사찰마다 다르다. 이 절은 오후 4시 무렵 저녁예불

● 울력하고 있는 고민사 승려들
●● 고민사 비구니 스님들
●●● 고민사 도량 내 호수

을 마치고 6시 30분에 저녁공양을 한다. 저녁공양을 마치고 몇 가지 짐정리를 한 뒤 잠자리에 들려고 하니 너무 이른 시간이다. 그런데 주위가 너무 조용했다. 7시 20분경 칠흑같이 어두운 밤, 잠시 늦은 걸음으로 산책을 하고 싶었다. 10여 분 도량을 거닐다 낮에 봐 두었던 선방으로 가 보았다.

결제철이 아닌지라 아무도 없을 거라고 생각하며 갔더니, 선방에는 사부대중이 모여 큰스님 법문을 듣고 있었다. 조용히 들어가 복도에 놓여진 방석에 앉았다. 줄잡아 300여 명의 사부대중이 법문을 듣고 있었다. 30여 분만에 법문이 끝나고 전 사부대중이 포행을 돌았다.

나도 큰방으로 들어가 포행을 했더니, 한 비구니 스님이 나를 보고 나가라는 것이다. 똑같은 중끼리 텃세도 어지간하다. 나중에 알고 보니 한국으로 치면 장삼(법복)을 입지 않았기 때문이었다. 중국은 일반 재가신자들도 법당에 들어가 기도하거나 참선할 때 진한 커피 색깔의 장삼을 꼭 입어야 한다.

회색 승복이야 그런가 보다 하겠지만, 괜히 참선하는 스님들께 '웬 이방인이 들어왔나?' 하는 망상을 들게 할까 염려되어 복도로 나와 혼자 포행을 하고 그곳에 앉았다. 철저히 이방인 신세이다. 포행을 10분 하고 나서 정각 8시에 입승스님이 출입문을 잠갔다. 입승 스님이 죽비(넓은 나무를 두드림)소리를 내자 이때부터 참선이 시작되었다.

작은 전등만 남기고 불을 모두 끈 상태로 300여 명의 사부대중이 고요히 삼매에 들었다. 순간 나는 부처님의 한 제자로서 이국 땅에서 함께 참선할 수 있다는 것만으로도 감사했다. 마치 고향에 돌아온 것처럼 편했다. 저녁 9시에 방선을 한 후 그 많은 대중이 줄지어 각자의 방으로 돌아갔다.

다음 날 오전, 아침공양을 마치고 혼자 도량을 산책하고 있는데 어젯밤 선방에서 나가라고 했던 비구니 스님을 만났다. 한국 스님이라고 했더니 "왜 행건(고의 하단 부분을 얽어매는 것)을 하지 않았느냐?"는 것이다.

중국 스님들은 그것을 꼭 하고 다닌다. 가사야 수행자에게 있어 당연히 통일이라지만, 승복이야 그 나라의 문화에 맞추어 입는 것이 아닌가. 그러면서 "한국에도 불교가 있느냐?"고 묻는다. 순간 피가 거꾸로 솟는 것 같았다. 중국말을 제대로 못해서 곱게 넘어갔지, 말만 잘했다면 그 중국 스님 그날 밤 잠을 못 잘 만큼 코를 납작하게 했을 터인데.

고대 한국이 중국으로부터 불교를 받아들인 것은 사실이지만, 현재 한국불교를 어찌 감히 중국불교와 비교할 수 있느냐 말이다.

천동사

묵묵히 앉아서
모든 생각을 끊고 좌선하라

천동 여정, 도오겐 절강성 영파

● 천동사 장경루

천태산 국청사에서 버스를 탄 지 3시간 만에 절강성浙江省 영파寧波에 도착했다. 보타산행 배를 타는 선착장 근방인 풍화豊華빈관에 숙소를 정했다. 마침 이곳 주인이 불교신자여서 중국 승려들도 이곳에서 자주 묵는데 한국 승려임을 알고 방값을 반만 받는다. 거기다가 점심공양까지 대접받았으니, 매일 이런 일만 생겼으면 좋겠다. 오늘 오후에는 아육왕사와 천동사를 참배하기로 했다.

당나라 때 6조 혜능(638~713년) 선사에게는 제자가 매우 많았는데, 그중에 청원 행사와 남악 회양이 있다. 이 두 선사 문하에서 선종의 5가 7종[1]이 형성되었다.

남악 회양(677~744년)의 몇 대 법맥을 이은 위산과 앙산으로부터 위앙종이 형성되었고, 또 남악 회양의 법맥에서 출현한 임제 의현이 임제종을 성립시켰다. 임제종은 송나라 때에 황룡파와 양기파로 나뉘는데, 이 양기파 5대손인 대혜 종고로부터 간화선看話禪이 형성된다.

간화선은 1,700공안이 있으며 화두를 타파하는 수행법이다. 특히 한국불교에 지대한 영향을 끼쳤으며, 한국의 수행자들은 대부분 간화선을 한다.

청원 행사(?~740년)의 법맥을 이은 세사 중 영명 연수로부터 법안종이 형성되었고, 운문 문언은 운문종을 세웠으며, 동산 양개와 조산 본적으로부터 조동종이 형성되었다. 조동종曹洞宗에서는 후대에 굉지 정각과 진헐 청료에 이르러 묵조선默照禪이 성립되었다.

조동종의 12대손인 남송 때의 승려 천동 여정天童如淨(1162~1227년)이 있다. 여정 선사는 절강성에서 태어나 어린 시절 출가하여 교학을 배운 뒤, 선정을 닦았다. 행각을 하며 여러 스승을 찾다가 설두산의 족암 지감足菴智鑑(1105~1192년) 선사 문하에서 수행했다. 그의 지도 아래 "정전백수자庭前栢樹子(뜰 앞의 잣나무)" 공안으로 깨닫고 그의 법을 이었다.

> 온몸이 입이라, 허공에 걸려 通身是口掛虛空
> 동서남북 어느 바람, 걸림이 없이 不管東西南北風
> 한결같이 그를 위해 반야를 설하나니 一等與渠一等與
> 그 소리, 땡그랑 땡그랑 땡땡 渠談般若談般若

이 선시는 바람에 흔들리는 풍경을 이야기한다. 허공에 걸린 풍경만이 입이겠는가? 인간의 6근 전체가 깨달음의 근원이자, 번뇌의 발원지이다. 그러니 인간의 육신인 6근은 곧 모든 바람을 맞을 입[口]이다. 모든 무정물이 곧 지혜를 설함이요, 그대로가 화장세계임을 중생에게 보여 준다.

깨달은 후 여정 선사는 40여 년을 행각하다, 1224년 왕명으로 천동산天童山에 머물렀다. 당시 여정 선사는 허당 지우虛堂智愚 선사, 무문 혜개無門慧開 선사 등과 함께 승려들이 그릇되게 수행하거나 쓸데없는 일을 하지 말고 정법正法대로 수행해야 한다는 선풍을 진작시키고자 노력하였다. 여정 선사는 명리를 탐하지 않고 호방한 성품을 지녀 정장淨長이라 불렸을 정도였다고 한다. 좌선제일주의坐禪第一主義를 주장했던 그에게는 여러 제자가 있었는데, 그중에 대표적인 제자가 일본의 도오겐道元 선사다.

도오겐(1200~1253년)은 출가하여 처음 임제종의 에이사이榮西(1141~1203

년) 스님에게서 수학했다. 에이사이가 입적한 후, 1223년 스승이었던 명전明全과 함께 송나라에 유학해서 임제종의 간화선 수행을 했다. 그러다가 도오겐은 조동종의 천동여정 밑에서 수행하고 크게 깨달았다. 도오겐이 스승 여정과의 선문답을 하는 중에, 스승은 도오겐의 깨달은 상태를 신심탈락身心脫落이라고 말했다.

탈락의 '탈脫'은 해탈의 의미로 모든 속박에서 해방된 무애자재한 상태를 말하며, '락落'은 쇄락灑落의 의미로 몸과 마음이 모두 깨끗해진 경지이다. 따라서 탈락은 일체를 놓아버려 어떤 것에 집착하지 않는 (탈락)상태에서 몸과 마음이 무애자재한 경지에 이른 것을 말한다.

도오겐은 실천 수행으로 지관타좌只管打坐(고요히 묵묵히 앉아서 모든 생각을 끊고 좌선하는 것)를 주장했는데, 오직 일념으로 아무런 잡념 없이 좌선하는 것이 신심탈락의 자세라고 하였다.

모든 집착에서 벗어나 자유를 얻은 신심탈락의 경지로부터 다시 돌이킨 것이 탈락신심脫落身心이다. 즉 신심탈락에 안주하지 않고 그 신심탈락마저도 탈락시킨 것이 탈락신심이다. 깨달음의 경지에 머무는 것이 아니라, 더 나아가 중생을 구제하겠다는 이타행을 하라는 것이다.

신심탈락 탈락신심은 탈락한 신심에서 다시 자유로워짐을 말한 것으로 실로 철저한 신심탈락의 경지이다. 이를 탈락脫落 탈락脫落이라고 한다. 즉 위의 내용을 재 정리해 보면 '신심탈락→탈락신심→탈락 탈락' 이다.

도오겐이 여정 선사 문하에서 2년간 수학한 후, 1227년 일본으로 돌아가 영평사永平寺에서 조동종을 개산開山했다. 그는 『정법안장正法眼藏』을 저술했고, 많은 제자들을 지도했다. 그 문하에서 걸출한 승려들이 많이 나왔다. 현재 교단의 사원 수가 17,000여 개인 일본 최대의 종파이다.

오랫동안 함께 공부했던 도반을 만나는 설레임으로 조동종 사찰인 천동사 天童寺를 향했다. 산문 입구에 내려 절까지 걸어가는데, 산세가 매우 평화롭고 아늑한 분위기다. 그런데 산문으로 들어서는 내내 웬 걸인이 그렇게 많은지, 발을 내디딜 때마다 부담스러울 정도이다. 중국 사찰 앞에는 구걸하는 걸인들이 몇 있다. 북경은 홈리스들도 줄지어 있다. 도대체 '모두가 평등하게'라는 원칙 아래 세워진 사회주의 국가의 의미가 무언지 모르겠다. 사회주의 국가라서 걸인이 없다고 생각하면 큰 오산이다. 자유주의 국가보다 더 많다고 보면 된다(인도는 제외하고). 거기다가 중국은 빈부격차가 너무 심해 평준화되기에는 쉽지 않아 보인다. 앞으로 경제가 발전할수록 이런 양극화 현상은 더욱 두드러질 것이라고 생각된다.

이런 저런 생각을 하며 걷고 있는데, 한 걸인이 무슨 악기인지 모를 중국 고대악기로 아미타불을 연주하는 소리가 들렸다. 중국의 나무아미타불 염불조는 조금 구성진 면이 있다. 마치 멀리 떠난 남편을 애타게 기다리다 지쳐 돌이 되어버린 여인의 망부가처럼.

가까이 가서 보니 맹인이었다. 깡통에 몇 푼을 집어 넣고 한참을 서서 들었다. 나는 딱해 보이는 걸인을 만나면 부처님 전에 불전 놓는 몫이라 생각하고 그들에게 적선을 베푼다.

중국사회는 생활이 어려워서 걸인이 되는 사람도 있지만, 거지생활을 직업으로 여기는 이들도 많다고 한다. 이들이 한 달에 버는 돈이 대학생이 처음

직장을 잡고 받는 월급보다 많다고 하니, 어느 사회나 이런 기회주의자들이 많은가 보다.

천동사는 영파 동쪽인 태백산太白山에 위치한다. 지금으로부터 1700여 년 전인 서진시대에 의흥이라는 승려가 이곳에서 초당을 짓고 고행을 했다. 옥황상제가 그에게 감동을 받아 태백금성太白金星을 동자로 변하게 하여 그가 절 짓는 일을 도와주었다고 해서 태백산이라고 한다는 전설이 있다.

천동사는 1300여 년 전인 당나라 때 세워져 몇 번의 보수작업이 있었다. 현재에는 크고 작은 방이 700여 개인데, 모두 청나라 때 유물이다. 도량 중심부2를 둘러싼 회랑에서 옆으로 벗어나면 정자가 하나 있고 화단이 있는데, 그 화단 안에 일본인들이 방문해 세운 기념비가 여러 개 있다.

● 일본인들이 세운 참배 기념비

원래는 도오겐이 출가해서 스승으로 삼았던 에이사이榮西도 1123년 이 사찰에서 수행했던 허암 선사 문하에서 공부했다고 한다. 조동종의 종조인 도오겐, 임제종의 종조인 에이사이가 수행했던 사찰이어선지 1990년대 세워진 기념비와 최근에 세워진 것까지 기념비가 수여 개나 된다.

솔직히 이번 여행에서 소주 한산사와 천태산, 서안의 종남산 사찰 등 여러 곳에서 일본의 방문 기념비를 많이 보았다. 일본은 인도에도 사찰을 세우거나, 중국 사찰과 티베트 라싸 등에 제법 큰 돈을 시주하고 있다. 일본이 한국인과 중국인들에게 미운털이 박히기는 했지만, 불교학 발달면에서나 보시행에 있어서는 칭찬해 줄 만하다.

[1] 5가는 위앙종, 임제종, 법안종, 운문종, 조동종을 말하며 7종은 5가에 묵조선, 간화선을 포함한 것을 말한다. [2] 당우를 둘러싼 중축선을 기본으로 해서 천왕전, 대웅보전, 장경루, 선각당, 나한전, 배전配殿과 회랑回廊 등이다.

아육왕사

아무 목적 없이
늙어감을 한탄하라

대각 회련, 의통 절강성 영파

● 스님들이 방생지 주변을 포행하고 있다

가난은 부끄러운 일이 아니다.

정작 부끄러운 일은 가난하면서 뜻이 없음이다.

지위가 낮다 하여 자신을 비하해서는 안 된다.

지위가 낮으면서 아무 능력이 없음을 오히려 미워해야 한다.

또한 늙음을 한탄해서는 안 된다.

오히려 아무 목적 없이 늙어감을 한탄해야 한다.

죽음이 찾아온다고 슬퍼해서는 안 된다.

죽어서 자신의 이름이 잊혀짐을 슬퍼해야 할 일이다.

여신오의 『신음어呻吟語』

중국 명나라 말 관료이며 유명한 석학이었던 여신오呂新吾에 대해서는 전혀 아는 바가 없었다. 일본 작가 모리야 히로시가 쓴 『남자의 후반생』이라는 책에서 여신오를 알았고, 이 책을 보름 후에 다시 빌려 읽을 정도로 감명 깊은 책이었다. 여신오의 사상을 접하면서 '활력있는 삶의 동기란 무엇인가'를 사념해 보았다.

베르베르는 『뇌』라는 소설을 통해서 '아침에 일어나고 움직이게 하는 삶의 동기는 과연 무엇인가?' 라는 문제를 제기했다. 과연 삶의 동기가 무엇이기에 어디를 향해 인생을 항해하고 있는 것인가?

어떤 종교든지 처음에 일반 대중들의 종교로 자리 잡기 위해서는 수많은 박해 속에서 성장한다. 기독교가 로마의 국법을 어기며 예수님의 신념을 잃지 않았고, 조선 말기 천주교인들은 죽음과 맞서 싸우면서도 그 모진 박해를 이겨냈다. 또한 중국의 50년대 말부터 70년대 초 문화혁명(1966~1976년) 때 많은 승려들이 대만이나 서구로 탈출해 수행을 계속했다.

　한편 달라이 라마가 인도에 망명정부를 세운 이래 티베트의 많은 스님들이 죽음을 무릎쓰고 히말라야 산을 넘었고, 지금도 그러하다. 그들은 믿음과 신념, 즉 동기가 확고했기 때문에 죽음도 두렵지 않았던 것이다. 그렇다면 옛 선각자들은 확고한 동기가 있었을진대, 이 시대를 살아가는 우리들의 삶의 동기는 과연 무엇인가?

　필자도 잠깐 중국에 머물고 있지만, 뚜렷한 신념이나 강한 신심으로 이끄는 어떤 동기 부여가 점점 희미해진다. 그러하기에 여신오 같은 주체성 강한 이들이 존경스러운지도 모르겠다.

　천동사에서 나와 가까운 거리에 위치한 아육왕사로 갈 예정이다. 아육왕사는 고려 초기의 승려인 의통 조사義通祖師나 대각국사 의천, 나옹 스님 등 고대 우리나라 승려들이 참배했던 사찰이다. 큰 사명감을 가지고 고국을 떠나 중국으로 왔던 대 선지식을 지면으로 대할 때마다 나 자신이 부끄럽다.

　버스를 탄 지 30여 분 만에 아육왕사阿育王寺에 도착했다. 절 입구에 다다르니 해가 너울너울 넘어가는 시간이다. 오후 4시 무렵이면 관광지마다 문 닫을 준비를 한다.

　천왕전 앞에 큰 연못이 있는데, 이곳은 방생지다. 중국의 웬만한 사찰에는 반드시 방생지인 연못이 있다. 방생放生이란 불교에서 살생하지 말라는 것을 한층 강조하고 생명의 소중함을 일깨우기 위해 수행 차원에서 살아 있는 물고기나 자라 등을 연못에 놓아 주는 행위를 말한다.

　중국 불교신자들은 초파일날 사찰 부근에서 새를 날려 보내기도 한다. 안면 있는 중국인 보살은 자기 아버지 49재 때 물고기를 방생했다고 하였다. 구화산에도 큰 방생지가 있는데, 그 앞 가게에서 살아 있는 물고기를 판다. 잠시 그곳에서 서성이며 보았더니, 주민들이 그 방생지에 폐수나 쓰다 남은 물을 함부로 버려댄다. 특히 이곳은 한국인이 많이 찾는데, 방생한다고 그곳에 물고기를 넣었다가는 오히려 살생이 됨을 분명히 알아야 하리라.

대략 100미터×80미터 정도 되는 거대한 연못 주위에 혼자서, 혹은 2~3명의 스님들이 대화를 나누며 포행을 돌고 있는데 줄잡아 50여 명은 되어 보인다. 아마도 방선을 하고 저녁공양을 하기 전 막간의 시간을 보내는 듯하다. 그 모습을 보니, 다른 곳에서 헤매다가 내 고향에 돌아온 것 같고, 그리운 옛집에 도착한 기분이다. 양주 고민선사에서 느꼈던 승가에 대한 자부심과 기쁨이 어우러졌다.

아육왕사는 중국 선종 5산 중의 하나로 지금으로부터 1600여 년 전인 동진시대에 창건되었다. 이 사찰에는 부처님의 진신(두골)사리 보탑이 있는 것으로 유명하다.

전설에 의하면, 281년 혜달이라는 승려가 부처님 사리탑을 구하려는 일념으로 이곳에 당도했다. 그런데 땅 밑에서 무슨 종소리가 들렸다. 혜달은 이상한 생각이 들어 그곳에서 3일 동안 정성껏 기도를 올렸다. 기도 후 5층 4각의 사리보탑이 지하에서 솟아올랐다. 그는 이곳에 절을 짓고 수행하였다고 한다. 이후 탑정塔亭과 전당殿堂이 생겨났고, 양무제가 아육왕[1]이라는 절 이름을 하사했다. 그 후 몇 차례 보수작업이 이루어져 지금의 대총림이 형성되었다.

송나라 때 소동파와 친교가 두터웠던 운문종계 대각 회련大覺懷璉(1009~1090년) 선사가 이곳에서 법을 펼치면서부터 이 절은 선종사찰로 유명해졌다.

한편 고려 초기 고승이었던 천태종 16세인 의통 조사義通祖師(927~988년)[2]는 생전에 아육왕사 승려들의 청으로 법문을 설하기도 했다. 이런 인연으로 의통 스님이 보운원寶雲院에서 입적 후 다비를 해서 아육왕사 북서쪽에 안치하였다. 그러나 현재는 탑이 어디에 있었는지 정확한 위치를 알 수 없다고 한다.

한편 일본 임제종의 종조 에이사이榮西(1141~1203년)도 이 절에서 수행을 했다. 그는 불교공부 외에도 차를 연구하여 일본에 중국의 차나무를 심기도 했으며, 『홀다양생기吃茶養生記』를 저술하여 일본의 다조茶祖라고 불리고 있다.

이 절은 방이 600여 칸이며, 현재 200여 명의 승려가 상주한다. 진신사리는 부처님의 정수리에서 나온 사리인데, 법당 내 7층 석탑 안에 석가모니 진신사리보탑에 안치되어 있다. 사리는 암홍색으로 탑 구멍으로 볼 수 있다. 사람들은 사리를 보고 저마다 홍색이니, 황색이니, 흑색이라고 주장한다고 했다. 그런데 필자는 아쉽게도 사리 친견을 하지 못했다. 사진만 한 장 얻어 왔다.

어둑어둑해지는 길섶에서 도량을 살피다가 감진 화상[3] 탑을 보고 있는데, 한 스님이 나를 보고는 한국 승려임을 금방 알아챘다. 그리고 스님께서 도서관을 보여 준다기에 따라 나섰다.

장서가 500여 권 정도 되는 작은 도서관이었는데, 책을 볼 수 있는 탁자가 가운데 비치되어 있다. 스님은 한국 가산불교문화연구원에서 출판한 『역대고승비문』 몇 권과 불교사전을 보여 주면서 "지관 스님을 아느냐?"고 물었다.

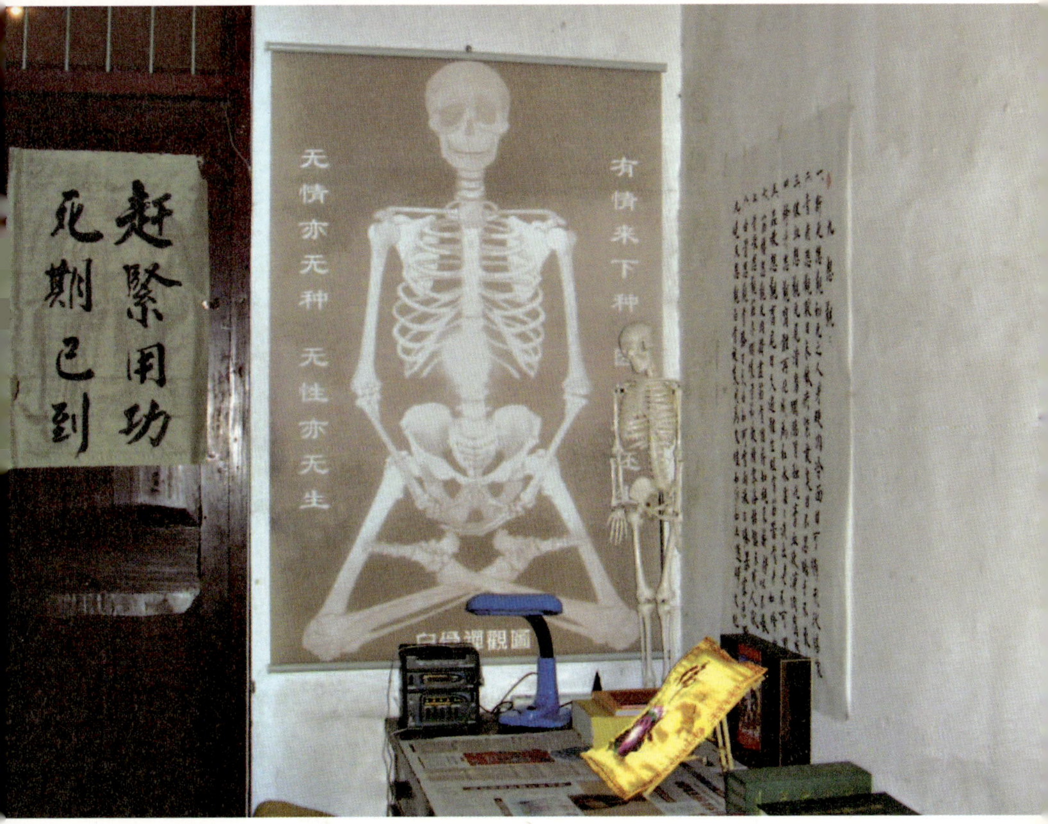

● 도서관에 비치된 한국서적
●● 스님 방 벽에 붙어 있는 백골 그림

대학원에서 공부할 때 스님께 가르침을 받았던 터라, 먼 이국 땅에서 스님이 펴낸 책을 보니 반갑고, 왠지 한글이 정겨웠다.

천태산 지자탑원에도 도서관이 있는데, 담당스님이 내게 한국에서 보내온 책을 보여 주며 자랑까지 곁들였다. 눈에 다 익은 경전이고, 선수행에 관한 것들이 꽤 많았다. 또 전국의 각 불교모임이나 사찰에서 만든 잡지도 있었다. 중국 사찰의 여러 도서관을 보았지만, 강소성 항주 영은사 도서관이 장서를 가장 많이 소지하고 있는 것 같다. 아직까지는 사찰 도서관이 그리 많은 장서를 갖추고 있지는 못했지만, 앞으로 채워나갈 책장을 남겨 놓음으로써 계속해서 더 많은 책을 비치할 것이다. 여기서 주목할 점은 '도서관이 있다'는 것이 아니라, 바로 현재 중국에 젊은 출가자가 늘어남에 따라 교학적 욕구도 높아지고 있다는 점이다.

스님이 책을 주기에 받아들고 도서관에서 나오니 스님 방과 연결되어 있다. 한국처럼 방이 아니라 일종의 사무실 비슷한 공간이라고 보면 된다. 벽 한켠에 백골과 뼈대가 있는 사진이 걸려 있기에 스님에게 "백골관을 하느냐?"고 여쭈었더니 그렇다고 하셨다. 중국에도 간화선이 아닌 초기불교에 입각한 수행자가 있는 것을 보니 마음이 뿌듯하다.

도량으로 나와 사천왕문을 찾는데, 어둑어둑한데다 처음 와본 도량이라 길을 분간할 수가 없다. 마침 갓 20세도 안 되어 보이는 스님 두 분이 문 앞까지 배웅해 주며 "자이지엔!(안녕)" 한다. 중국 선종의 젊은 앞날을 보는 듯하여 돌아서는 발길이 한결 가볍다.

1 '아육왕'이란 인도 아쇼카(Asoka)왕을 한역한 것이다. 아쇼카 왕은 고대 인도 마우리아 왕조의 제3대 왕으로 재위 기간은 B.C 268~232년이다. 그는 인도 동남부 칼링가국을 평정할 때 무고한 사람들이 수없이 죽어가는 것을 목격한 뒤 깊이 뉘우치고 불교에 귀의했다. 이후 무력을 쓰지 않을 것을 맹세하고, 정법正法에 맞는 정치를 이상으로 삼았다. 또한 이를 국민들에게 알리기 위하여 전국 각지에 석주石柱를 세웠다. 불교사에 남긴 그의 업적은 해외에 포교사를 파견하고, 불사리탑을 열어서 인도 각 지역에 8만4천 탑을 세웠으며, 승려들에게 많은 사원을 보시하였다. 또한 룸비니·녹야원·붓다가야·쿠쉬나가라 등 많은 불적을 순례했으며, 제3결집을 하여 경·율·론 삼장이 편찬되도록 승단에 도움을 주었다. **2** 의통 조사는 고려 때 승려로, 당나라 말기 중국으로 들어갔다. 보운원에서 천태교학을 연구하고 지관수행으로 천태종을 다시 부흥시켰다. 그가 보운원에서 입적한 뒤, 다비식을 해보니 사리가 뼛속에 가득 차 있었다고 한다. 그의 저서로는 『관경소기觀經疏記』와 『광명현찬석光明玄贊釋』 등이 있지만 현존하지 않는다. 그의 법을 이은 제자로는 중국 승려 사명 지례四明知禮(960~1028년)가 있다. **3** 감진鑑眞(688~763년) 화상은 당나라 때 율사이며 일본 율종의 개조開祖이다.

● 아육왕사 대웅전

백림사
모두 내려 놓아라
조주 종심 하북성 석가장

● 백림사 도량 전경
●● 백림사 도량

2005년 초가을, 북경 한국불교신자들의 모임(만월사)에서 백림선사와 임제사로 성지순례를 떠나는데 동참하게 되었다. 5년 전에도 다녀온 적이 있지만, 마침 인연이 되어 또 가보고 싶었다.

백림선사栢林禪寺는 조주 종심趙州從心(778~897년)이 머물던 곳으로 하북河北성 조주현 조주시에 위치한다. 원래 이 절은 동한 헌제(196~220년) 때 건립되어 관음원觀音院으로 칭하다가 남송시대에 영안원永安院으로 개칭되었으며, 원나라 때부터 현재 이름인 백림선사로 불렸다. 한국의 어른 스님네들이 많이 다녀갔으며, 이 절의 전 방장이었던 정혜 스님도 한국을 방문하는 등 한국선과 중국선의 교류 역할을 하는 곳이기도 하다.

조주 스님은 중국 당나라 말기 때 승려로 14세에 출가하여 남전 보원南泉普願(748~834년)의 제자가 되었다. 그는 80세까지 행각을 하다가 80세가 넘어서야 백림선사에 주석했으며, 세속 나이 120세의 장수를 누린 분이다. 조주가 스승 남전을 처음 만났을 때의 일이다.

아직 추위가 다 가시지 않은 이른 봄날이었다.
남선 선사는 양지바른 곳에서 낮잠을 자고 있는데, 사미승 조주가 찾아왔다.
남전이 조주에게 물었다.
"어디서 왔느냐?"
"예, 서상원瑞像院에서 왔습니다."
"서상이라! 그럼 상서러운 모습을 보았는가?"
남전은 조주의 의중을 떠보았다. 그러자 조주는 대답했다.
"아뇨. 상서로운 모습은 보지 못했고, 다만 와여래臥如來를 보았습니다."

● 정전백수자 공안으로 알려진 도량 내 잣나무

남전은 '이 놈이 보통 사미가 아니구나!' 싶어, 일어나 다시 물었다.

"자네는 임자가 있느냐?(스승이 계시는가)"

"네, 있습니다."

"어디 있느냐?"

이때 조주가 자리에서 일어나 남전에게 절하면서 말하였다.

"아직 추운 계절인데 스승님(남전)께서 존체 만복하시니 무엇보다 다행입니다."

몇 년 전 백림선사에 갔을 때, 이 절은 100년 동안 폐사로 방치되었다가 1988년 정혜 방장이 주석하면서 재건하여 100여 명의 스님들이 수행하고 있었다. 당시 승려 교육관과 홍법弘法을 위해 선센터를 건립 중에 있었다. 그런데 이번 성지순례를 갔을 때 정말 깜짝 놀랐다. 당시 초라했던 도량은 온데간데없고 마치 임금이 사는 대궐에 온 듯한 착각이 들 만큼 불사가 잘 되어 있었기 때문이다. 게다가 방장이 젊은 승려로 바뀌어 있었다.

천여 년 전 백림사에 조주 선사가 상주했을 때, 헐벗고 가난했던 심정을 담은 12시가(자축인묘…, 12시간으로 나누어진 시)가 있는데, 그 시 구절을 생각하며 현재 사찰과 너무 대조적이라 나도 모르게 웃음이 나왔다.

닭 우는 축시丑時

가난한 마을인지라, 절 꼬락서니는 말할 것도 없다.

부처님께 마지 공양은 그만두고, 아침 죽 끓일 쌀알조차 없으니

창문 틈새마다 수북이 앉은 먼지나 바라볼 밖에…

반갑지 않은 참새만 짹짹대고, 친한 사람은 하나도 없으니
혼자 앉아 낙엽 지는 소리를 듣는다.
누가 말했던가? 출가자는 애증愛憎을 끊는 거라고…
생각할수록 눈물이 나 손수건을 적신다.

해가 높이 뜬 사시巳時

머리 깎고, 이 지경에 이를 줄을 누가 알았으랴.
어쩌다 청을 받아 들여, 시골구석 중이 되고 보니
굴욕과 굶주림, 처량한 신세에 죽을 지경이다.
키다리 장삼張三과 껌둥이 이사李四,
그들은 눈꼽만큼도 나를 존경하지 않는다.
아까는, 갑자기 문 앞에 나타나서는
'차 꿔달라', '종이 꿔달라' 떼만 쓰다 가더라.

공안은 스승과 제자간의 일상적인 대화, 즉 법거량이나 스승이 제자를 깨우치는 이야기, 즉 화두를 말한다. 그런데 공안 가운데는 조주 선사에 관련된 일화가 매우 많다. 그 가운데 무자無字 화두는 간화선의 가장 긴요한 핵심 화두이며, 우리나라 승려들이 참선할 때 많이 들고 있는 화두이다.

한 수행자가 조주 선사에게 물었다.
"(모든 것을 버리고) 한 물건도 가져오지 않을 때는 어찌해야 합니까?"

"모두 내려놓아라.〔放下着〕"

"이미 한 물건도 가지고 오지 않았는데 무얼 내려놓으라는 말입니까?"

"그렇다면 짊어지고 가거라."

어떤 스님이 조주 선사를 찾아와서 말했다.

"저는 방금 이곳에 왔습니다. 큰스님께서 잘 지도해 주십시오."

"죽은 먹었느냐?"

"예."

"그럼 밥그릇이나 씻어라.〔洗鉢盂去〕"

한 승려가 조주에게 물었다.

"스님, 인생에서 가장 다급한 일이 무엇입니까?"

그러자 조주 선사가 갑자기 일어서며 말했다.

"오줌 좀 눠야겠다. 이런 사소한 일도 몸소 이 늙은이가 해야 하는구나."

한 스님이 조주 선사에게 물었다.

"달마 조사께서 인도에서 중국으로 온 까닭이 무엇입니까?"(선의 요지가 무엇이냐는 뜻)

(뜰앞의 잣나무를 가리키며) "뜰앞의 잣나무니라.〔庭前柏樹子〕"

현재 백림사 관음전 앞에 잣나무 두 그루가 아름드리 서 있다. 절 이름 백림은 잣나무라는 뜻인데, 앞의 공안에서 비롯되었다.

또한 선사는 제자들이 찾아와서 법을 물으면, 이 절에 처음 왔든 두 번째 왔든 무조건 그들에게 "차나 한 잔 마시게.〔喫茶去〕"라고 하였다. 이런 공안으로 인해 현재 백림사는 다선일미의 대표되는 사찰이기도 하다. 이 절은 승려가 150여 명 상주하고 있고, 우리가 참배하러 간 날도 서양 재가자들이 눈에 많이 띌 정도로 해외에서도 참선하러 이곳에 온다고 하니, 앞으로 세계적인 도량으로 발돋음하리라고 본다.

도량 내에는 조주고불진제광조국사지탑趙州古佛眞際光祖國師之塔이 있는데, 이는 원나라 때(1330년)에 건립되었다. 탑은 전탑으로 8각 7층, 높이는 33미터로 다른 탑에 비해 웅장하지는 않다. 탑의 기단은 여러 층으로 나누어 쌓아 올렸는데 맨 아래 부분은 평범한 사각형의 벽돌로 겹겹이 튼튼하게 쌓았다. 그 위로 갖가지 조각들이 보이는데 용, 코끼리, 기린, 모란꽃 등이 부조되어 있다.

현재의 사찰 규모는 방대한 도량과 선풍禪風이 중국에서 최고라고 볼 수 있다. 현 방장은 명해明海 스님인데 전 방장이었던 정혜淨慧 스님의 제자요, 정혜 스님은 허운虛雲 화상의 제자이다.

정혜 스님은 1951년 허운 화상에게서 비구계를 받고 법을 받아 임제종과 운문종의 법맥을 이었다. 문화혁명 기간(1966~1976년) 중에는 북경, 광동, 호북 등지로 다니며 노동을 하다 1970년대 후반부터 본격적인 불교운동을 일으켰다. 그는 생활선을 주장하며 백림선사와 임제사에 불교개혁을 일으켰다. 한편 호북성 황매현 사조사도 정혜 스님이 정비한 도량이다.

이튿날 우리 일행은 새벽 4시 반부터 예불을 시작해 6시에 끝났다. 스님들이 100여 명이 넘는데다 재가신자들까지 함께 합송한 예불소리는 천상의 음악처럼 오랜 시간이 지난 뒤에도 내 귀에 윙윙 울렸다. 능엄주와 신묘장구대다라니, 대비주를 염불하고, 예불 중간에 사부대중이 관세음보살 정근을 하며 법당 내부를 돈 뒤 다시 염불을 했다. 아침공양 후 도량 곳곳을 안내받아 돌아보았는데, 이 사찰은 선종이지만 경전을 공부할 수 있는 체계가 잡힌 강원도 함께 있었다. 10시가 넘어 백림선사에서 출발해 조주교趙州橋로 향했다.

조주교는 백림선사와 4킬로미터 떨어진 곳에 위치하는데, 세계 최초의 아치형 돌다리이다. 수나라 때 이응이라는 인물이 건설하여 안제교安濟橋라고 불리다가 현재는 조주교라고 한다. 1500여 년의 격정의 세월을 품고 있는 다리는 우아함과 아름다움까지 겸비하고 있다. 오랜 세월 동안 자연재해로 인해 몇 번의 수리가 있었을 터인데, 당시 장인들의 뛰어난 축조기술은 입이 마르도록 칭찬할만하다. 이 조주교와 관련된 조주의 일화가 있다.

한 학인이 와서 말했다.

"조주의 돌다리 소문을 들은 지가 오래인데 막상 와서 보니 외나무다리뿐이군요."

"그대는 외나무다리만 보았을 뿐, 돌다리는 보질 못했군."

"어떤 것이 돌다리〔趙州石橋〕입니까?"

"나귀도 타고 말도 건너지."

부연하면, 어느 수행자가 "조주의 가르침이 세상에 크게 알려져 있어 늘

● 조주교

존경심을 가지고 있었다. 그런데 막상 이곳에 와서 보니 보잘것없는 시시한 통나무다리(별 볼일 없는 조주 선사)에 불과할 뿐."이라고 조주를 낮추어 말한다. 조주 선사는 이에 맞서 "나의 가르침은 나귀나 말, 개를 포함한 일체 중생이 모두 제도된다. 너는 근기가 약해 나의 가르침을 받을 만한 자격이 없다."고 반격한 것이다.

그런데 5년 전에는 분명 조주교 입구에서 표를 팔지 않았는데, 이번에 들렀을 때는 조주교 주변을 공원처럼 꾸며 놓고 입장료를 받고 있었다. 아무튼 자본주의사회를 발 빠르게 닮아가는 중국인다운 발상이다.

임제사
진정한 자유란 무엇인가
임제 의현 하북성 석가장

● 임제탑

"**마오쩌뚱은** 자신을 진시황과 동일시했다. 진시황이 중국을 최초로 통일하였다면, 마오쩌뚱은 마지막으로 통일하였다. 중국의 전통사상 가운데 진나라가 실시한 법가는 마르크스주의와 유물사상에 가장 가까운 것이었다."

앞 글은 중국에서 10년 정도 상주한 어느 한국 작가의 글이다. 1920년대 당시, 저우언라이周恩來(1898~1976년)나 덩샤오핑鄧小平(1904~1997년) 등 공산당의 핵심 인물들이 유럽이나 러시아에 유학하면서 공산주의 사상을 배웠는데, 마오쩌뚱은 농부의 아들로 그러지를 못했다.

그는 외국 한 번 나가보지 않았고, 마르크스의 유물론이나 사회주의에 관련된 책 한 번 읽은 적이 없다고 한다. 그가 좋아하는 책은 오로지 『수호지』였고, 간혹 『삼국지』를 읽은 정도였다.

독일이나 러시아 등 공산주의가 무너진 지 오래건만, 어떻게 중국만이 사회주의 국가를 유지하는가. 이는 중국이 정통 공산주의 사상으로 체제가 잡힌 나라가 아니라, 중국식 사회주의 국가이기 때문이다. 솔직히 중국에서 머무는 동안 사회주의 국가인지 자유주의 국가인지 구분이 안 될 때도 있었다. 근래 부처님 경전보다 중국에 관련된 역사나 인물들에 관한 책만 보았던 터라 두루뭉술하시나마 중국에 대해 이해를 하게 됐다.

1930년대 국민당과 공산당이 싸움을 하면서, 국민당에 비해 공산당은 열세했다. 1934년부터 35년에 걸쳐 공산당이 국토의 1만 킬로미터 대장정을 통해 공산혁명을 이룩한 것을 보면, 중국인의 저력에 혀를 내두르게 된다. 마오쩌뚱은 장기간 혁명을 하는 과정에서 첫 번째 아내가 총살당하는 광경을 직접 목격해야 했고, 자신의 남동생 둘과 여동생을 잃었으며, 아들은 한국전에서 전사하는 아픔도 겪어야 했다. 그는 통일에 대한 열망으로 혁명을 위해 자신의 가족까지도 감상적이 아닌 이성적인 냉철함으로 대했던 것이다.

재정리하자면, 다른 여러 공산국가가 무너져도 중국의 사회주의가 존재할 수 있는 것은 중국의 민족성과 문화가 토대가 된 사회주의 국가라는 점이다. 중국불교 또한 인도로부터 받아들였지만 자신의 민족화된 불교로 만들었다. 마치 정통 공산주의를 받아들여 자신의 민족화된 사회주의 체제로 만들었듯이.

특히 중국불교는 인도에서 들어온 뒤 완전히 중국적인 사상으로 탈바꿈되어 선종과 교종 등 모든 분야에서 발달했고, 선종과 정토종은 청나라 때까지 꾸준히 발전해 중국불교를 대표한다고 해도 과언이 아니다.

불교 수행을 대표하는 선禪은 중국에서 변이된 대표적인 것 중의 하나이다. 이전에 필자가 대학원에서 공부할 때만 해도 선사상禪思想 하면 중국선을 내세울 정도였다. 특히 당나라 때는 불교의 여러 학문이 정립되었고, 선종은 송나라 때까지 꾸준히 발전을 거듭해 왔다.

선사상이 최고조로 발달하고 뛰어난 수행자가 많이 배출되던 시기인 당나라 때, 대표적인 승려로 임제 의현臨濟義玄(?~867년)을 꼽을 수 있다. 스님네들이 법을 설할 때 "할喝!" 하고 큰 소리로 고함을 치는데, 이는 임제 선사로부터 비롯된 것이다. 또한 임제는 통쾌하고 힘찬 선기를 드러낸 분으로 시공을 초월해 많은 승려들이 존경한다. 현재까지 그를 개조開祖로 하는 임제종은 일본에서 큰 종파를 이루고 있고, 본토인 중국은 물론 한국의 조계종 또한 그의 가르침을 따르고 있다.

가는 곳마다 주인이 되고 隨處作主

서는 곳마다 진리의 땅이 되게 하라 立處皆眞

임제 선사는 산동성 조주曹州 남화 출신으로 어려서부터 특이하고 효자였다고 한다. 출가한 후 처음에는 학문 연구에 몰두했으나 '성불하는 데는 경전 공부만으로는 안 된다.'고 생각하고 참선에 전념하기 시작했다. 이때 스승 황벽 희운黃檗希運을 만나 깨달음을 이루었다. 황벽 선사는 깊은 산속에서 홀로 수행하고 있는 대우 스님에게 제자를 소개했다.

어느 날 임제는 대우 스님을 찾아가 말했다.

"스승님의 가르침을 받고자 왔습니다."

그날 밤 대우 스님 앞에서 임제는 이제까지 알고 있는 경전의 내용을 마음껏 말했다. 대우 스님은 침묵으로 일관하고, 다음 날 아침 임제에게 말했다.

"멀리서 찾아온 자네를 생각해서 어젯밤에는 자네의 말을 들어 주었네. 그런데 자네는 예의도 모르고 허튼소리만 계속 지껄였네." 라고 말한 뒤, 몽둥이로 몇 차례 때려 문밖으로 내쫓았다.

임제는 황벽 문하로 와서 그대로 이실직고를 하니, 황벽 선사가 말했다.

"대우는 자네에게 훌륭한 선지식이네. 이 기회를 놓치지 마라."

이 말에 임제가 또 대우를 찾아갔으나 대우 스님은 "염치도 모르고 또 왔네."라고 하면서 몽둥이로 또 두둘겨 팼다.

임제가 황벽 선사에게 돌아와서 말했다.

"대우 스님의 몽둥이질 속에서 깨닫게 해 주신 은혜는 백 겁 만 겁에도 갚을 수 없습니다."

얼마 후 임제가 또 대우에게 찾아가니 이전과 마찬가지로 몽둥이를 들었다. 임제도 이번에는 몽둥이를 막아내면서 대우를 넘어뜨렸다. 대우 스님은 임제의 이런 행동을 보고 말했다.

"내가 이 산속에서 일생을 쓸모없이 보내는가 했더니, 오늘에야 제대로 된 제자를 하나 얻었다."

이처럼 한 제자를 깨우치게 하려고 수고를 아끼지 않는 스승이나, 몇 번이고 몽둥이찜질을 감수하면서까지 법을 구하고자 하는 임제의 구도심에 고개가 숙여진다.

한국불교의 현 주소는 학문하고 수행하는 제자를 깨우치게 도와주는 것이 아니라, 절집 살림이나 잘 볼 수 있도록 하는 살림전수가 되고 있다. 또 한국의 대학은 스승이 제자를 지도하는 학문의 전당이 아니라, 지도교수의 논문이나 책을 만들어 주어야 하고 그렇지 못하면 교수로부터 내침을 당하는 학교로 전락되었다.(어쩌면 이런 발언으로 인해 엄청난 지탄이 있을지도 모르지만 각오하는 바다. 한편으로 훌륭한 스님과 교수님들도 많은데 그분들에게 죄송할 따름이다)

임제 선사가 출가하고 활동하던 시기는 당나라 때 가장 혼란했던 안사의 난(755~763년)과 회창파불會昌破佛(845~847년) 이후이다. 임제는 여러 곳을 만행하다 하북성 정주 임제원臨濟院에 머물렀다. 임제臨濟라는 이름도 그가 머물렀던 임제원에서 비롯되었다.

임제원은 540년 동위시대 때 세워진 사찰로서, 임제 선사가 거주하면서 당

● 조사전에 모셔진 임제, 허운, 달마, 혜능(왼쪽부터)

시 선객들과 신자들로 북적댔다. 그러나 당나라 말기 소실되어 몇 년 전까지만 해도 이 절은 유적지로 남아 있었고, 묘탑을 관리하던 탑원만이 있었다. 그런데 최근 불사를 하여 도량 안에는 대웅보전, 법유당, 원통전과 스님들의 요사채인 긴 회랑이 있어 비교적 아담한 사찰로 자리잡았다.

임제선사탑인 징영탑澄靈塔은 임제 입적 이후 세워졌는데, 8각 9층 탑으로 높이는 30.7미터이다. 임제 선사가 입적하고 사리를 한단 임제사와 나누어 두 곳에 세웠다. 그러나 한단 임제사는 완전히 폐허가 되었다. 현재 필자가 참배하고 있는 정주의 임제탑만 존재한다. 이 탑은 청탑靑塔 혹은 의발탑衣鉢塔이라고도 불린다.

선종 사찰인 경우 그 사찰을 개산한 승려를 모셔 놓는 곳을 조사전祖師殿이라고 하는데, 임제사의 조사전은 법유당法乳堂이라고 쓰여 있다. '법의 젖줄기', '법이 흐르는 근본을 이루는 대지' 라는 의미로 매우 인상 깊다. 당우 안에 모셔 놓은 임제상은 명나라 때 작품으로 나무로 조성된 것이다.

임제의 선사상은 자유에 입각한 인간 자체를 중심으로 한다. 무엇보다도 그는 형식적인 전통이나 권위주의 사상을 벗어나 과감하게 인간존중을 주장했다. 즉 이전의 전통과 권위주의를 부정하고 인간 본연의 청정한 자성自性을 자각해야 한다는 것이 그의 주된 가르침이다.

> 도를 닦는 사람들이여! 그대들이 진정한 견해見解를 얻고자 한다면 결코 사람을 미혹되게 하는 것〔人惑〕을 받아들여서는 안 된다. 마음 안이나 밖에서 일어나고 마주치는 모든 번뇌와 미혹을 끊어 죽여 버려야 한다. 부처를 만나면 부처를 죽이고, 조사를 만나면 조사를 죽

이고, 아라한을 만나면 아라한을 죽이고, 부모를 만나면 부모를 죽이고, 친척을 만나면 친척을 죽여야 비로소 해탈할 수 있다. 이렇게 모든 일체의 사물에 걸림이 없어야 해탈자재解脫自在한 경계에 이를 수 있다.

수행자는 모름지기 진정한 깨달음을 얻기 위해서는 다른 사람들의 이념이나 가르침인 인혹人惑을 받아들이지 말고 확고한 주체성을 가지고 수행하라는 뜻이다. 자신이 부처라고 하는 확고한 신념과 주관을 가지고 수행하면, 부처가 어디 따로 있을 것이며 조사가 어디 따로 존재할 수 있느냐는 말이다.

임제 스님이 말하는 자유란 자신의 존재가치에 대한 확고한 신념을 가지고 현실 그대로에 적응하면서 그 자리에서 느끼는 진실된 자각自覺이다. 가는 곳마다 주인이 되고, 서는 곳마다 진리의 땅이 되게 하라는 뜻이다.

임제 스님의 가르침을 대하다 보면 가슴 한구석이 훤히 뚫리는 기분이 들 때가 있다. 자신의 존재가치에 대해 확고한 신념을 갖는다는 것이 쉽지 않기 때문이다. 어쨌든 수행이 그만큼 미치지 못하지만, 막막한 대해에서 길을 찾지 못할 때 임제 스님의 가르침은 삶과 수행의 방향을 제시해 준다. 가끔 중국 서점에 나가보면『선도禪道』,『독선讀禪과 관리管理』등 선과 관련된 제목의 책자가 자주 눈에 띄는데, 그 이유를 알 것도 같다.

북경 불자모임에서 점심을 가지고 와서 임제사에서 짐을 풀고 컵라면과 누룽지로 공양을 했다. 한국에서 먹지 않던 컵라면을 여행 중에는 가끔 먹는다. 그래서 인생이 즐거운가 보다. 환경과 공간이 바뀌었다고 다양한 음식들을 즐겨 먹고 있으니.

　북경의 큰 슈퍼마켓에 가면 한국 신라면을 발견하곤 한다. 어떤 때는 여행 중에 괜히 살 것도 없으면서 슈퍼에 들어가서 '신라면이 있나?' 하고 살펴볼 때가 있다. 외국 나가면 다 애국자가 된다더니, 신라면이라는 글자만 보아도 작은 땅덩어리의 조국이 왜 그렇게 위대해 보이는지.

　점심공양 후 임제사에서 10여 분 거리인 융흥사隆興寺를 향했다. 이 절은 수나라 586년에 창건되어 송나라 태조 조광윤이 사찰을 중창하고 42개의 팔을 가진 청동관음상이 조성되어 있다. 또한 청나라 강희제가 중수하면서 절 서편에 황제 행궁을 건립하고 1709년 융흥사로 개칭했으니, 황궁 사찰답게 규모가 매우 큰 절이다. 이왕 임제사 간 김에 꼭 들러보시길.

　전형적인 관광사찰이니, '실망'이라는 단어를 가슴 한켠에 가지고 가야 마음 상하지 않는다.

오조사
제 성은 불성입니다
5조 홍인 호북성 황매

● 대만보탑(5조 홍인탑)

지난 겨울 20여 일을 여행하고 돌아와 나의 베이스캠프가 있는 북경에서 너무 많은 시간을 보냈다. 좀더 일찍 떠나고 싶었으나 만월사(재중 북경 불자회) 법회를 두어 달 하기로 해서 약속을 지키느라 빨리 떠나지 못했다.

드디어 2월 하순, 북경에서 오전 8시 비행기를 타고 호북성湖北省 무한武漢에 내려 황매黃梅현으로 가는 버스를 탔다. 무한에서 버스를 탄 지 4시간 만에 황매현에 내리니 오후 5시다. 호북성 무한은 중국 땅 중심부에 위치하는데, 아침 비행기를 탔는데도 목적지까지 하루 종일 걸린 셈이다. 그래서 중국은 설 명절 연휴가 보름에서 한 달간이다. 도시에서 고향까지 가는 데 며칠이 걸리기 때문이다. 오고 가는 데 일주일 이상 걸리는 곳도 있어, 중국은 설 명절 연휴가 장기간이 될 수밖에 없다.

황매현에서 무작정 택시를 타고 오조사로 향했다. 한참을 달려 꼬불꼬불 산길로 접어들었다. 오조사에서 잠을 재워 주지 않는다면 다시 내려가야 하는데, 마침 늦은 시간이라 '설마 쫓겨나랴!' 이제는 배짱까지 생겼다. 사천왕문은 굳게 닫혀 있고, 마침 노스님 한 분이 뒷문을 닫으려고 하는 찰나에 들어섰다.

도량에 들어서는 순간, 왜 그런 기분이 들었을까? 마치 오래 살다가 잠시 출타했다 돌아온 느낌이다. 객당에 들어갔더니 지객스님은 무조건 저녁공양부터 하라며 나를 손수 공양간으로 데리고 간다. 공양주 스님은 밥이 없다면서 국수를 끓여 주겠다고 했다. 40대 중반의 비구 스님이 끓여 준 국수를 먹자니 민망하기조차 하다. 옆에서 지객스님은 몇 년 전에 한국을 다녀온 경험이 있다며 몇 가지 한국음식 이름까지 말하며 친근히 대해 주니, 쫓겨날 각오까지 하고 왔던 마음이 한결 누그러졌다.

새벽예불 시간이 5시, 아침공양이 6시여서 일찍 잠을 청하는데 도저히 추워서 잠을 잘 수가 없었다. 남방지역은 2월이 되면 춥지는 않지만 그래도 혹시나 하는 마음으로 겨울옷을 입고 왔는데도 추워서 몇 번이나 자다가 깨어 가져온 옷을 모두 꺼내 입어도 춥기는 마찬가지였다. 오조사가 산속에 위치해 있는데다, 남방지역은 법으로 난방을 하지 못하게 금하고 있기 때문에 상대적으로 춥게 느껴지나 보다. 하루 종일 북경에서 비행기와 차를 타고 온 탓인지, 핸드폰에 자명종 시간을 맞추어 놓고도 새벽예불 시간에 일어나지 못했다.

다음 날 새벽예불 시간 30분이 지나서 법당 앞에 가 보니, 30여 분의 스님들이 아미타불을 염하고 있었다. 차마 늦은 시간에 들어갈 수가 없어 밖에서 그 소리를 들으니, 오랜만에 듣는 염불소리인지라 새벽 잠결인데도 연화장세계에 있는 듯하다. 예불이 끝나고 스님들은 곧장 가사를 수한 채 공양실로 옮겨와 몇 마디 염불을 하고 공양을 시작했다. 공양이 끝난 뒤에도 스님들은 다시 법당으로 옮겨가 염불을 하고 해산했다.

아침공양 후, 절 뒤편 대나무 숲이 양쪽으로 펼쳐져 있는 계단 길을 따라 조사당으로 향했다. 이 절에서 상주하며 법을 폈던 5조 홍인弘忍(601~674년)의 상이 모셔진 곳이다. 그곳에 이르니 5조 홍인의 조사당과 그 앞에 5조 탑이 있다. 탑에는 대만보탑大滿寶塔이라고 쓰여 있다. 이른 아침인지라 아무도 없는 그곳에 앉아 차를 한 잔 마시며 스님의 법력을 생각해 본다.

홍인은 주周씨이고 황매 출신으로 7세에 4조 도신에게 출가하였다. 도신은 파두산에 머물면서 법을 펴다 우연히 황매에 갔을 때 한 소년을 만났는데,

이 소년이 바로 홍인이다. 골상이 특이하고 어린 소년인데도 그의 사람됨이 보였다. 이에 4조가 물었다.

"네 성姓이 무엇이냐?"

"성은 있으나 흔한 성이 아닙니다."

"그래 무슨 성이냐?"

"저는 불성佛性입니다."

이렇게 처음 4조와 대화를 나눈 홍인은 그의 문하에 출가하여 12세에 인가를 받고 발우와 가사를 전수받았다. 홍인은 신장이 8척, 용모는 보통사람들과 달랐다. 사람됨이 질박하고 말이 없어 주위 승려들의 조롱거리가 되었으나 그들과 다툼이 없었다. 또한 그는 도반들과 시비분별을 논하게 될지라도 언제나 입을 다물어 그에게는 적이 없었다. 낮에는 묵묵히 노동을 하였으며 밤에는 좌선을 하며 새벽까지 이어질 정도로 열심히 수행했다. 이렇게 열심히 노동한 수확물로 도반들에게 공양하기를 좋아했다고 한다.

홍인의 선사상은 『수심요론修心要論』에서 전하는 수심守心・수본진심守本眞心이다. 홍인의 사상에도 마음이 강조되고 있는데, 이 마음에 대한 해석을 둘러싸고 혜능慧能을 대표로 하는 남종南宗과 신수神秀를 대표로 하는 북종北宗으로 나뉜다. 제자 혜능과 신수야말로 선종사禪宗史에 획을 그은 인물들로서, 모두 홍인의 제자이다. 그렇다면 선종사에 두 거장을 배출한 5조 홍인의 사상은 무엇인가?

불법의 요지는 수심이 제일이다. 이 수심은 바로 열반의 근본이고, 도에 들어가는 중요한 관문이며, 12부 경전의 본질로서 삼세제불의 근본이 된다.

● 원나라 때 세워진 다리
●● 성모전

즉 일상의 행行·주住·좌坐·와臥 가운데 오로지 전념하여 청정한 마음을 지키는 일이 도에 들어가는 열쇠라는 것이다. 일체 경전의 핵심이며 삼세제불의 심요心要라고 하는 수심은, 우리들 자성이 본래 청정한 그 불성을 확인하고 잘 지킬 것을 강조하는 것이다. 이 일심을 지키는 것은 자기의 있는 그대로의 본심을 지키는 것이며, 또 진실한 자기自己에 눈뜨는 것이다.

따라서 홍인은 자성이 청정한 본심을 알아야 하며, 의연히 마음만 지킨다면[守心] 망념妄念은 일어나지 않는다고 하였다. 이러한 예로 홍인은 구름을 번뇌, 번뇌에 가려진 태양을 불성에 비유하였다.

> 다시 태양에 비유하면, 구름이 사방팔방에서 일어나 태양빛이 천하를 비추지 못해 천지가 캄캄해질 때와 같은 것이다. 어두운 까닭은 구름이 빛을 가렸을 뿐, 본래의 빛은 그대로 있는 것이다. 이와 같이 사람들의 청정한 마음도 망념이나 번뇌라는 구름에 가려 있기 때문이다. 다만 능히 마음을 잘 지킨다면 번뇌는 일어나지 않으며 열반이 자연히 일어난다. 그러므로 자성청정自性淸淨한 본심을 알아야 한다.

홍인弘忍은 구름이 아닌 태양 그 자체를 보아야 하는데, 수심만 잘 한다면 번뇌가 일어나지 않으며, 마음이 본래 청정하며 부처와 동일한 본성이라는 것을 알아야 한다는 것이다.

오조사는 처음 수나라 때 세워져 동산사東山寺와 쌍봉사双峰寺로 불리다가 홍인이 이곳에 상주하면서 오조사라 불렀다. 송나라 때와 명나라 때 여러 차례 중건하였고, 1938년 일본군에 의해 폭격을 당했다가 재건되었다.

오조사 사천왕문을 나와 5분 정도만 걸으면 원나라 때 세웠다는 돌다리가 있다. 이 다리는 길이 33.6미터, 넓이 5.16미터, 높이 8.5미터로 그 주위에는 고목이 둘러싸여 있어 옛 정취를 느낄 수 있을 만큼 고전적이다. 다리 위에는 "모든 것을 다 내려놓으라.〔放下着〕"는 글이 쓰여 있다.

다리를 건너면 양쪽 숲 사이로 큰 길이 놓여 있다. 길에는 송나라 때 세운 석탑 4좌가 있다. 그 중 7불탑은 8각 7층탑으로 날씬한 아가씨 몸매를 연상케 할 만큼 아름다운 모습이다. 몇 좌의 석탑을 참배하고 다시 사찰로 들어섰다.

'언제 또 오조사에 오랴!' 싶어 도량을 다시 돌다 보니 이상한 당우가 하나 있다. 성모전聖母殿이라는 편액이 쓰여 있는데, 처음에는 관음상인 줄 알고 들어가 보니, 관음이 아니라 5조 홍인의 어머니 상을 모셔 놓은 곳이었다.

홍인은 74세에 제자들에게 자신의 묘탑을 세우고, 생가를 개조해 사찰로 지을 것을 유언으로 남긴 뒤 열반에 들었다. 홍인 문하에 혜능·신수·지선·혜안·법여 등 훌륭한 제자가 많이 배출됨으로써 선종 역사에 큰 획을 그었다.

사조사

노동하는 것도
수행의 연장이다

4조 도신 호북성 황매

5조 홍인의 스승 4조 도신道信(580~651년)도 황매현 쌍봉산雙峰山에서 30여 년간 주석하였다. 그곳에서 법을 펴고 제자들을 이끌었는데, 이를 동산법문東山法門이라고 한다. 또한 5조 홍인의 사상까지 아울러 동산법문이라고 하는데, 이때부터 중국 초기 선종의 역사가 본격적으로 시작되었다고 해도 과언이 아니다.

4조 도신이 법을 펴고 제자들을 제접한 시기가 천태종의 지의智顗(538~597년)가 『마하지관』에 의한 선법禪法을 일으킨 직후에 해당한다. 달마 이래 선수행자들은 들과 숲에서 두타頭陀 수행으로 개인적인 수행을 했던 반면, 4조 도신 이후부터 집단수행을 하였다. 이러한 동산법문에 500명이 넘는 수행자가 운집해 있었으니, 최초로 선종의 대교단이 형성된 셈이다.

그러면 이들은 어떻게 집단생활을 유지할 수 있었을까.

앞 글에서 홍인 선사의 좌선과 노동을 함께 하는 수행정신에서도 보았듯이, 그의 스승 4조 도신도 노동과 수행을 겸하였다는 점이다. 당시 천태종만 해도 천태산의 교단을 유지하기 위하여 황제의 원조에 의지한 반면, 동산법문 교단은 노동에 의한 자급자족의 체계를 확립하면서 농민층의 신뢰와 지지를 기반으로 식량을 얻을 수 있었다.

인도불교에서는 수행자가 노동을 하거나 생산활동에 종사하는 것이 계율에 위배되는 것이지만 도신과 홍인, 특히 마조 선사(709~788년) 이후 발전한 일상성日常性을 통한 선禪으로서의 완성을 기했다. 또한 백장 선사(720~81년)에 이르러 "하루 일하지 않으면 하루 먹지 않는다.(一日不作 一日不食)"는 청규淸規가 제정됨으로써 '노동=수행'이라는 공식이 완성되었다. 이후 중국 선종에서는 노동은 수행이라는 공식이 당연시되었고, 현재 중국뿐만 아니라 한

● 자운탑(4조탑)
●● 자운탑 올라가는 삼문식 패방

국의 수행자들도 울력하는 것을 수행의 연장선으로 보고 있다. 필자가 강원에서 공부할 때도 울력이 많았고, 중국 선종사찰을 참배하면서 승려가 밭을 가꾸거나 차밭 울력하는 모습을 더러 보았다.

　오조사에서 얼마 안 되는 거리에 사조사가 있다고 해서 사천왕문 앞에서 버스를 탔다. 시골 버스를 타고 산을 내려가서 다시 버스로 갈아타고, 또 다시 오토바이 모터차에서 버스로 환승, 마지막으로 사조사 들어가는 버스를 탔으니, 자그마치 5번이나 차를 갈아탄 셈이다.

　이 차들은 말이 좋아 차지, 한국으로 치면 작은 봉고차를 개조했거나 오토바이에다 수레를 달아 운행하는 차들이다. 이 차들은 폐차장에 주어도 받지 않을 만큼 낡아 있다. 거기다 어떤 차는 5인석에 10명까지 밀어 태우기도 해서 질식할 정도이다.

　절에 도착하기 전에는 사조사가 오조사에 비해 규모가 매우 작은 사찰일 거라고 생각했다. 그런데 웬걸, 감히 오조사에 비할 수 없는 도량의 크기에다 최근 불사까지 해서 중국 사찰의 지저분한 이미지를 완전히 벗어나 있었다. 단청은 중국 특유의 화려한 색깔을 사용하지 않고 짙은 노랑 바탕에 청색 2가지만을 사용했고, 문양도 꽃 모양만을 그려 넣은 단순한 문양이다.

　도량은 천왕전, 대웅보전을 중심으로 오른편에 지장전과 가람전(관우상)이 배치되어 있고 그 위에 북루가 있으며, 왼편에 관음전과 종각 위에 조사전이 배치되어 있다. 조사전에는 초조 달마부터 6조 혜능 선사에 이르기까지 총 6분의 상이 모셔져 있었다.

　관음전 뒤꼍으로 가니 스님들의 공양 처소인데, 『정각正覺』이라는 잡지가 수천여 권 쌓여 있고 봉투까지 준비되어 있다. 이 절에서 발행되는 불교잡지인 듯하다. 관음전을 나와 '들어오지 말라'는 팻말이 있는 당우를 기웃거려 보니 선당禪堂이 눈에 띄었다.

필자는 들어가지 말라는 말에 개의치 않고 무조건 들어가는 무식한 용감함(?)이 있다. 그렇게 하지 않으면 많은 정보나 필요한 자료를 얻지 못하기 때문이다. 선당에 들어가니 가운데 불상이 안치되어 있으며, 사방으로 삥 둘러 50여 개의 방석이 놓여 있다. 그런데 구석진 곳에 한 스님이 의젓한 모습으로 고요히 삼매에 들어 참선을 하고 있었다. 모습을 사진에 담고 싶었으나 너무 무례한 행동인 것 같아 아쉽지만 차마 찍지 못했다.

일반적으로 오조사가 더 알려져 있는데, 오조사에서는 수행 가풍을 전혀 느끼지 못했고 법당이나 관음전에서 승려가 관광객을 상대로 운수 점괘를 봐주고 있었다. 그런데 사조사는 수행 가풍이 자리 잡혀 있었고 깔끔한 이미지다.

사조사의 개산조인 4조 도신은 사마씨로 호북성 기춘蘄春 출신이다. 7세에 출가하여 여러 스승을 섬기다가, 14세 때 서주 완공산에서 3조 승찬을 만났다. 도신이 물었다.

"해탈법문이란 어떤 것입니까?"

"누가 널 속박하더냐?"

"아무도 나를 묶어두지 않았습니다."

"그렇다면 왜 해탈을 구하려고 하느냐?"

스승의 이 말에 도신은 깨달았고, 13년 동안 스승 곁에 머물며 스승을 섬겼다. 3조 승찬으로부터 법을 이어받은 뒤, 4조 도신은 여러 곳을 전전하며 수행했다. 유행遊行하던 중 도신의 나이 27세 때 길주사에서의 신이한 일이 전한다.

길주성이 70여 일간이나 도적에게 포위되어 성안의 우물이 말라 백성들이 곤경에 처했다. 이때 도신이 길주사에 도착하자마자 우물이 솟았다. 또 도신은 성중의 백성들에게 반야般若를 크게 염송토록 했는데, 갑자기 성의 사방에서 대력사大力士들이 나타났다. 이 모습을 보고 도적들이 허둥지둥 달아났다는 일화가 전한다. 도신은 여산의 대림사 등 여러 곳에서 수행하다 마지막으로 황매 쌍봉산에 정착했다.

사조사는 처음에는 유거사幽居寺, 정각사正覺寺라고 불렀다. 또한 쌍봉산 아래에 위치해 있어 쌍봉사双峰寺라고도 하는데, 한국에서는 일반적으로 '쌍봉산의 4조'라 하여 쌍봉사라는 이름이 더 익숙하리라 싶다. 이 사조사는 도신이 624년에 창건하였다.

1995년부터 불사를 시작했고, 2003년 정혜 스님이 방장으로 있으면서 도신의 선풍을 크게 진작시켰다. 하북성 백림선사도 스님이 방장으로 주석하면서 불사를 이룩하고 선풍을 펴셨는데, 이곳에도 스님의 법력이 미쳐 있으니 존경스러울 따름이다.

대웅보전 뒤편으로 가니 4조전이 따로 있다. 4조전은 오조사의 5조전에 비해 화려하고 깨끗했으며 4조상 앞에는 과일, 과자 등 공양물이 올려져 있었다.

5조 홍인의 제자인 신수(606~706년)가 측천무후의 부름을 받고 입궐했을 때 황제가 물었다.

"그대가 공부하고 전하는 법은 누구의 종지宗旨입니까?"

"기주蘄州의 동산법문을 전수받았으며, 『문수설반야경』의 일행삼매一行三昧에 의거하고 있습니다."

손자뻘 제자인 신수가 답한 일행삼매는 도신을 대표하는 선사상이다. 도신의 선사상은 일행삼매의 구체적인 실천법인 수일불이守一不移의 좌선방편坐禪方便이다. 일행삼매란 법계일상法界一相 진여평등眞如平等의 진리를 관찰하는 삼매이다.

이 일행삼매설은 『문수설반야경』에 의하면서, 실천적인 내용면에서는 부처님의 법신法身과 중생을 평등하게 보는 『기신론起信論』에 가깝다.

도신의 저서인 『입도안심요방편법문入道安心要方便法門』에 의하면 마음의 근원을 깨달을 것을 주장하면서 그 실천행으로 수일불이를 강조한다.

> 하나를 굳게 지켜 흔들림이 없어[守一不移] 움직임과 고요함, 모든 것에 안정을 얻으면 누구든지 분명히 불성을 보고 매우 빨리 정문定門에 들어갈 수 있다.

여기서 보는 것처럼 도신의 수일불이는 분명하게 불성을 본다고 하는 깨달음을 전제로 하고 있다. 또한 도신은 하나를 굳게 지키는 수행으로서의 좌선을 권장하고 있는데, 좌선할 때에는 원숭이가 오직 일념으로 밤을 파먹는 것처럼 일행삼매의 좌선을 강조하고 있다. 그는 또한 마음이 곧 부처라고 설했다.

『무량수경』에 이르대, 제불의 법신은 일체 중생의 마음 속에 들어 있으므로 이 마음이 곧 부처요, 이 마음이 곧 부처를 만든다. 마땅히 알라. 부처가 곧 이 마음이고, 마음 이외에 다른 부처가 없다.

도신의 수일불이는 제자 홍인의 대표적인 사상인 수심守心으로 발전된 것이다. 당나라 태종이 도신을 법고자 3차례나 입궐할 것을 권했으나 도신은 한사코 거절했다. 화가 난 태종이 4번째 입궐할 것을 권하며 "이번에 입궐하지 않으면 목을 베어오라."는 명을 내렸다. 그런데도 도신은 이에 굴하지 않고 쌍봉산을 벗어나지 않았다고 한다.

사조사에는 3좌의 탑이 있는데 중생탑衆生塔, 의발탑衣鉢塔, 비로탑毗盧塔으로 중요 문화재이다. 도량에서 절 입구로 나오면 바로 비로탑으로 올라가는 계단이 있다. 멀리서 보니 웅장한 모습이다. 비로탑은 자운탑慈雲塔이라고 하는데, 4조 도신의 묘탑으로 651년 당나라 때 조성되었다. 그곳에 올라가 보니 탑 내부에 도신의 상이 모셔져 있고, 왼쪽에 5조 홍인과 오른쪽에 우두 법융(594~657년)의 상이 안치되어 있다.

30여 분 만에 비로탑에서 내려와 나머지 두 탑을 찾으려고 했으나 도저히 눈에 띄지 않는다. 절 관리인에게 물어보니 마을 쪽을 가리킬 뿐이다. 마을 쪽을 향해 걷다 보니 마을 입구에 밭이 하나 있고, 그 밭 뒤편에 의발탑이 있었다. 풀숲을 헤치고 올라가 보니 아담하고 앙증스러운 탑이 의젓이 서 있다. 이 탑은 단층형식으로 송나라 때 조성되었는데, 송나라시대의 중요 문화재라고 한다.

의발탑에서 내려와 중생탑을 찾으려 해도 찾을 수가 없었다. 지나가는 할아버지에게 여쭸더니 무조건 따라오라고 한다. 10분 정도 따라 걸으니 마을 집들 사이에 탑이 있었다. 새로 보수작업을 하는지 전체에 기단을 묶어 두었고, 탑 둘레에 대나무를 세워 들어갈 수 없도록 문을 잠가 두었다. 이 탑도 1099년 북송시대에 조성되었는데, 탑 속에 탑이 있는 형식으로 이제까지 볼 수 없었던 형식이다. 해가 저물어간다. 오늘은 사찰에서 머물지, 읍내로 나가야 할지 빨리 결정해야겠다.

● 사조사 도량

02
능인사 · 동림사 · 진여사 · 우민사 · 보봉사 · 보리사 · 황벽사

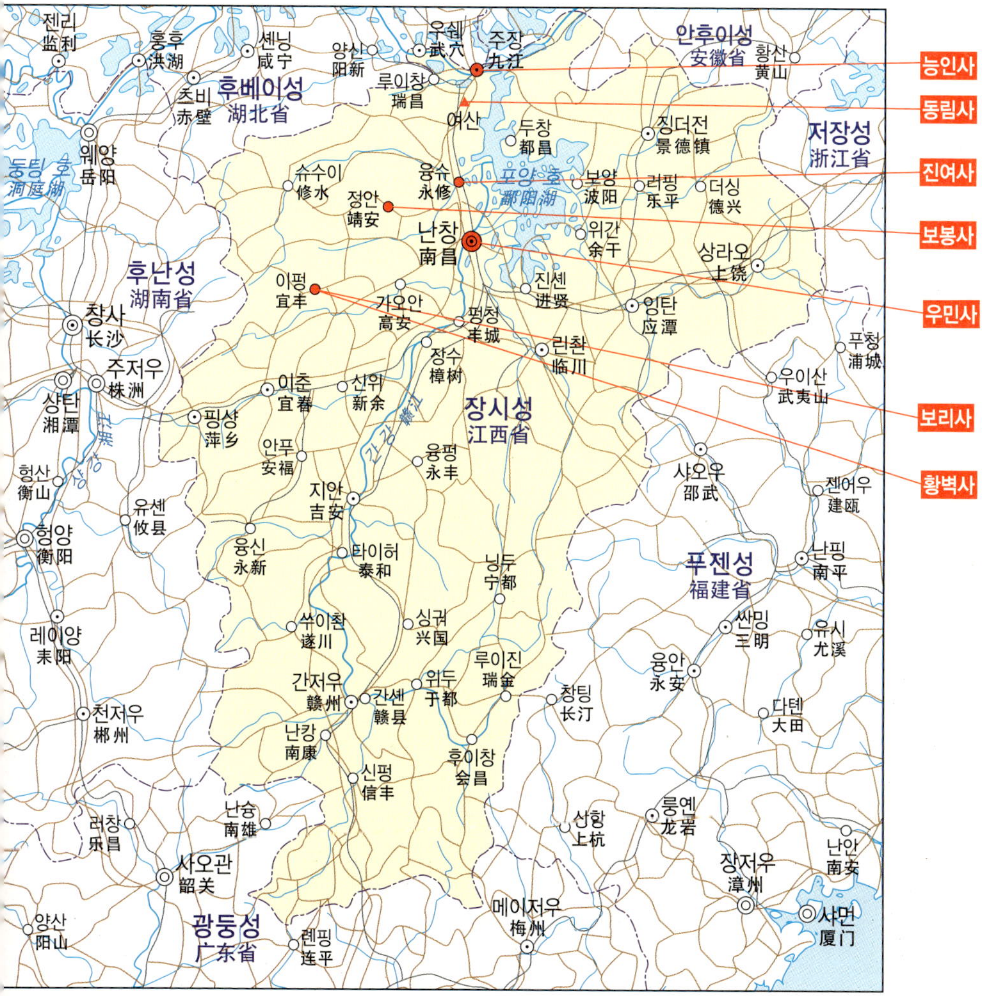

● 진여사 도량

능인사
중국의 영원한 신神, 관우

백운 강서성 구강

● 선방 들어가는 입구

아침부터 비가 내렸다. 어제 분명히 버스 안내양이 구강九江행이라고 해서 탔더니, 구강에 내려 준 것이 아니라 그 부근에 내려 주었다. 할 수 없이 숙소에서 하룻밤을 묵었다. 아침에 일어나니 비가 엄청 많이 내려 숙소에서 빈둥거리며 비가 멈추기를 기다렸다. 잠시 후 빗줄기가 약해지길래 구강 시내로 들어가는 버스를 탔다. 구강은 5조 홍인이 제자 6조 혜능에게 의발을 전수한 후 제자를 떠나보냈던 강이다.

홍인이 혜능에게 말했다.
"너는 걱정하지 말라. 내가 너를 바래다 주리라."
구강 나루터에 이르니 한 척의 나룻배가 있었다. 홍인과 혜능이 함께 배에 오른 뒤, 스승 홍인이 친히 노를 잡고 배를 저었다.
"스승님, 앉으세요. 제가 노를 젓겠습니다."
"아니다. 내가 너를 위해 노를 저으리라."
"깨닫지 못했을 때는 스님께서 건네 주셨으나 깨닫고 나서는 스스로 건너겠습니다."
"불법이 너로 인해 크게 일어날 것이니, 남방으로 가서 법을 펴도록 하라."

이렇게 『육조단경』에 전하고 있다. 스승과 제자가 따뜻한 가슴으로 법을 전했던 구강이라 왔건만, 특별한 유적지나 아무런 흔적조차 없는 듯하다. 단지 구강은 양자강의 한 자락이요, 특별한 의미를 찾기가 어려웠다.
구강 시내 지도를 사서 보니, 마침 이곳에 능인사能仁寺가 있어 그곳으로 발길을 돌렸다. 능인사는 선종 사찰로 스님들이 30여 명 거주하고 있다. 도량에 들어서자마자 11시 점심공양 시간이다. 한 스님이 공양간으로 가라는 손짓에 기다렸다는 듯이 공양실로 향했다.

여행 중에는 먹을 기회가 오면 배가 불러 있어도 채워 넣어야 한다는 점이다. 충분한 음식을 취해야 가고 싶은 곳, 보고 싶은 곳을 여유있게 돌아볼 수 있는 힘이 생기고, 가장 큰 이점은 여행 경비를 줄일 수 있기 때문이다. 이곳의 스님들도 가사를 수하고 공양을 했다. 공양이 끝난 뒤에도 승려들이 줄맞추어 나무아미타불을 염하며 대웅보전으로 갔다. 법당에서도 아미타불을 염하며 법당을 몇 바퀴 돈 뒤에 해산했다. 한 달에 보름날과 그믐날, 2번 이런 의식을 치른다고 한다.

이 사찰의 가람전에도 5분의 상이 모셔져 있는데, 기타 태자를 중심으로 왼쪽에 관우와 안락 수신安樂樹神, 오른쪽에 급고독 장자와 화타(중국 고대의 유명한 의사)가 모셔져 있다. 다른 사찰과 달리 가람전에 기타 태자와 급고독 장자[1]를 모신 경우는 처음이다. 그런데 가람 수호신으로 꼭 빠지지 않는 분이 있다. 바로 관우關羽(?~219년)이다.

　　　　옥은 부서질지언정 그 흰빛을 갈[改]려 하지 않고
　　　　대나무는 불탈지언정 그 곧음을 잃으려 하지 않는다.
　　　　내 몸은 비록 죽더라도
　　　　깨끗한 이름은 죽백竹帛에 드리워 천 년을 살 것이다.

위의 내용은 『삼국지연의』에 등장하는 관우가 했던 말이다. 중국인들은 붉은색을 좋아하는데, 그 붉은색에는 여러 가지 의미가 있다. 그 의미 가운데 하나는 붉은색이 충성스럽고 강직한 성품을 상징한다. 중국인들이 관우를 말할 때 자홍색의 얼굴을 띠고 있다고 표현하는데, 그것은 관우의 일편단심 충성심과 인격적인 사람됨을 표현한 것이라고 할 수 있다.

관우는 전쟁터를 누비면서도 『춘추』와 얼마간의 병가서兵家書를 가지고 다녔다. 그래서 지금도 관우상을 보면 한 손에는 청룡도, 한 손에는 책을 들고 있는 모습이다.

후한後漢 말 나라가 어지러운 틈을 타 여러 지역에서 호걸들이 일어났다. 이후 삼국인 위·촉·오 세 나라가 세워지면서 서로간의 알력과 땅을 뺏으려는 정치·군사적인 분쟁이 시작됐다.

유비는 촉나라 황제가 되기 이전 관우, 장비와 함께 복사꽃 아래에서 의형제를 맺고, 서로 다른 시간에 태어났지만 죽을 때는 같이 죽자는 맹세를 한다. 관우는 유비보다 5살이 많았지만 유비를 형으로 깍듯이 대했고, 유비의 처를 대할 때도 형을 대하듯이 공손하게 모셨다.

관우는 싸움터에서 위나라 조조에게 져서 포로가 되었다. 그러나 관우는 조조에게 "유비가 살아 있는 것을 알면 유비에게 되돌아간다."고 선언했다. 얼마 후 관우는 유비가 살아 있는 거처를 알았다. 관우는 조조에게 받은 재물에 일일이 목록표를 붙여 봉인하고, 조조가 내린 한수정후라는 직책까지 벗어던지고 의리와 지조를 지키기 위해 유비를 향해 떠났다.

조조는 훗날 전쟁터에서 적으로 만나 자신에게 해가 될 것을 뻔히 알면서도 관우를 보내 주었다. 이때 관우는 도망가는 도중 몇 번이나 죽음의 고비를 넘기면서 형수(유비의 처) 두 사람을 보호해가며 유비를 찾아갔다. 이 일화는 관우의 충성과 의리를 대표하는 이야기로 중국인들이 가장 좋아하는 이야기다.

한번은 관우가 전쟁터에서 적인 황충과 칼을 서로 내치며 싸우게 되었다. 싸움 도중에 황충의 말이 발을 헛디뎌 고꾸라졌다. 관우는 순간 그 사람의 목을 베는 것이 아니라 "내일 다시 싸우자. 말을 갈아타고 오너라."라고 할 정도였다.

또 한번은 208년 적벽부 싸움에서의 일이다. 이 적벽부 싸움은 『삼국지연의』의 하이라이트라고 해도 과언이 아니다. 오나라와 촉나라의 연합군에게 크게 패한 위나라 조조가 화용도華容道 쪽으로 도망을 가다 관우를 만난다. 조조는 관우를 보자마자 말했다.

"장군께서는 그간 별고 없었느냐?"

"유비에게 너(조조)를 그냥 보내면 내 목을 내놓겠다는 군령장까지 써 놓았다."

관우가 조조에게 항복할 것을 권하자 조조가 말했다.

"그 옛날 네게 후히 베푼 정을 생각해 보내 달라."

관우는 의리를 앞세워 조조를 그냥 놓아 준다. 이때 관우가 조조를 죽였다면 아마 역사가 바뀌었을 터인데 말이다.

관우는 자신의 명예 실추와 이런 위급한 상황에서도 관용과 의를 지킬 줄 아는 사나이였다.(나는 이런 부분을 접할 때마다 남자들의 세계가 부러울 때가 있다) 유비와 제갈공명도 관우의 의로운 성품 때문에 고심하기도 했다.

대체로 사람들은 『삼국지』를 읽으면서 관우와 유비, 제갈공명이 죽을 때 3번 운다고 한다. 나는 딱 2번 눈물을 흘렸다. 관우가 죽는 장면과 유비가 관우를 그리워하며 서럽게 울던 장면에서다. 그만큼 필자도 관우를 좋아한다.

219년 관우가 장릉이라는 곳을 지키다, 손권의 장군인 여몽에게 사로잡혀 양아들 관평과 함께 목이 베어졌다. 오나라 손권은 그 책임을 조조에게 떠맡기려고 관우의 목을 상자에 넣어 낙양의 조조에게 보낸다. 조조는 관우와의 의리와 장군됨을 인정하여 머리만 가지고 후하게 장례를 치러 주었다. 하남河南성 낙양洛陽에 관우의 머리가 모셔진 묘가 있는데, 이를 관림關林이라고 한다.

중국인들은 관우를 관공關公이라고도 한다. 존경의 뜻이 담겨 있는 것이다. 관우는 살아생전에도 백성들에게 신으로 추앙되어 집에 모시는 이들이 있었는데, 그가 죽은 후에는 많은 이들이 그를 신처럼 떠받들었다. 그래서 음식점이나 일반 호텔, 가게에 가면 관우상이 모셔져 있는 경우가 많다. 이렇게 중국인들에게 관우는 무신武神이자 재신財神이며, 문신門神이자 농신農神이다. 중국 남방지방에서는 관우를 무신보다는 재신으로 모신다.

관우가 조조 곁을 떠나 유비에게 돌아갈 때, 조조가 주었던 수많은 재물에 목록까지 작성해 두고 떠날 만큼 의리와 신용이 있다고 해서 중국인들은 관우를 재신으로 섬긴다. 이런 점은 불교에서도 벗어날 수 없었다.

지장도량 구화산이 육신전에도 아미타불이 모셔진 당우 입구에 신장님과 관우상이 있었다. 봉화奉化의 설두사에도 관우상이 가람전에 따로 모셔져 있기도 하고, 어떤 사찰에서는 재신각財神閣에 모셔져 있는 경우도 있다. 특히 관음보살의 성지인 보타산 사찰 어느 곳이나 법당 입구에 관우상과 신장님이 모셔진 경우가 많았다. 며칠 머물렀던 관음도량 보타산 법우사의 제경단諸經壇에도 관우상이 모셔져 있고, 어느 작은 당우에는 주불이 관음인데 양쪽에 신장님과 관우가 있기도 했다.

● 조사전에 모셔진 도선, 운거 도응, 달마, 백운, 백장(왼쪽부터)
●● 공덕당비

능인사 조사전에 5분의 화상이 모셔져 있는데, 달마를 중심으로 왼쪽에 도선道宣 율사와 운거 도응道膺 선사, 오른쪽에 백운白雲 선사와 백장 회해懷海 선사가 모셔져 있다. 이 사찰은 원래 남조 양무제 때 처음 창건되어 승천사承天寺라 하였다. 당나라 때 백운 선사가 이 사찰에 상주하며 중건했고, 명나라 때부터 능인사라 불렸다. 이 사찰을 중건했던 백운선사의 법맥을 찾아보니 찾을 수가 없었다. 아마도 백운은 조동종계 도응이나 임제종계 백장의 스승이나 도반이었을 것으로 추측된다.

공덕당功德堂이 있어 들어가 보았더니 중화인민공화국中華人民共和國 각급 령도各級領導 장생長生 녹위祿位라고 쓰여져 있고, 그 앞에 꽃과 향로가 놓여 있다. 조금 묘한 기분이다. 일반적으로 선종 사찰은 예부터 귀족이나 정치적인 데는 무관했는데, 각급 정치인을 축원하는 공간이 있다는 데에 조금 씁쓸한 기분이 든다.

능인사는 밖에서는 작아 보이지만 도량 내부는 꽤 큰 규모이다. 도량을 돌아 나오는데, 이 사찰이 구강 중심지에 있어서인지 기도하는 신자들로 가득하다. 그들의 기도하는 모습을 보니, 게으름피우는 내 모습이 부끄럽게 여겨진다.

---

[1] 기타 태자와 급고독 장자는 부처님께 기원정사를 보시한 사람들이다.

● 진여사 도량

동림사

사문은 국왕에게
예를 하지 않아도 된다

여산 혜원, 동림 상총 강서성 여산

● '호계교'라고 쓰인 석상

강서성 여산廬山은 예부터 은둔하고 싶은 이들이 가장 즐겨하는 산으로 알려져 있다. 또한 19세기 말부터 여름 휴양지로 유명해져 유럽풍의 별장과 건축물들이 들어섰으며 선교사와 외교관들이 휴식공간으로 자주 찾아왔다고 한다. 산 주변에 강과 호수가 많아서 1년 중 200일은 안개에 싸여 있어 온전한 모습을 볼 수 없는 곳이라고 한다. 여기서 유래되어 "여산 진면목眞面目을 보기 어렵다."는 말이 나왔을 정도라고 하니.

이 산은 중국 강남의 명산으로 수십여 개의 기이한 봉우리가 높이 솟아 있고, 현재도 많은 관광객의 발길이 끊이지 않는 곳이다. 또한 역사 이래 도교뿐만 아니라 불교와 인연이 깊어 수많은 사찰들이 있었다. 불교와 관련이 깊어진 때는 384년 동진시대에 혜원慧遠(334~416년) 스님이 여산 동림사東林寺에서 상주하면서 부터다.

오후 1시 무렵, 동림사에 당도하니 사천왕문 앞에 1500년의 역사를 지닌 호계고장虎溪古樟이라는 이름이 붙은 해묵은 나무가 서 있다. 이 나무 앞에 작은 다리 하나가 있는데, 이 다리가 그 유명한 호계삼소虎溪三笑의 고사가 생겨난 연원지요, 발원지다. 그 옆에 돌로 호계교虎溪橋라고 새겨진 석상이 서 있다.

어느 날 여산에 머물고 있던 혜원 스님에게 도교의 도사였던 육수정陸修靜(406~477년)과 유교의 도연명陶淵明(365~427년)이 혜원을 찾아왔다. 오랜만에 만난 세 사람은 며칠을 즐겁게 담소를 나누었다. 육수정과 도연명이 돌아가려고 하자, 혜원은 이들을 전송하며 이야기를 나누다가 산문 밖인 호계교를 건넜다.

혜원은 산문을 벗어나지 않기로 맹세한 지 30년 만에 다리를 건넘으로써 그 서원이 무너진 것이다. 이때 혜원이 두 친구에게 "30년 동안 산문 밖을 나가지 않았는데 오늘 그 맹세를 저버렸다."고 말하자 세 사람은 손뼉을 치며 크게 웃었다.

훗날 사람들은 이 고사를 호계삼소虎溪三笑라고 하였다. 종교를 초월해 진리를 나누며 세 사람이 웃었다는 삼소三笑라는 데서 유래하여 천주교의 수녀, 원불교의 정녀, 불교의 비구니 모임이 있는데 이를 삼소회라고 한다. 지금도 활발하게 활동하고 있다는 소식을 매스컴을 통해서 가끔 듣는다. 흐뭇한 일이다.

혜원은 속성이 가賈씨요, 산서성山西省 출신으로 어려서 유교와 도교 등을 두루 섭렵했다. 21세에 출가해 도안道安(312~385년)을 찾아가 수행정진했다. 혜원은 전란에 휩쓸리지 않고 조용히 불도를 연구하고자 제자들을 거느리고 여산의 서림사西林寺로 옮겨왔다. 이때부터 혜원 문하로 찾아드는 승려들이 점점 많아지는데 도저히 제자들을 수용할 공간이 없었다. 이에 당시 강주 자사에게 새로운 절을 세워 줄 것을 부탁해 세운 곳이 동림사이다. 384년 51세에 혜원이 동림사에 들어온 이후 열반할 때까지 30여 년을 여산에서 벗어나지 않았다.

혜원은 여산 동림사에 머물면서 승려들을 멀리 서역에까지 보내어 범본을 구하였으며, 계빈국 승가바제僧伽婆提에게 청하여 『아비담심론』, 『삼법도론』을 다시 번역케 하였다. 또한 구마라집에 의해 역출되던 『십송율十誦律』이 미완성으로 그치자, 혜원이 제자를 보내어 역경에 힘쓰도록 해 번역이 완성되었다. 한편 그는 『대지도론요략』 등 저술활동에도 힘썼다. 이런 혜원의 법을 중시하는 사상 때문인지, 현재 도량 내에 역경대譯經臺와 인경실印經室이 있다. 아마도 CD 및 크고 작은 책자를 발행해 법보시를 하고 있는 듯하다.

340년 동진시대 상국 유빙은 사문이 국왕에게 경례하지 않는 것은 잘못된 것이라고 지적하며 임금을 공경하라는 명을 내렸다. 이어서 403년 재상 환현이 다시 명을 내려 "군주는 천지의 대덕이요, 삶을 통하여 사물을 다스릴 임무를 지닌 존재이기 때문에 존경할 가치가 있다. 그런데 사문은 은혜를 입고도 보답해야 할 예의를 잊고 있다."고 주장하며, 사문에게 왕을 존경할 것을 명했다. 이에 혜원은 『사문불경왕자론沙門不敬王者論』을 저술해 이와 같은 내용을 주장했다.

> 재가불자는 임금과 부모에게 충성과 효도를 다하고 스승을 존중해야 한다. 그런데 출가자는 세속적인 세계와 인연을 끊고 방외의 세계에서 살아가는 자이며, 출가의 목적은 인간의 고뇌와 근심을 단절시키는 데 있다. 따라서 출가의 목적은 임금의 교화를 받아서 얻어지는 것이 아니므로 당연히 임금을 따르지 않고, 군주의 도움을 중요하게 생각지 않는다. 출가자가 성불하면, 업을 완전히 제거하는 것이기 때문에 군주에게 예를 다하지 않더라도 불충이 아니며 부모를 단절하고 출가하더라도 불효가 아니다. 따라서 출가자는 군주가 천하를 다스리는 근본적인 이치와 일치하므로 출가자는 왕에게 예를 다하지 않아도 된다.

동림사 도량에 들어서니 대웅보전 양측에 정토淨土라는 큰 글자가 한눈에 들어온다. 이 사찰은 중국 정토종의 본산이라고 할 만큼 정토교의 근원지이기도 한다.

67세인 혜원은 402년 7월 여산 반야대의 아미타불상 앞에서 123명의 승속이 모여 서방왕생의 서원을 세우고 염불실천수행을 결의했다. 혜원의 염불삼매는 『반주삼매경』에 근거를 두었는데, 이 결사를 백련사白蓮社라고 한다. 이리하여 사람들은 혜원을 정토종(연종蓮宗)의 조사로 모시고 함께 수행하며 염불수행 실천에 앞장섰다. 이때부터 동림사는 강남불교의 중심지로 이름이 높아졌다.

중국 정토교는 크게 미타정토와 미륵정토 2종류로 나뉜다. 미륵정토교는 혜원의 스승인 도안으로부터 시작되었지만 후에 융성하지 못했다. 한편 미타정토는 남쪽에서는 혜원의 백련사로부터 시작해 크게 번성했다.

북쪽 지역에서도 담란曇鸞(476~542년)에 의해 정토신앙이 발전했다. 담란은 출가 이래 많은 경전을 섭렵했고, 만년에 분주汾州 북산北山의 현중사玄中寺에 주하면서 정토 교리를 연구하며 수행 정진했다. 그가 저술한 『왕생론주』, 『찬아미타불게』는 정토교의 기초가 되었다. 또한 그는 『관무량수경』의 염불관을 기초로 칭명염불稱名念佛을 처음으로 수립하였다.

중국 사찰을 순례하면서 스님들에게 사찰의 종파를 묻곤 하는데, 정토종계가 가장 많았다. 선종은 대체적으로 남방쪽에 국한되는 반면, 정토종계는 북방은 물론 중국 전역에 분포되어 있다. 한편 선종 사찰이니, 율종 사찰이니 해도 승려들이나 재가자들은 대부분 아미타 신앙이 주축이다.

중국역사에서 당나라 때까지만 해도 귀족 성향의 문화가 발달했다. 그러

● 동림사 대웅전
●● 서림사 전경

나 당 현종 때 안록산의 난을 계기로 차츰 서민적인 문화가 싹텄다. 이것은 불교에 있어서도 마찬가지다. 이전까지의 교학 중심의 불교에서 선이나 밀종, 정토종 등 실천적인 불교 바람이 일어났던 것이다.

즉 중국은 당나라 때까지만 해도 화엄종·율종·유식 등 교종 계통이 크게 발달했다가 당나라 이후 크게 위축된 반면, 선종이나 정토종 등 실천적인 불교는 오늘날까지 지속적으로 발전했다.

동림사 도량을 다니는 내내 비가 내리고 바람이 불어 참으로 힘든 여정이었다. 여행 중에 자주 비바람을 만났기 때문에 하늘이 얄미울 정도이다. 짧거나 긴 여행을 자주 했지만, 오늘은 웬지 길 떠나는 나그네의 삶이 처량해진다. 늘 불편함을 감수하고 살았고, 그런 불편함을 자청하는 것 또한 수행의 한 길이려니 했다. 그런데 비바람을 맞으며 도량을 다니는 내 자신이 힘겹게 느껴진다. 푸르른 초목이 우거지고 부처가 살아 숨쉬는 한국의 산사에서 도반들과 차를 마시고 싶은 마음이 간절하다. 아직은 안주하며 살기 위해 머리 굴릴 나이는 아니건만, 왜 이런 편안함에 기웃거리는 건지 모르겠다.

마침 객실 담당 스님이 비 맞은 내 꼴을 보고 객실로 들어오라고 하더니, 직원들에게 난로를 준비하게 하고 차까지 내어 주며 편히 쉬라고 하셨다. 30여 분 불을 쬔 뒤 우산까지 하나 얻고, 사찰에서 발행한 CD와 작은 안내 책자까지 챙겨 받았다.

중국에서 외국 승려로서 받는 대우가 다 그런 것은 아니지만, 대체로 재가 불자나 승려들로부터 친절한 대우를 받았다. 과연 외국 승려가 한국 사찰을 방문했을 때 중국인들만큼 친절을 베풀 수 있을지 의문이다.

여산 혜원 스님 이후 10세기 송나라 시대에는 소동파·황정견·회당 조심·불인 요원 등 많은 선수행자들이 여산 땅에 머물렀다. 또한 황룡 혜남의 제자인 동림 상총東林常總(1025~1091년)도 동림사에 머물며 수행했다. 여산 혜원 이후 700년이 지나서는 동림사가 정토종 사찰이 아니라 율원이었는데, 당시 황제 신종이 조칙을 내려 선종 사찰로 바꾸고 상총을 동림사에 머물게 했다. 동림 상총이 이곳에서 머물 때 많은 수행자들이 모여들었다고 한다.

하루는 소동파(1036~1101년)가 상총을 찾아와 물었다.
"스님을 찾아온 것은 제가 일대사인연一大事因緣을 해결하고자 함입니다. 바라건대 스님께서는 이 미혹한 중생을 제도해 주십시오."
"거사님은 어느 선사들을 만나셨습니까?"
"저는 여러 고을을 전전하며 스님들을 많이 만나보았으나 아직도 깨닫지 못했습니다."
한참 뜸을 들이던 상총이 말했다.
"거사님은 무정설법은 들으려 하지 않고, 유정설법만을 청하시는구려."
수많은 선사들을 만나보았던 소동파는 왜 무정설법을 들으려 하지 않느냐는 말을 처음 들었던 터라 다소 놀라운 마음을 진정시키며 집으로 향했다. 가는 길녘 온 마음을 쏟으며 무정설법을 참구하다가 마침 폭포를 지나게 되었다. 이때 그 폭포수 떨어지는 소리를 들으며 크게 깨달았다. 꾸준히 여러 선사들을 만나고 마침 무정설법이라는 화두와 씨름하던 중 그 소리와 연이 닿아 깨달았으니, 시절인연이 도래한 것이다. 그는 상총 선사가 계신 곳을 향해 절을 올린 후에 시를 읊조렸다.

시냇물 소리가 부처님의 장광설인데 溪聲便是長廣舌

산색은 어찌 부처님의 청정신이 아니겠는가 山色豈非淸淨身

어젯밤 팔만사천게의 미묘한 법문을 夜來八萬四千偈

후일에 어떻게 사람들에게 보일 수 있겠는가 他日如何擧似人

무정설법이란 무생물인 산천의 초목국토가 모두 진여眞如의 법을 설한다는 것이다.

『인천안목人天眼目』에 전하는 시구절에도,

늙은 소나무는 반야般若를 얘기하고

조용히 나는 새는 진여眞如를 지저귀네

비에 젖은 소나무, 바람 부는 소나무 모두 선禪을 설하고

시냇물 소리, 솔바람 소리 전부 법을 설하네

무정설법에 관한 일화가 또 있다.

유학자 주무숙周茂叔이 불인 요원佛印了元(1020~1086년) 선사에게 물었다.

"도道가 무엇입니까?"

"눈앞에 보이는 푸른 산들이 제 모습 그대로 드러내 놓고 있지 않은가?"

동림사 들어가는 입구에 서림사西琳寺라는 비구니 사찰이 있다. 동림사 참배 후 그곳에 들를 예정이었다. 우산이 뒤집어질 정도로 몰아치는 비바람 속에서도 논밭길을 걸어 갔더니, 육조(3세기~5세기 말)고찰六朝古刹이라고 쓰여

있는 사찰 문이 꽁꽁 잠겨 있다. 문 잠궈놓고 산다고 욕만 바가지로 하고 다시 동림사로 되돌아왔다.

 나중에 가방을 들고 나가는 길녘에서 보니 서림사 들어가는 출입문이 따로 있었다. 아까 욕을 얼마나 했는데, 출입문이 따로 있다니 미안한 마음이다. 도량에 들어서니 누가 비구니 도량 아니라고 할까봐, 깔끔한 도량에다 다도실에는 차와 과일이 준비되어 있고, 책을 볼 수 있는 공간까지 잘 꾸며져 있다. 사찰을 나오니 저녁 무렵이다. 택시를 불러 놓기는 했는데, 오늘은 어디에서 머물고 내일은 또 어디로 떠날 것인지, 나그네의 삶이 처량하다. 성지 순례 길에 처량한 생각이 드는 건 순전히 비바람 때문이다.

● 동림사 사천왕문 입구에 있는 호계고장

진여사

사량분별을 쉬고
또 쉬시오

운거 도응, 불인 요원 강서성 영수

전날 내내 비를 맞은데다 몇 번이나 갈아타야 하는 번거로움이 있어 강서성 영수현永水縣에서 택시를 타고 운거산 진여사로 향했다. 꽤 가까운 거리인 줄 알고 차를 잡았더니 이건 쉽지 않은 길이었다.

강원도 한계령 고갯길 같은 산길을 자그마치 25킬로미터나 달렸으니 아마 짐작이 갈 것이다. 운거산의 험난함과 운전기사의 투덜거림을 감수하고 왔더니만, 오후 5시가 넘었다고 진여사 입구에서 차 진입을 못하게 했다. 늦은 오후에 온 것은 이 사찰에서 하루 머물 생각이었기 때문이다.

그곳에서 내려 사찰까지는 대략 2킬로미터 정도로 30여 분 걸으면 된다고 하지만, 초행길인데다 날은 어둑어둑하고 비바람까지 몰아치니 도저히 자신이 없었다. 할 수 없이 다시 25킬로미터를 되돌아가 숙소를 정하고 하룻밤을 묵기로 했다.

영수현이 도시와는 먼 지역인지라 식당조차 변변한 것이 없다. 구멍가게로 가서 과자 몇 개와 컵라면을 사 가지고 왔다. 과자 중에는 대장금이라는 이름으로 우리 나라 여배우 사진이 실려 있는 것도 있다. 어쨌든 하룻밤을 숙소에서 묵고 다시 운거산으로 향했다.

진여사가 워낙 깊은 산골인지라 운거산으로 가는 버스가 없어 택시를 탔다. 그런데 차가 산 입구에 진입하자마자, 어제는 날이 어두워 허탕을 쳤건만 오늘은 눈발이 날리기 시작했다. 어찌되었든 오늘 하루 진여사 순례길이 까마득하다.

일단 길은 험해도 아름다운 풍경은 놓칠 수 없는 즐거움이다. 2월 말경이라 날씨가 춥지 않은데다 진눈깨비마저 날리니 온통 하얀 세상이다. 더군다나 진여사 입구에서 내려 30여 분을 걷는데, 깊은 산골이라 사람을 발견할 수

● 멀리서 보이는 진여사
●● 조사전의 조사, 백장, 도응, 달마, 도선, 도용(왼쪽부터)
●●● 발우를 들고 공양실로 향하는 승려들

없다. 아무도 밟지 않은 눈길을 걷는 푹신함, 끝없이 펼쳐진 푸르른 차밭, 생전 처음 보는 얼음꽃, 당당함이 지나쳐 도도해 보이기까지 했던 대나무도 눈발의 무게에 결국 고개를 숙이고 말았다.

한참을 걷다 보니 사찰이 어스름하니 눈에 들어온다. 절 앞에 커다란 방생지가 있고, 논과 밭이 있으며 사찰 사천왕문이 보인다. 그런데 눈발을 헤치며 터벅터벅 걷고 있는 스님이 한 분 있었다.

찌그러진 보라색 우산으로 눈바람을 막으며 인기척이 있어도 고개조차 돌리지 않는다. 마치 번뇌의 세파를 헤치고 묵묵히 홀로 걷는 수행자처럼.

도량 안으로 들어갔더니 오늘이 마침 음력 2월 초하룻날이라 스님들과 재가자 30여 명이 모여 염불의식을 하고 있었다. 그런 와중에도 뻔뻔스럽게 아랑곳하지 않고 도량을 돌아다녔다.

다른 사찰에서는 볼 수 없는 보은당報恩堂과 서귀당西歸堂이 있다. 서귀당은 승려들의 위패를 모셔 놓았고, 보은당에는 일반 재가자의 위패가 봉안되어 있다.

조사당에 들어가 보니 보리 달마를 중심으로 오른쪽에 백장 선사와 도응 선사, 왼쪽에 도선道宣 율사와 도용道容 선사가 모셔져 있다. 도용 선사는 운거산 남쪽 산록에 위치한 요전사에 상주하다가, 808년 당 헌종 때 진여사를 창건한 인물이다. 도선 율사(596~667년)는 『속고승전』을 저술한 당나라 초기 때의 인물이요, 중국 계율종의 종조이다.

이 사찰을 대표하는 운거 도응雲居道膺(846~902년) 선사는 진여사에서 열반할 때까지 30여 년을 상주했다. 속성은 왕씨, 하북성 유주幽州 옥전玉田 출신이다. 어려서 출가하여 여러 곳을 편력하면서 취미 무학翠微無學[1]에게 참학

하고 동산 양개洞山良价(807~869년) 화상의 제자가 되었다.

하루는 동산이 물었다.
"어디를 갔다 오느냐?"
"산에 올라갔다 옵니다."
"어느 산이 머무를 만하더냐?"
"어느 산인들 머물 수 없는 산이 있겠습니까?"
"마치 도로 되돌아가는 길을 얻은 것 같구나."
"길이 없습니다."
"길이 없으면 어찌 노승과 서로 만날 수 있었느냐?"
"길이 있었으면 저는 스님과 함께 산을 마주하고 바라보았을 것입니다."
이에 동산이 도응의 수행력을 인정하고 많은 대중들에게 말했다.
"도응을 우습게 보지 마라. 훗날에 천만 사람도 당해낼 수 있는 사람이니라."
여러 날이 지나도 도응이 암자에 있으면서 법당에 내려오지 않았다. 하루는 동산이 도응을 불러 물었다.
"너는 왜 법당에 내려오지 않느냐?"
"천신天神이 밥을 보내오기 때문에 굳이 법당에 내려오지 않았습니다."
"너를 쓸 만한 인재로 알았더니 그런 망상만 하고 있었구나. 도응아, 선善도 생각하지 말고 악惡도 생각하지 마라. 이것이 무엇이냐?"
도응이 스승의 언질을 듣고 암자로 돌아와 여러 날 수행한 이후로 다시는 천신이 찾아오지 않았다.

이후 동산의 법을 얻은 운거 도응이 진여사에 주석하자 1,500여 명의 수행자가 모여들었다. 도응과 사형사제간인 조산 본적曹山本寂(840~901년)의 법맥은 오래가지 못했으나 도응의 조동종 선풍은 현재까지 이어지고 있다. 한편 우리 나라 신라 9산선문 가운데 이엄利嚴이 도응을 참문하고 법을 이어와 932년 황해도 해주에 수미산문須彌山門을 개산하여 조동종풍을 펼쳤다.

도응은 제자들에게 늘 이렇게 말했다.

"지옥은 괴롭다고 할 수 없다. 대장부가 출가하여 대사大事를 밝히지 못한 것이 천하에 가장 괴로운 지옥이다."

도량을 다니다 보니 크고 작은 항아리가 담 밑에 줄지어 있고 그 옆에 큰 솥이 하나 있다. 아마도 그 옛날에 사용했던 솥으로 보이는데, 적어도 200여 명이 먹을 수 있을 만큼의 큰 솥이다. 진여사는 당나라 때와 송나라 때 승려들이 가장 많이 살았는데 대중이 1,500여 명에 이르렀다고 한다. 한편 이 절은 백거이·소동파·왕안석 등 많은 문인들의 발길이 잦았고, 그들의 시문도 몇 개 전한다.

마침 점심공양 시간이라 끊임없이 쏟아지는 눈발을 헤치며 스님네들이 자신의 발우를 들고 공양실로 들어간다. 이건 한 폭의 그림이다. 순간 이 나라가 사회주의 국가임을 잠시 망각했다. 스님네들이 다 들어가고 일반 재가자 30여 명이 똑같이 들어가 함께 공양했다. 한국은 일반적으로 승려들만 발우공양을 하고 일반 재가자들은 수련대회나 템플스테이를 통해 발우공양을 한다. 그런데 중국의 여러 사찰에서 보았지만, 이 나라에서는 사부대중이 함께 공양하는 모습을 자주 보았다. 참 좋아 보였다.

● 홍각선사라고 쓰인 운거 도응 선사 탑

● 불인교

이 절은 당나라 때(806~820년) 세워져 처음에는 운거선원雲居禪院으로 불렸다. 송나라 진종황제가 진여사라는 사액을 내려 지금까지 불리고 있다. 1953년 허운 화상(1860~1959년)이 사찰을 중창하고 말년에 주석하면서 위앙종 본찰로 만들었다.

현재 운거사는 150여 명의 승려들이 상주하는데, 노동하는 것을 수행으로 삼는 농선병행의 청규 정신을 그대로 지키고 있다. 또한 사찰 주위에 차밭이 많은데 스님네들이 직접 차를 생산해서 마신다고 한다.

도량을 나와 산문 가까이에 위치한 다리 하나를 건너면서 '아차!' 하는 생각이 들었다. 그 다리는 보통 다리가 아니라 불인교佛印橋이다. 송나라 때 운문종의 불인 요원佛印了元(1032~1098년) 선사가 상주할 때 건립한 것으로, 승려의 이름을 따서 붙인 것이다.

또한 산문 밖 주변에 물이 흐르고 그 주변에 널찍한 바위가 하나 있는데 담심석談心石이라 불린다. 불인 선사와 친분이 두터웠던 소동파가 이곳에 앉아서 대화한 뒤 석별의 정을 나누었다. 불인 선사와 소동파의 재미있는 일화 한 토막이 있다.

어느 날 소동파가 불인을 방문하니, 의자가 한 개밖에 없었다. 불인이 먼저 동파에게 말했다.

"의자가 한 개밖에 없으니, 미안하지만 아무 데나 앉으시오."

그러자 동파가 바로 맞받아서 말했다.

"의자가 없다면 화상의 4대四大(지·수·화·풍)를 좀 빌려 주실 수 없겠습니까?"

"산승이 문제를 낼 테니 알아맞히면 대관에게 의자가 되어 드리고, 맞추지 못하면 대관의 옥대를 끌러 주시오. 대관이 산승의 4대로써 의자를 사용하겠다고 했는데, 이 4대란 본래 공空한 것이거늘 대관은 어디에다 몸을 앉히겠습니까?"

동파가 불인에게 머리를 조아리며 말했다.

"스님, 제가 졌습니다. 제게 좋은 가르침을 베풀어 주십시오."

"쓸데없는 사량분별을 쉬고 또 쉬시오."

절 산문 오른편에 10여 기의 탑림이 있다. 하얗게 쌓인 눈옷을 입은 탑림을 향해 걸어갔다. 탑림 중심부에 도응의 묘탑이 있다. 탑 상륜부에 도톨도톨한 형상을 함으로써 다른 탑보다는 조금 특이하다. 탑명은 홍각선사弘覺禪師 탑이라고 쓰여 있다. 진여사를 창건한 도용 선사의 탑은 바로 그 옆에 있다.

---

1 생몰연대 미상. 대략 9세기 승려로 단하 천연 선사의 법을 이어받았다.

우민사

성인이 된 뒤에는
절대 고향에 가지 말라

마조의 전법도량 강서성 남창

● 우민사 도량 입구

어느 철학자는 "사람은 철들수록 외로워지고, 외로울수록 현명해진다."고 말했다. 혼자서 여행을 하면서 제일 많이 힘든 것은 혼자서 결정해야 한다는 점이다. 어느 때는 두 갈래 길에서 결정하기 힘들 때, 누군가가 조언해 주었으면 하는 생각이 들기도 한다.

하지만 인생은 어차피 혼자 가는 길이요, 누군가에게 의존하는 것은 어리석은 일이라는 것을 일찍부터 깨우친 바다. 혼자 여행을 하면서 외롭다는 생각을 한 적은 거의 없다. 다만 많은 시간을 혼자하면서 인생에서 무엇을 해야 하고, 수행자로서 한눈팔지 않고 어떻게 나가야 하는가를 두고 늘 고심한다. 40대 중반이 되도록 이룩해 놓은 것은 하나도 없다는 자괴감이 잠 못 들게 하고, 나를 가장 힘들게 한다. 어쩌면 인생을 재정립하고 자신에 대해 성찰해야 할 때에 외로움을 느끼는 것일지도 모른다.

솔직히 강서성 남창에 위치한 우민사佑民寺를 목적지로 정해 놓으면서 더욱 힘들어 했다. 마조 도일馬祖道一(709~788년)에 관해 석사 논문을 쓴 지 10년이 넘었는데도 그 10년간 쓸데없는 일들로 인해 세월만 좀먹고, 인연 때문에 마음 고생을 너무 많이 해서 억울하기도 하다.

어쨌든 이런 어두운 마음 한편에서는 환희심이 일기도 한다. 마조의 유적지를 밟으면서 그의 선풍禪風을 온몸으로 받아들일 수 있는 기회가 주어졌음에 어떤 미사여구로도 표현할 수 없는 최상의 기쁨이다.

우민사가 남창 시내에 있는데다, 이 사찰의 가풍에 대해서 사전에 조사한 바가 없기 때문에 이 절에서 하루를 묵을지, 숙소를 찾아야 할지 정확치 않아 가방을 들고 우민사로 갔다.

환희로운 궁금증은 상대적 반응으로 옮겨갔다. 사찰을 둘러싸고 있는 아파트, 시퍼렇게 살아 숨쉬는 선풍은 보이지 않고 일반 사람들로 시끌벅적한 곳, 그 작은 도량 내에서 자판을 벌여 놓고 불교용품을 파는 스님네들, 지나치리만큼 화려하게 불사가 된 도량을 보고 오히려 나는 실망했다. 순간이나마 특정 사찰이 아닌 일반 대중들의 삶 속에 마조의 정신이 살아 있음을 깜빡한 것이다. 어쨌든 객당의 지객스님 배려로 이곳에서 며칠을 묵기로 했다.

우민사는 남창南昌시 민덕로民德路에 위치한다. 남조시대南朝梁代에 절이 창건되어 처음에는 상축사上竺寺라 불렀다. 2005년 10월 개산開山 1500주년 행사를 치렀다고 한다. 지객 담당 스님은 당시 행사에 참석했던 한국 스님들의 사진을 보여 주며 아느냐고 물었다. 안면 있는 어른 스님들이었는데, 사진으로 뵈니 정겨웠다. 우민사는 도시 한가운데 있는 사찰이기는 하지만 오랜 역사를 지닌 곳이다. 한때 청동대불이 모셔져 있어 잠시 대불사大佛寺라 칭했다가 당나라 때에 개원사開元寺라 고쳤다. 1929년에 현재 이름인 우민사로 개칭되었다.

절 도량을 돌다가 맨 뒤편에 위치한 건물로 들어갔다. 1층에 사리가 모셔져 있어 친견했는데, 정확히 어떤 사리인지는 알 수가 없었다. 2층은 40여 평 정도 되는 공간인데 화려하게 꾸며져 있다. 들어가 살펴보고 있는데 동자승들이 나왔다. 한국 승려라고 했더니 사찰 연혁이 적힌 종이쪽지 하나를 주면서 나가라는 시늉을 해서 밖으로 나왔다.

나중에 알고 보니 방장실이었는데, 수행풍이 깃든 승려 방이라기보다는 권위주의를 상징하는 세속적인 이미지였다.

769년 가장 많은 교화를 펼쳤던 홍주洪州 개원사(우민사) 주지로 마조 선사가 부임하였다. 규봉 종밀宗密(780~841년)이 마조 교단을 홍주종이라고 부른 이유도 마조가 홍주 땅에서 교화를 펼쳤던 데서 기인한다. 마조가 이곳에서 법을 설하기 시작하면서부터 승속의 많은 제자들이 구름떼처럼 모여들었다.

당시 상서尙書 로기공路冀公(711~781년)[1]이 마조를 찾아뵙고 이소理所(관청)에 주석해 줄 것을 간청하여 거처를 옮겼다. 이에 마조는 10여 년을 이소와 개원사 2곳을 왕래하며 제자들을 지도하였다. 그리하여 우민사는 마조의 전법도량으로 대표적인 곳이다.

문화혁명 때 사찰과 불상이 파괴되었으나 1986년 중건한 뒤 승려들이 상주하면서 남창시 불자들의 귀의처가 되고 있다. 그런데 마조서림馬祖書林이라는 편액 이외에 도량 내에서 마조의 흔적이라고는 눈을 씻고 찾아 보아도 찾을 수가 없었다. 마조의 선풍을 느끼기에는 사찰이 도시풍으로 완전히 탈색되었다고 할까.

마조는 사천성四川省 시방현什方縣 사람으로 성은 마馬씨이다. 그의 전기의 독특한 점은 그가 죽는 날까지 그의 속성인 마씨라고 불렸는데, 마씨 집에 태어났기 때문에 마조馬祖라고 하였다. 예부터 속성으로써 한 종파의 조사祖師를 부른 예가 있는데, 화엄종의 조사인 두순杜順(557~640년)이나 부대사傅大士(497~569년), 신라의 무상無相(680~756년) 선사인 김화상金和尙이다. 어쨌든 마조라고 호칭한 점은 선종의 종조로서 가장 잘 어울려 보인다.

마조가 태어난 사천성은 마조 다음 세대인 종밀이나 임제臨濟(?~866년)도 사천성 출신이요, 덩샤오핑 등 현대 중국을 이끈 인물들도 이곳 출신이 많다.

마조는 소처럼 걷고 호랑이처럼 사람들을 바라보았으며[牛行虎視] 혀를 내

밀어 콧등을 덮을 수 있었고〔引舌過鼻〕 발에는 두 개의 바퀴무늬가 있었다〔足下有二輪文〕고 한다. 그는 자주資州의 당화상唐和尙(덕순사德純寺의 처적處寂)에게 머리를 깎고, 유주渝州의 원율사圓律師에게서 구족계를 받았다.

한편 마조가 처음 신라 출신인 김화상 즉 무상 선사[2]의 제자였다는 점이 종밀과 호적 박사에 의해 예전부터 주장되었다. 2004년 사천성 성도成都 대자사大慈寺에 무상 선사 기념비를 건립했는데, 무상과 마조의 법맥을 인정한 점이 비에 새겨져 있다. 또한 마조의 법맥을 이은 직계제자들에 의해 신라의 9산 선문 가운데 7산문이 개산開山하게 된 점을 생각해볼 때, 마조는 한국불교와 매우 밀접한 관련이 있다.[3]

마조가 형악衡岳 전법원傳法院에서 수행하고 있을 때, 남악 회양南岳懷讓(677~744년) 선사를 만났다. 스승이 제자를 깨우치기 위해 "기와를 갈아서 거울을 만든다.〔磨塼作鏡〕"는 기연을 계기로 마조는 깨달았다. 그리고 얼마 안 있어 마조는 스승 남악의 인가를 받았다.

마조는 스승에게 깨달음을 얻은 뒤 시봉하기를 10년 하였다. 이후 처음으로 복건성 건양建陽의 불적령佛跡嶺에서 법을 설했다. 이때가 마조의 나이 34세 때인 742년이다.

어느 해 마조가 제자들을 이끌고 사천성 고향을 방문했다. 마을 입구에서 일하고 있던 할머니가 마조를 보고 외쳤다.

"어, 마씨네 키쟁이 코흘리개가 지나가네."

마조가 이 말을 듣고 제자들에게 말했다.

"출가해 나이 들어서 절대 고향에 가지 말라."

예수도 성인이 된 후 고향에 갔다가 고향 사람들에게 곤욕을 당한 일이 있어 제자들에게 "절대 고향에 가지 말라."고 했다고 한다. 이 말을 실감하는 바이다. 나는 형제가 다섯인데, 부모님 이외에는 형제들이 불교를 믿지 않는다. 그러니 형제들이 내게 예우를 갖춰야 할 줄은 알지만, 서로 주제 삼을 만한 대화거리가 없으니 점차 멀어져가는 감이 있다.

친척들을 만나도 어릴 때 본 내 모습을 간직하고 있어 여간 껄끄러운 일이 아니다. 그러다 보니 부모님을 만나는 일 이외에는 형제 친척간에 내왕이 거의 없다. 누가 문제인지 모르겠지만, 해결할 수 없는 영원한 미지수다.

우민사의 조사전에는 달마를 중심으로 6조 혜능과 백장이 모셔져 있다. 조사전 당우가 어두운데다 누구를 모셔 놓았는지 몰라 우민사 스님들에게 물었더니 대부분이 알지를 못했다. 솔직히 다른 곳에서도 이런 경우를 여러 번 겪었다. 하기야 남 흉볼 일이 아니다. 중국불교와 역사를 조금 안다고 글로 몇 자 남기지만 한국불교에 대해서는 모르는 부분이 많으니, 누구에게 돌을 던지랴! 어리석게도.

---

1 로기공은 여러 지역에서 직책을 역임했다. 771년 7월 강서 관찰사가 되어 재물과 병력을 관리할 때 마조를 만나 그의 제자가 되었고, 적극적으로 마조를 보좌하였다. **2** 신라 국왕의 셋째 아들로서 출가하여 736년 무렵 당나라에 들어갔다. 당나라 현종의 명으로 선정사에 머문 뒤 사천성으로 들어가 자주 처적資州處寂의 법을 이어받았다. 정중사淨衆寺에 머물며 무억無憶·무념無念·막망莫忘 3구의 설법에 의한 수계와 독자적인 인성염불引聲念佛을 통해 대중을 교화하였다. 그는 중국 500나한 가운데 455번째 조사로 추앙받고 있다. **3** 7산문의 서당지장의 법맥을 이은 승려는 가지산迦智山 도의道義와 실상산實相山 홍척洪陟, 동리산桐裏山 혜철惠哲이다. 남전 보원의 법맥을 이은 승려는 사자산獅子山 도윤道允, 백장의 법맥을 이은 승려는 오관산五冠山 순지順之, 염관 제안鹽官齊安의 법맥을 이은 승려는 사굴산闍堀山 범일梵日, 마곡 보철麻谷寶徹의 법맥을 이은 승려는 성주산聖住山 무염無染이다.

● 우민사 석가모니 진신사리

보봉사

마음도 아니고
부처도 아니다

마조, 수료 강서성 정안

생각보다 이동하는 데 어려움이 많다. 참배하고자 했던 사찰들이 대부분 현縣(시골)에 위치해 있다 보니, 연결된 버스가 없어 대도시로 다시 나오던지 중간에 버스를 갈아타야 하는 불편이 있기 때문이다.

어제 저녁 우민사에서 하룻밤을 묵고 버스터미널로 가서 표를 끊고도 1시간을 기다렸다. 오전 9시에 버스를 타고 정안靖安현에 내리니 11시다. 다시 남창 우민사로 돌아가려면 오후 2시까지는 이곳에서 남창행 버스를 타야 한다. 이런 시간 제약을 받는 여행은 싫지만 상황이 어쩔 수 없을 때가 있다. 정안터미널에서 모터차(낡은 오토바이에다 마차를 단 것)를 타고 마조 선사와 제자 수료水潦 화상의 도량 보봉사寶峯寺로 향했다.

이곳은 정말 시골 중의 시골이다. 30여 분 내내 보이는 것이라고는 시골의 평온한 모습과 논과 밭, 일하는 농부의 모습이 전부다. 보봉사는 정안현에서 20킬로미터 떨어진 보주봉 아래에 위치해 있다. 절 입구 500미터 앞에서 한 스님이 무거운 보따리를 짊어지고 손에 큰 봉지를 들고 가길래 차를 세워 스님을 태웠다.

보봉사에 도착해서 보니 절 대문을 중심으로 벽면에 즉심시불卽心是佛(마음이 곧 부처다) 비심비불非心非佛(마음도 아니고 부처도 아니다)이라고 쓰여 있다. 이전에 공부할 때 자주 언급했던 말이건만, 막상 마조의 숨결이 담긴 도량에서 이를 보니 가슴이 떨린다.

마조의 제자 중에는 마조로부터 깨달음을 얻은 뒤, 은둔한 제자들이 많았다. 분주 무업汾州無業(782~823년), 양좌주亮座主, 나부 도행羅浮道行, 대매 법상大梅法常이 그 대표적인 예이다. 법상(752~839년)은 마조가 특별히 아끼는 제자로, 화두 중에 즉심시불 비심비불과 관련이 깊다.

　법상은 마조로부터 즉심시불의 명구로 깨달음을 얻은 뒤 곧바로 명주 대매산大梅山에 들어가 죽을 때까지 세상에 나오지 않았다고 한다. 마조는 마침 법상의 소식이 궁금해 한 제자를 시켜 법상이 어떻게 수행하고 있는지 살펴보고, 그에게 한 가지를 물어보라고 하였다. 얼마 후 그 제자는 법상을 찾아가 대화를 나누며 말했다.

　"요즈음 마조 스승님은 즉심시불이라고 하지 않고 비심비불이라고 합니다."

　그러자 법상은 도리어 스승을 비방하며 말했다.

　"아니 그 노인은 사람을 혼란케 하는 일을 아직도 그만두지 않고 있구만. 아무리 스승인 마조가 즉심시불이 아닌 비심비불이라고 해도 나는 여전히 즉심시불을 주장할 것이네."

　이 승려는 마조에게 돌아가 법상과의 대화를 그대로 전하니, 마조가 무릎을 치며 탄성을 질렀다.

　"매실(법상)이 제대로 익었구나."

　이후부터 법상 문하에 많은 제자들이 모여들었다는 이야기가 전한다. 선사의 일화나 화두를 언급하면서 꾸준히 견지하는 바가 있다. 선사의 행위나 화두를 내 견해대로 피력하지 않으려고 한다. 그러나 가끔은 선사의 어록을 내 견해대로 언급하지 않으면 글 전개가 매끄럽지 못해 부득이 사견을 늘어놓는 것이니 내 말에 흔들리지 않기 바란다.

　어쨌든 법상은 마조로부터 즉심시불이 아니라 비심비불이라고 했어도 깨

● 마조사리탑

● 마조사리탑(앞면)
●● 마조사리탑(뒷면)

● 보봉사 도량
●● 보봉사 젊은 승려들

달았을 것이다. 그만큼 법상은 마조가 그때그때 제자의 근기에 맞춰 제자를 지도하는 스승의 마음을 간파한 것이다.

한 승려가 마조에게 물었다.

"스승님께서는 어찌하여 '마음이 곧 부처다(즉심시불)'라고 설하십니까?"

"어린 아기의 울음을 그치게 하기 위해서다."[1]

"아이가 울음을 그치면 그 다음은 어떻게 합니까?"

"마음도 아니고 부처도 아니다.(비심비불)"

"이 두 가지를 제외하고 다른 사람이 오면 어떻게 하시겠습니까?"

"그에게는 '물건도 아니다〔不是物〕'라고 말하겠다."

"바로 그런 사람이 오면 어떻게 하시겠습니까?"

"그에게 대도大道를 손에 쥐어 주도록 하겠다."

여기 법거량에서 알 수 있는 것처럼 마조가 설하는 즉심즉불은 어디까지나 방편일 뿐이며, 자신의 마음이 아닌 다른 곳에서 구하려고 하는 이들을 경책하기 위한 것이다. 즉 즉심시불이든 비심비불이든 깨달음을 향한 하나의 방편적인 말일 뿐이지, 그 말 따위가 목적이 아니기 때문이다. 어리석은 제자들은 스승의 즉심시불을 금과옥조로 삼았기 때문에 이런 시류를 비판하는 제자들이 많았는데, 법상도 그 중의 하나라고 볼 수 있다.

도량 내로 들어섰을 때는 점심공양 시간을 한참 넘긴 뒤였다. 그런데 무슨 특별 법회가 있었는지 몇몇 승려와 재가자들이 막 공양을 하려던 참이었다. 한국 승려라고 했더니 앉으라고 한다. 함께 밥을 먹으면서 그 와중에 공양물을 두 가지나 받았다.

한 가지는 절에 들어오기 전에 차를 태워 주었던 스님이 들어오면서 대중들에게 감기약과 사탕 한 개를 공양했는데, 내게도 공양분이 돌아왔다. 스님이 모든 대중에게 공양을 내는 것 같았다. 개인이 받을 때는 얼마 안 되지만 150여 명의 대중에게 공양하려면 꽤 큰 돈을 썼을 터인데, 승가의 모습이 이래서 아름다운 것이리라.

또 한 가지는 어떤 재가자가 12원(한국돈 1,500원)을 금전 보시한 것이다. 비록 몇 푼 안 되는 돈이지만, 한국이 아닌 외국에서 승가의 한 일원으로서 받는 금전 보시이다 보니 너무도 소중하다.

공양 후 도량을 돌아보니 이 사찰 구조도 며칠 전 보았던 운거산 진여사와 비슷했다. 보은당과 서귀당 등. 조사전에는 달마 스님을 중심으로 왼쪽에 종남산 도선 율사와 백장, 오른쪽에 마조와 황벽 희운黃檗希運(?~856년)이 모셔져 있다. 한편 이곳에서는 승려들이 함께 독송을 하는지 허운당에는 『법화경』, 조사전에는 『수능엄경』, 접인전摸引殿에는 『아미타경』이 놓여 있다.

마조가 선사이기는 하지만 『화엄경』, 『열반경』, 『능가경』 등 여러 경전을 섭렵했고, 제자들에게 가르칠 때도 경전 인용을 자주 들곤 했다. 결국 선과 교는 떼어 놓을 수 없는 수행의 한 길임을 제자들에게 보인 것이다.

제자 수료 화상이 마조를 친견하고 물었다.

"스님, 조사祖師가 서쪽에서 오신 뜻이 무엇입니까?"라고 하자, 마조는 수료에게 절을 해 예禮를 갖추라고 말한다.

수료가 막 절을 하려고 하는 순간, 마조는 수료를 발길로 걷어찼다. 그 순간 수료 화상은 깨달음을 얻었다. 마조가 수료에게 발길질을 한 것은 절을 하고 있는 본질에 대한 각성을 촉구하는 채찍인 셈이다. 이러한 마조의 깊은 뜻을 알고 있는 수료 화상이기에 스승의 가르침과 제자의 구도열이 잘 맞은 졸탁동시啐啄同時²의 예라고 할 수 있다.

수료 화상은 생멸연대 미상으로 그에 대한 것은 『전등록』에 언급되어 있다. 수료가 마조와의 기연으로 깨달은 뒤 이렇게 말했다.

"일체의 묘의妙意가 한 터럭 끝에 있어, 문득 그 근본을 뚜렷이 깨달았다."

이것은 아무리 작은 것이라도 그 안에는 무한한 세계가 함축되어 있다고 하는 『화엄경』의 중심 사상임을 알 수 있다. 수료 화상이 당나라 740년 무렵 개산開山한 절이 바로 지금 참배하고 있는 보봉사이다.

보봉사라는 절 이름은 당나라 선종 황제가 편액을 내린 것이다. 마조가 많은 제자들을 거느리고 자주 이곳에 와서 수행했고, 마조 원적 이후에도 사리를 이곳에 모셨다.

마조의 사리탑은 도량 제일 뒷부분인 법당 안으로 들어가서 뒷문으로 나가야 한다. 이 사리탑을 보는 순간 가슴이 떨리고 눈물이 날 뻔했다. 양쪽 두 그루 나무 사이에 안치되어 있는 사리탑은 하얀 대리석으로 탑 속에 탑이 있는 형식이다. 그곳에는 마조 도일馬祖道一 대적 선사大寂禪師 사리탑舍利塔이라고 쓰여 있고, 사리탑 뒤에는 심외무별불心外無別佛(마음 밖에 부처가 따로 없고) 불외무별심佛外無別心(부처 밖에 마음이 따로 있는 것이 아니다)이라는 마조의 대표적인 선사상이 새겨져 있다.³

수료 화상이 보봉사를 창건한 이후 몇 번의 폐하고 흥함이 있었고, 문화혁명 때에 완전히 폐허가 되었다. 1992년 가을 강서성 불교협회부회장이자 운거산 진여사 방장인 일성 선사가 보봉사를 다시 일으켜 세웠다. 그리고 정안현 인민정부의 도움으로 완전한 고찰로 우뚝 섰다. 보봉사의 뒷산은 산세가 수려하고 수목이 울창하며 아홉 용이 모여 있다는 지세라고 하니, 앞으로 훌륭한 선지식이 많이 배출되리라 본다.

며칠 전 참배한 운거산 진여사 승려들은 장판 때가 묻은 고불古佛이요, 오로지 화두만을 참구하는 절구통 같은 선객 이미지였다. 그런데 보봉사 승려들은 얼굴에 장난끼가 그득하고 이어폰을 끼고 음악까지 듣고 있는 신세대 10대들이 많았다. 젊은 승려가 많음은 앞으로 불교의 진보적 발전 가능성을 내포함이니, 돌아서는 나그네의 발걸음이 가볍다.

---

1 이 고사는 '위지소아제爲止小兒啼'라는 화두이다. 『대반열반경』〈영아행품嬰兒行品〉에 수록되어 있다. 영아행嬰兒行이란 어린 아기가 울 때 그 부모는 노란 버드나무잎을 주면서 "아가야 울지 마라. 내가 너에게 돈을 줄 테니 울지 마라." 하고 달래는데, 아기는 버드나무잎을 보고 진짜 돈인 줄 알고 곧 울음을 멈추게 되는 것에 비유를 든 것이다. **2** 줄탁동시는 알이 부화되면 그 속의 병아리가 껍질을 쪼고 암탉은 밖에서 쪼아 병아리가 밖으로 나오게 하는 것이다. 이 말은 스승과 제자의 알맞은 교섭을 비유한다. **3** 실은 처음 보봉사에 참배하러 갔을 때 마조의 사리탑을 친견하지 못하고, 한 달 후 두 번째 강서성에 갔을 때 사리탑을 친견했다.

보리사

출가란 애증의 물줄기를 끊고 번뇌를 끊는 것

동신 양개 강서성 의풍

● '조동조정' 편액이 쓰인 보리사 입구

중국 버스터미널에 가면 버스 시간을 알려 주거나 기타 문의사항을 도와주는 안내대가 있다. 그곳의 안내원에게 다음 목적지 버스 시간표를 종종 묻곤 한다. 어제 보봉사를 가기 위해 버스를 기다리면서 의풍宜豊 가는 버스 시간을 물었더니, 안내원이 컴퓨터를 쳐서 아침 7시, 8시 50분 등 4차례가 있다고 해서 적어 두었다.

아침 7시 차를 타기 위해 새벽부터 잠을 설쳐가면서까지 6시 20분경 버스터미널에 도착했다. 그런데 표를 끊으려고 돈을 내니 8시 50분이 제일 빠른 시간이라는 것이다. 7시 차는 이용하는 사람이 없어 운행하지 않는다는 것이다. '이럴 줄 알았으면 잠이라도 푹 자고 나오는 건데…' 아무튼 기가 막힐 따름이다. 안내대로 가서 항의하자 뭐라고 알아들을 수도 없는 빠른 말로 한참을 말하더니, 의자를 가리키며 앉아서 기다리면서 푹 쉬라는 것이다.

어쩐지 오늘 따라 일찍 나왔다 했더니 이런 일이 생겼다. 아직도 추운 2월 말, 아침부터 2시간 반을 죽치고 기다려야 한다니. "너희 중국이 이런 식으로 나가면 몇천 년이 걸려도 선진국이 될 수 없을 걸." 한국말로 욕을 잔뜩 하고 돌아섰다. 이렇게 욕이라도 해야 조금 분이 풀린다. 욕하는 사람 심정을 이제야 알 것 같다. 어차피 한국말은 알아듣지 못할 터이고, 그들이 내 옷차림을 보고 승려인 줄 알 터이니, 염불하는 줄 알겠지. 도대체 시스템이 어떻게 돌아가는지 알 수가 없다. 그러고도 중국이 2050년대에는 세계 제일의 강대국이 된다고 계획을 세워놓았다고 하니.

버스터미널에서 추위에 떨며 몇 시간을 기다려서 버스를 타고 3시간 반 만에 의풍터미널에 내렸다. 이곳에서 황벽 희운黃檗希運(?~850년) 선사의 도량인 황벽사와 동산 양개洞山良价(807~869년) 선사의 도량인 보리사를 참배할 예정이다. 정오가 넘은 시간이라 숙소에 들어갔다가 짐을 풀고 나오면 하루 해가 지기 때문에 먼저 동산洞山 보리선사普利禪寺로 향했다. 혹 보리사에서 오늘 묵을지도 모르기 때문이다. 택시를 타지 않으면 갈 수 없는데다 버스 자체가 없다. 가는 편도만 생각하고 택시비를 흥정해 값을 정했다.

마음이 설렌다. 조동종의 종조인 동산 양개하면, 스님네들이 강원에서 공부하는 『치문緇門』 내용 중에 「동산양개화상사친서」가 있는데, 모자간의 편지를 통해 한국의 승려들에게 잘 알려진 분이다.

여기서는 부분부분 몇 구절만 간략히 적어본다.

어머님께

…제가 부모님 곁을 떠난 이후, 수행 길로 접어든 지 세월이 많이 흘렀습니다… 엎드려 바라옵건대 자애로운 어머님께서는 마음을 가다듬어 도를 닦는 데 뜻을 두시고 공空에 귀의함으로써 이별의 정을 품지도 마시고 문가에 기대어 저를 기다리지도 마십시오… 재가인들은 자기 몸을 수양하고 효도를 행함으로써 하늘의 마음에 합하며, 승려는 불가佛家에 있으면서 도를 사모하고 선을 참구함으로써 어머니의 은덕에 보답할 것입니다.

아들 스님께

나는 너와 어느 전생의 옛적부터 인연이 있다가 비로소 에미와 아들로 맺어졌다… 네가 태어난 뒤, 마치 보배처럼 너를 사랑하니 똥오줌의 악취도 싫어하지 않았으며 젖먹일 때도 그 수고로움을 게을리하지 않았다. 차츰 네가 성인이 되면서부터 외출했다가 돌아오지 않으면 대문에 기대어 언제까지나 기다리곤 했다… 아들은 에미를 버릴 뜻이 있으나 이 에미는 아들을 버릴 마음이 전혀 없다. 네가 훌쩍 출가한 이후로 늘상 마음이 슬퍼 눈물이 나고 괴롭고 괴롭구나. 이미 맹세코 고향으로 돌아오지 않는다 하였으니 곧 너의 뜻을 따를 것이다. 나는 네가 세속의 왕상에 오르기를 기대하는 것이 아니라, 단지 네가 목련존자같이 나를 제도하여 고해의 바다에서 벗어나게 해 주고 위로는 불과佛果에 오르기를 바랄 뿐이다.

보리사 입구에 도착해서도 산길을 30여 분이나 걸어가야 했다. 절까지 가는 30여 분 내내 동산 전체가 아름다운 지상낙원이라고 표현해도 모자랄 것 같다. 나름대로 큰 도량을 생각하고 산길을 벗어나니, 보리사는 상상 외로 작은 도량이었다.

들어가는 입구에 조동조정曹洞祖庭이라는 편액이 쓰여 있다. 도량 전체는 인위적인 꾸밈이 없고 불사가 선혀 되어 있지 않았다. 대 선지식이었던 동산의 도량이 이렇게 초라하게 남아 있으니 괜히 마음이 짠하다.

작은 도량을 다니는 내내 보살님 한 분이 따라다니면서 나름대로 이야기를 해 준다. 그런데 아무리 찾아보아도 조사전이 없다. 스님에게 "조사전이 어디 있느냐?"고 물었더니 비로자나불이 모셔져 있는 곳을 가리켰다. 일반적으로 조사전은 그 법맥의 스승을 모셔놓는데, 이 절은 조사전이 따로 있지 않고 불재성중佛在性中이라는 편액이 걸려 있는 법당에 비로자나불을 중심으로

● 동산 양개 탑
●● 동산 양개 탑(앞면)

왼쪽에 아난존자, 오른쪽에 가섭존자가 모셔져 있을 뿐이다. 그리고 양쪽으로 네 분씩 해서 10대 제자가 모셔져 있다.

임제종은 대기大機와 대용大用을 밝히고 있는 반면, 조동종은 향상向上 등을 밝힌다. 즉 불조미생전佛祖未生前 소식이다. 또한 명나라 때의 천은원수天隱圓修는 조동종을 만파조종萬派朝宗(모든 종파의 근본)이라고 표현했는데, 아마도 이런데서 연유하여 굳이 조사전에 조사를 모시지 않았나 싶다.

양개 화상의 탑은 절 바로 뒤편에 있다. 탑 안에 탑이 안치된 형식이다. 조사탑에는 왼쪽부터 대당함통大唐咸通 10년(869년) 개산시조開山始祖 양개선사良价禪師 혜각보탑慧覺寶塔이라고 쓰여 있고, 사법도嗣法徒…라고 해서 10여 명의 제자 이름이 새겨져 있다. 그 가운데 동산의 법을 이은 제자 본적本寂과 도응道膺의 이름도 있다. 잠시 그곳에 앉아 쉬면서 양개 화상의 선사상을 되새겨 보았다.

동산 양개는 절강성浙江省 회계會稽 사람으로 속성은 유兪씨다. 고향의 작은 절에서 출가했다. 『반야심경』을 다 외우자 스승이 다른 경전을 암송하라고 했다. 동산이 외우지 않겠다고 하자 스승이 왜 그러느냐고 물었다.

"『반야심경』에는 눈·귀·코·혀·몸·뜻의 6근이 없다고 했는데, 무슨 뜻인지 모르겠습니다."

이에 스승이 오설 선사에게 동산을 데리고 가서 제자를 지도해 줄 것을 요청했다. 이런 인연으로 동산은 오설의 문하에서 3년간을 지내며 공부했다. 이후 동산은 오설 선사에게 행각을 떠나고 싶다고 말했다.

오설 선사는 동산에게 "바른 깨달음을 얻으려면 남전 화상에게 가서 배우라."고 하자, "한 번 떠나면 있었던 인연도 다하리니, 외로운 학은 다시는 옛 둥우리로 돌아오지 않는 법입니다." 라는 말을 남기고 떠났다.

이로부터 동산은 당시 여러 고승들을 찾아다니며 공부했다. 이렇게 유행遊行 중에 만난 스승이 운암 담성雲巖曇晟(772~841년)으로, 그의 지도 아래 공부한 뒤 법을 전수했다.

양개가 스승 운암에게 물었다.
"무정설법無情說法을 어떤 사람이 듣습니까?"
"무정설법은 무정이 듣는다."
"스님께서도 들었습니까?"
"내가 들었다면 그대는 나의 설법을 듣지 못할 것이다."
"그러면 저는 스승님의 설법을 듣지 않을 것입니다."
"그대는 나의 설법은 듣지 못하면서 어찌 무정의 설법을 들으려 하는가?"
이에 양개가 무생물인 산천초목 국토가 모두 진여眞如의 법을 설한다는 스승의 말을 들은 뒤 깨달음을 얻고 게송을 지었다.
"신이하고 신이하다. 무정이 설법한다는 것은 생각할 수도 없는 것, 귀로써 들으려 해도 소리가 없고, 눈으로 들어야만 비로소 알 수 있다."
이후 양개가 보리사에서 전법을 하자 많은 제자들이 양개 문하로 찾아들었다.

어느 날 한 제자가 물었다.
"매우 춥거나 너무 더우면 이를 어떻게 피해야 합니까?"

"추위와 더위가 없는 곳으로 가면 되지 않겠느냐!"

"그렇다면 도대체 어디가 추위와 더위가 없는 곳입니까?"

"추울 땐 그대를 춥게 하고, 더울 땐 그대를 덥게 하는 곳이다."

즉 추울 때는 추위를 그대로 받아들여 하나가 되고, 더울 때는 더운 것을 그대로 받아들여 하나가 되라는 것이다. 삶은 늘 변하기 마련이며 굴곡이 있기 마련이다. 어떤 어려움이 닥치면 고난을 그 자체로 자연스레 받아들이고, 즐겁고 기쁜 일이 생겨도 그 기쁨을 관조하고 너무 들떠 자만에 빠지지 말 것을 경계하는 말이다.

얼마 후 스승 운암 선사가 열반에 들기 전 양개 화상이 스승에게 물었다.

"스승께서 입적하신 뒤에 누군가가 묻기를 '화상의 초상을 그릴 수 있는가?' 라고 하면 무어라고 대답할까요."

"다만 그에게 '다름 아닌 이것이 바로 그것이다.' 라고 하면 된다."

운암이 입적하고 3년이 흘렀다. 동산은 스승 운암에 대해 대중에게 이렇게 말하곤 했다.

"운암이 나를 위해서 법을 설해 주지 않은 것을 소중히 여길 뿐이다."

즉 동산은 훌륭한 의사는 단지 팔짱만 끼고 있을 뿐이라는 말을 강조했는데, 무조건 훌륭한 스승이라고 해서 믿고 의지해서는 안 되고 스스로 정진해서 깨달아야 함을 강조한 것이다.

어느 해 양개가 사형인 신산과 함께 위산으로 가는 길녘, 개울을 건너는 도중에 물속에 비친 자기 모습을 바라보며 이 문제(운암이 열반 직전에 한 말)를 확실히 깨닫고 오도송을 남겼다.

절대로 밖을 향해서 찾지 말라.

밖에서 찾으려 하면 할수록 더욱 멀어질 뿐이다.

나 이제 홀로 가지만

곳곳에서 그를 만나리라.

그는 지금 진짜로 나이지만

나는 이제 그가 아니다.

이렇게 이해할 때에

비로소 '있는 그대로'의 그를 만나리라.

동산 양개는 열반하기 전 목욕을 한 뒤 단정히 앉아 열반에 들었다. 제자들이 통곡을 하자 다시 눈을 뜨고 말했다.

"구도자들은 덧없는 것에 무관심해야 한다. 사는 것은 일을 하는 것이요, 죽는 것은 쉬는 일이다. 그러니 슬퍼할 일이 아니다. 나의 죽음 때문에 법석 떨지 말라. 깨달음을 향해 정진하는 구도자답게 침착하기 바란다. 임종 때 소란 피우는 일은 어리석은 일이다."

그런 뒤에 다시 열반에 들었다.

절 입구에서 10여 분 정도 떨어진 곳에 야합산탑림夜合山塔林이 있다. 명나라 말부터 청나라에 걸쳐 활동했던 승려들의 탑과 최근에 열반한 스님들의 탑이다. 탑림에는 10여 좌의 탑이 있는데, 주위 산림을 배경으로 그윽한 정취를 풍기게 한다.

어떤 승려가 동산 양개에게 물었다.

"부처란 무엇입니까?"

"마 삼근이니라.〔麻三斤〕"

● 보리사 탑림

황벽사
갠지스강의 모래는
무심하다

황벽 희운 강서성 의풍

좋아하는 선사가 몇 있다. 황벽 희운黃檗希運(?~856년)도 그 중에 한 분인데, 그의 활달한 기개와 막힘 없는 성품이 마음에 들어서다. 공부할 때는 그의 어록을 가까이 두었고, 『전심법요』는 도반들에게 선물하기도 했다. 그에 대한 마음이 이러한지라, 그의 도량을 찾아간다는 것이 실감나지 않는다.

다른 때 같지 않게 숙소에서 늑장을 부렸다. 어제 버스터미널에서 추위에 떨어 컨디션이 좋지 않았지만, 오늘 하루는 온전히 황벽 선사와 함께하고 싶다. 식당에서 사온 밥과 반찬으로 아침을 간단히 먹고 평소에 마시지 않는 커피까지 한 잔 한 뒤에 의풍宜豊 버스터미널로 향했다. 그곳으로 가야 여러 택시들 가운데 값을 흥정할 수 있기 때문이다. 택시를 타고 보니 어제 동산 보리사 갔을 때 탔던 택시였다.

보리사가 너무 외진 산골인지라 절 앞에서 택시 기사에게 왕복 택시비를 줄 터이니 기다리라고 했었다. 두어 시간 기다리는 대가까지 치러 주겠다고. 그런데 보리사 참배 후 돌아갈 때가 문제였다. 이 택시 기사는 보리사 갈 때에 30분밖에 걸리지 않던 지름길을 놓아두고 다른 길로 한참을 돌더니, 조금 가다가 한 사람, 또 조금 가다가 한 사람, 그렇게 자꾸 태우면서 서로 흥정까지 하였다. 1시간 10여 분 만에 도착해서는 숙소가 멀다는 이유로 버스터미널에서 내리라는 것이다.

30분 거리를 2배 이상 걸려 합승까지 하면서 뱅뱅 돌아오더니 목적지도 알아서 가라니, 참으로 중국인들 심보가 고약하다. 원래 차비 120원(한국돈 18,000원)에서 20원을 빼고 100원만 주었다. 택시 기사가 떼를 쓰며 돈을 더 달라고 한다. 그 순간에도 '무슨 일이 있어도 절대로 지지 않아야 한다.' 고 다짐했다.

마침 실갱이를 하고 있는데 다른 택시기사들이 몰려왔다. 내 나름대로 그림까지 그려가며 이전의 상황을 이야기하자 아저씨들이 내편을 들어 주었다. 대체로 중국인들은 외국인과 다툴 경우, 아무리 중국인이 잘못했어도 자기네 민족을 두둔한다. 그런데 어쩐 일인가? 이때다 싶어 줄행랑을 치며 근사하게 "자이젠!" 인사까지 하고 숙소를 찾아 나섰다.

평소에 나는 돈보다도 시간이 중요하다고 생각하는 편이다. 그렇더라도 내 나라 귀한 돈을 정당하지 않은 곳에 함부로 쓸 수는 없는 노릇이다. 중생들의 귀중한 보시로 사찰 참배를 하면서 귀하게 써야 할 것이요, 그 돈으로 가난한 중국 노스님들께 보시하면 했지 절대 택시 기사에게 줄 수는 없었다. 어쨌든 돈도 중요하지만, 이겼다는 승리감에 한참이나 도취되어 자다가도 그 생각만 하면 기분이 좋아졌다.

그런데 원수는 외나무다리에서 만난다고, 오늘 또 그 택시 기사를 만난 것이다. 어처구니가 없어 서로 웃고 말았다. 오늘은 수칙을 정확히 정했다. 어제의 미안한 마음도 있고 해서 "고생한 만큼 대가는 분명히 치를 터이니 손님 대접을 잘 하라."고 말하고, 어쨌든 기분 좋게 출발했다.

황벽사는 동산 보리사에 비해 길이 험하고 외진 곳이었다. 의풍 버스터미널에서 출발해서 1시간 넘게 달린 뒤, 또 1시간 가까이 산길로만 달리는데 마침 도로 공사를 하고 있어 엄청 고생했다. 그곳에 황벽사가 있기 때문에 그 깊은 산골에 대대적인 도로공사를 하고 있지 않나 싶다.

막상 황벽사 부근에 도착하니 마을만 덩그러니 있고, 법당은 불사 중이었다. 입구에 들어서서 마을에 사는 보살님에게 내가 보고자 했던 유물들을 안내해 달라고 했더니 친절하게도 앞장서서 걷는다.

● 황벽 선사탑

● 황벽 선사탑 앞면

이 절의 승려들이 식수로 사용했던 호포천虎跑泉은 마을 주민들이 우물로 사용하고 있다. 우물 앞에 스님들의 요사채였는지, 법당이었는지는 모르겠으나 큰 당우가 하나 있다. 그 안에 들어가 보니 사람이 살지 않았던 폐허의 흔적이 역력하다. 큰 벽에는 모주석毛主席 어록語錄이라며 붉은 글씨로 몇 마디 쓰여 있다. 당우를 나와 탑이 있는 곳으로 향했다.

절 뒤편에 법맥 36세, 37세, 32세 탑 등 몇 좌가 있는데 도굴된 건지, 자연재해로 무너진 건지는 모르겠으나 어지럽게 널려 있다. 그런데

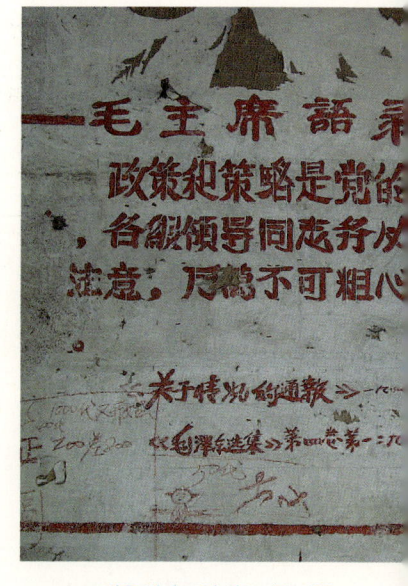

● 당우 벽에 쓰인 마오쩌둥 어록

인간의 마음이 묘하다. 그런 모습을 보니 무언가 새롭게 치장되지 않은 옛 것을 발견한 것 같아 흥분도 되면서, 한편으로는 안쓰럽다.

황벽사는 황벽 희운이 주석했던 사찰로, 임제종의 조정祖庭 사찰로서 매우 큰 의미를 지닐 뿐만 아니라 한국불교 사상에도 큰 영향을 끼쳤다. 황벽 희운은 마조(709~788년) 선사의 손자뻘이요, 임제 의현의 스승이다.

조계종의 종지를 말할 때 직지인심直指人心 견성성불見性成佛은 일반화되어 있는 어구로 황벽이 처음으로 썼던 말이다. 또한 일본에는 황벽종이라는 종파가 있을 만큼 불교사에 끼친 영향은 매우 크다. 현재 이 사찰은 남창 우민사 방장과 몇 승려들이 주선하고, 의풍현에서 도움을 주어 불사를 진행 중이다.

"왜 황벽 선사의 탑이 없느냐, 더 이상 탑이 없느냐?"고 보살님에게 물었

더니, 마을 밖 멀리까지 가야 한다고 했다. 꼭 가보고 싶다고 하자, 먼저 앞장서며 내 가방까지 들어 주었다. 한 20여 분을 걸어 마을 어귀에 위치한 산쪽으로 걸어 올라갔다.

드디어 꿈에 그리던 황벽의 탑을 만났다. 개산시조開山始祖 희운希運 단제선사지탑斷際禪師之塔이라고 쓰여 있다. 단제斷際라는 호는 당나라 선종 황제가 내린 것인데, 여기에는 기이한 인연이 서려 있다.

당나라 선종宣宗(846~859년)이 황제가 되기 전 13살 때, 왕실에서 추방되어 염관사라는 절에 머문 적이 있는데, 당시 황벽도 그 절에 있었다. 황벽이 예불을 마치고 돌아서는데 선종이 "왜 부처를 신봉하지 말라고 하면서 예불을 올리느냐?"고 물었다. 황벽은 다짜고짜 선종의 뺨을 몇 차례 때렸다.

후일 선종이 황제가 되었고, 당시 재상이었던 배휴裵休(797~870년)가 황제에게 간언을 올려 황벽에게 호를 하나 내려 달라고 했다. 선종은 옛날 일을 떠올리며 행동이 거친 승려라고 하여 추행사문麤行沙門이라는 호를 내렸다. 이에 배휴가 "폐하께 3번 손찌검을 한 것은 3제際의 윤회를 끊어 주기[斷] 위함입니다."라며 황제를 달래자, 선종이 마음을 돌려 단제斷際라는 호를 내렸다. 이래서 꿈보다 해몽이 좋아야 하나 보다.

황벽 희운은 복건성福建省 복주福州 민현閩縣 출신으로 속성과 생몰년대가 정확하지 않다. 그는 어려서 고향의 복주 황벽산에 출가했다. 출가 후 황벽은 여러 곳을 유행하다가 백장(720~814년)에 관한 이야기를 듣고 멀리 강서성으로 가서 위산 영우(771~853년)와 함께 백장의 법을 이어받았다.

황벽은 신장이 7척으로 이마에는 육주가 있는 거대한 몸집을 가지고 있었으며 사소한 일에 집착하지 않는 활달한 천성을 지녔다. 황벽의 선풍은 간명직절簡明直截하고 단순하며 강한 개성을 가지고 있어 마조의 사상을 체계화시킨 인물로 평가받고 있다. 이런 황벽의 문하에 천여 명이 넘는 제자가 있었다고 한다.

황벽의 어록으로는 『전심법요傳心法要』와 『완릉록宛陵錄』이 있는데, 이 두 권의 책에 서문을 쓰고 엮은이가 배휴이다. 배휴는 황벽黃蘗을 만나기 이전 종밀宗密의 여러 저서에도 서문을 쓴 재가자이다. 황벽의 선사상은 무심無心과 심시불心是佛로 귀착된다.

> 부처의 마음은 범부와 같아서 아무런 차이도 없다.
> 마치 어떤 것에도 허공이 섞이거나 무너지지 않는 것과 같다.
> 태양이 떠오르면 천하는 구석구석까지 밝아지지만 허공은 밝아지지 않으며 해가 진 뒤에도 천하는 구석구석까지 어두워지나 허공은 어두워지지 않는다.
> 밝고 어두움은 교차되면서 바뀌지만,
> 허공의 본성은 밝은 것이어서 어떠한 변화에도 변하지 않는다.

황벽은 청정한 마음을 허공에 비유하고 있다. 황벽이 비유를 든 허공은 어떤 어두움과 밝음에도 동요되지 않는 무심無心의 불성佛性을 강조한 것이요, 태양·구름·어둠·밝음 등 어떤 것에도 구애받지 않는 걸림이 없음을 드러내는 것이다.

또한 무심에 대해서는 갠지스강의 모래에 비유했다.

> 갠지스강의 모래는
> 부처 · 보살 · 하늘신 · 범천왕들이 지나갈지라도 기뻐하지 않는다.
> 또 소 · 양 · 돼지가 밟고 지나가도 모래는 화내지 않는다.
> 진귀한 보배와 향료가 쌓여 있다고 할지라도 모래는 탐내지 않으며
> 똥오줌의 악취에도 모래는 성내지 않는다.
> 이런 마음이 곧 무심이요,
> 일체 모든 분별을 떠나서 중생이든 부처이든
> 어떠한 차별도 하지 않는 무심이 되었다면 이것이 궁극적인 깨달음이다. …
> 그런 마음이야말로 본래 청정한 부처이다.
> 이런 마음은 사람이든 벌레이든 모든 중생이 다 가지고 있다.

황벽은 이렇게 어떤 것에도 집착없이 분별하지 않는 무심의 마음을 강조하고 있다. 모든 중생과 부처가 평등하다는 원리 하에 그런 원리조차 마음에 두지 않는 무심이야말로 본래 청정한 부처인 것이다. 이는 『화엄경』의 심불급중생心佛及衆生 시삼무차별是三無差別, 즉 마음과 부처와 중생 이 셋이 차별이 없다는 것과 동일하다.

또한 『금강경』의 응무소주應無所住 이생기심而生其心의 무소주無所住다. 갠지스강의 모래 비유도 결국 무주無住의 소식을 말하는 것이요, 이 무주는 무심을 말한다.

마조의 즉심시불과 동일하게 황벽의 법문 중에도 심시불心是佛 사상이 있다.

마음이 곧 부처다.
위로는 모든 부처로부터 아래로는 기는 벌레에 이르기까지
모두 불성이 있으며 동일한 심체이다.
그러므로 달마가 인도로부터 와서 다만 일심一心의 법을 전하여
일체 중생이 본래 부처이며
수행을 전제로 하지 않는 것임을 곧바로 보여 준 것에 불과하다.
다만 지금 곧바로 자기의 마음을 알고 자기의 본성을 보아야 한다.
다른 곳에서 찾아서는 안 된다.
어떻게 자기의 마음을 아는 것인가 하면
그것은 바로 지금 그대들이 말하고 있는 그 자체가
바로 그대들의 마음이다.

황벽의 탑에서 5분 거리에 7좌의 탑이 아무렇게나 방치되어 있었다. 보살님은 비구니 탑이라고 하는데, 글씨가 정확히 판독되지 않았다. 이렇게 황벽사 주변에 탑이 많은 것으로 보아 1000여 년 동안 수많은 선객들의 수행터였을 것으로 짐작된다.

잠시 문화혁명으로 몇십 년간 폐허가 되었지만, 앞으로 아시아를 넘어 세계의 수행자들이 황벽사 선방에 모일 날이 얼마 남지 않을 것이라 확신한다. 아마 그때 나는 수행하겠다는 젊은 마음을 가지고 다시 이곳에 오겠지….

03
보적사 · 석공사 · 정거사 · 보화사 · 남화선사 · 대감사

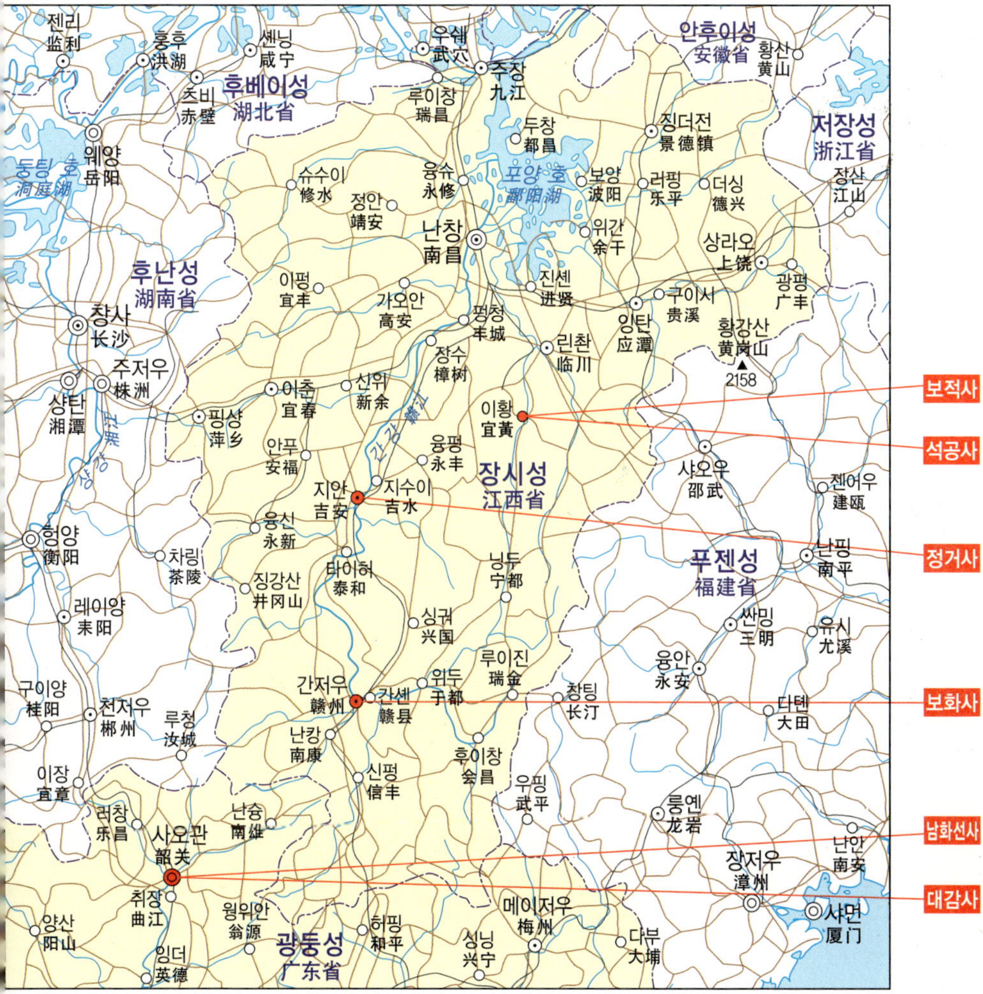

● 보적사 비구니 스님들의 점심공양하는 모습

보적사
내 짚신이나 갖다 다오

조산 본적 강서성 의황

의풍宜豊에서 대도시 남창南昌으로 갔다가 남창에서 의황宜黃으로 내려갔다. 시골(의풍)에서 시골(의황)로 버스편이 연결되지 않아 도시(남창)를 통할 수밖에 없었으니, 결국 하루 종일 9시간 이상을 버스에서 지낸 셈이다.

의황은 며칠 전 참배했던 보리사의 동산 양개 제자인 조산 본적과 마조의 제자 석공 혜장의 발자취가 있는 곳이다. 밤늦게 도착해 숙소를 정했다. 이곳은 깊은 시골에다 관광할 만한 명승고적이 전혀 없기 때문인지, 한국인이라고 하니까 숙소 직원들의 대접이 후하다.

다음 날 아침, 솔직히 조금 막막했다. 조산 본적曹山本寂(840∼901년)이 이곳에서 법을 폈다는 것 하나만을 믿고 온 터라 절을 어떻게 찾아가야 할지 눈앞이 캄캄했다. 일단은 나이가 많아 보이는 택시 기사에게 이 부근의 절들을 내 노트에 적어보라고 했더니, 3개의 사찰명을 적었다. 노트에 적힌 사찰 가운데 보적사寶積寺를 택했다.(실은 다른 지역에서도 이런 방법을 여러 번 썼다) 중국의 사찰명은 승려 이름이 절 이름 그대로이거나 산 이름인 경우가 많은데, 그렇지 않은 경우도 있어 가끔 애를 먹곤 한다.

보적사는 의황현에서 20킬로미터 정도 떨어진 곳으로 비교적 완만한 길이었다. 절에 도착하니, 조산사曹山寺 유지遺地라는 팻말이 있다. 얼마나 반갑던지, 제대로 찾아왔음에 한숨을 돌리고 도량을 보니 너무 조용하다. 이 절은 비구니 스님 7명이 상주하는데, 법당 겸 요사채와 공양간이 전부였으며, 도량 건너편은 큰 당우를 짓고 있었다. 주지스님과 잠시 필담으로 대화를 나눈 뒤 조산의 탑을 참배하기로 했다.

탑은 절에서 10여 분 거리에 위치해 있다. 탑 둘레와 본적 선사의 행적이 적힌 석판에도 금이 많이 가서 글씨가 정확하게 보이지 않을 만큼 훼손이 심

● 조산 본적의 탑
●● 조산 본적의 탑 옆에 있는 탑비

하다. 또한 탑 앞에 세워놓은 해태인지, 사자인지 구분이 되지 않는 동물이 서 있는데 다리 한쪽이 유실되어 나무토막으로 받쳐 놓았다. 탑에는 본적선사탑本寂禪師塔이라고 쓰여 있다. 어쨌든 한참을 서성거리며 몇 번이고 살피고 나서 잠시 앉아서 조동종의 가풍을 생각해 본다.

동산 양개(807~869년)의 법을 이은 제자는 운거 도응과 조산 본적이다. 조동종曹洞宗이라는 종명도 제자 조산의 '조曹' 자와 스승 동산 양개의 '동洞' 자를 합쳐 조동종이라고 하였다.

현재 남아 있는 조동종의 법맥은 운거 도응의 가풍이다. 조산 본적의 법계는 단명을 했지만, 당시 그의 법력이 매우 컸던 것으로 추측해 볼 수 있다. 한국에서는 임제종계의 간화선이 주류를 이루어 조동종은 미미하지만, 일본에서는 도오겐道元(1200~1254년)에 의한 조동종계의 묵조선이 크게 발전하였다.

조산 본적은 복건福建성 복주福州 출신이다. 어려서 유학을 공부하다가 19세에 출가하여 25세에 구족계를 받았다. 860년대 무렵, 스승 동산을 뵙고 동산의 법을 전수받았다. 몇 년을 스승과 함께 머물다, 어느 날 동산에게 하직을 고하고 떠나려 하니 스승이 물었다.

"어디로 가려는가?"

"변함이 없는 곳으로 가렵니다."

"변함이 없다면 가는 물건이 있는가?"

"가더라도 변하지는 않습니다."

조산 본적은 유행遊行을 하다 무주撫州 지방에 머물며 교화를 폈다. 그는 조계曹溪의 6조 혜능을 사모하는 뜻에서 산 이름을 조산曹山으로 고치기도 했다. 그 후 867년에 도둑의 난을 피해 의황현宜黃縣 하옥산荷玉山으로 옮겨가려 할 때, 종릉 대왕이 본적 선사를 흠모해 몇 번이나 사신을 보내 뵙기를 청했다. 그러나 본적은 그때마다 병을 핑계 삼아 가지 않았다.

대왕은 세 번째 사신을 보내면서 말했다.

"이번에도 네가 본적 선사를 모셔 오지 못하면 나를 만날 생각하지 말라."

이렇게 가혹한 명을 내리니, 사신이 본적에게 와서 슬피 울며 말했다.

"화상께서 대자비를 베풀어 이 중생을 구제해 주소서. 왕명에 따라 주지 않는다면 저희들은 모두 죽습니다."

이때 선사가 사신들의 후환이 걱정되어 시 한 수를 적어 보냈다.

> 시들어 가는 나무 등걸이 숲 속에 끼어 있어
> 몇 차례 봄을 만났건만 그 마음 변하지 않네.
> 나무꾼도 오히려 돌아보지 않거늘
> 이름난 목수가 무엇 하러 나를 뒤쫓으려 하는가.

왕이 이 시를 보고 본적이 머물고 있는 산을 향해 절했다고 한다. 어쨌든 그는 스승 동산의 가풍을 이어 조동종의 종지를 완성시켰다. 임제종은 장군將軍과 같은 기개가 있는 반면, 조동종은 선비와 백성 같은 순박하면서도 철학적이고 논리적인 선풍이다.

조동종의 대표적인 사상으로 크게 조동오위曹洞五位와 동산삼로洞山三路를 말한다. 동산삼로는 수행할 때나 중생들을 제도할 때 지침으로 제시하는 법문이다.

첫째, 조도鳥道는 새가 공중을 날 때 일체 흔적을 남기지 않고 날아가는 것처럼, 수행자는 쓸데없는 일에 연연하거나 집착하지 말고 수행하라.

둘째, 현로玄路는 있다든가 없다든가, 아름답고 추하다, 위와 아래 등 일체 차별적인 견해나 분별을 두지 말고 고요한 삼매를 유지하라.

셋째, 전수展手는 향상向上의 일로에 머물지 않고 한 걸음 더 나아가 중생 교화에 힘쓸 것을 강조하는 것이다. 자리自利가 완성되었으면 이타利他도 행해야 함을 강조하는 바다.

또한 조동오위는 조동종에서 가장 중요하게 내세우는 법문이다. 이것은 본적 선사가 스승의 가르침을 토대로 총림의 준칙을 만들고 조동종의 종지를 체계화한 것이라고 볼 수 있다. 정正과 편偏으로 구축되는데, 정은 본체〔理: 体〕이며 보편적인 세계를 가리키고, 편은 현상세계〔事: 用〕이며 차별적인 세계를 말한다.

첫째, 정중편正中偏은 본체(진여)가 있음을 인정하지만, 사물(현상 : 용)이 본체로부터 파생한 것임을 알지 못하는 상태이다.

둘째, 편중정偏中正은 모든 현상이 환영이고 환상이라는 것을 알지만, 한 발짝 더 나아가 현상을 통해 본체를 통찰하지 못하는 상태이다.

셋째, 정중래正中來는 본체를 시인하고 체體로부터 용用에 이르려는 노력이다. 체용일여體用一如의 원리를 깨닫기 시작하는 단계이다.

넷째, 편중지偏中至는 일체의 모든 것이 환영이며 헛것임을 깨닫고 더 나아가 현상을 통해 정신적 본체를 보는 단계이다.

다섯째, 겸중도兼中到는 본체와 현상의 관계가 완전히 일치된 경지이다. 현상과 본체의 분별이 사라진 인간 존재의 본질인 원래의 마음자리인 것이다.

본적의 탑에서 내려오니 마침 점심시간이다. 7분의 스님들과 함께 공양을 했다. 대중이 몇 아닌데도 스님네들이 장삼가사를 수하고 너무도 여법하게 공양을 한다. 한국 사찰에서는 대중이 많이 살지 않는 개인 사찰은 가사를 수하고 발우공양하는 경우가 드물다.

중국의 사찰을 순례하면서 느끼지만, 승려가 몇 안 되는 절에서도 여법하게 수행하는 모습을 볼 때마다 마음이 숙연해지곤 한다. 공양이 끝나고 도량을 어슬렁거리며 산을 바라보는데, 스님네들이 도량을 청소하고 있다.

1200여 년 전 본적 선사가 이 도량에 머물 때, 한 승려가 마당을 쓸고 있었다. 본적이 물었다.

"무엇을 하느냐?"

"마당을 씁니다."

"부처님 앞을 쓰느냐, 부처님 뒤를 쓰느냐?"

"앞과 뒤를 한꺼번에 씁니다."

"내 짚신이나 갖다 다오."

● 조산본적 탑 앞에 모셔진 사자(?)상

석공사

화살 한 대로
몇 마리를 쏘느냐?

마조, 석공 혜장 강서성 의황

해가 많이 길어졌다.

오늘은 날씨가 너무 좋다.

여행 중 궂은 날씨에 애를 먹은 적이 한두 번이 아니건만

오늘은 하늘이 푸르다 못해 파란 바다를 연상케 한다.

궂은 날씨보다 맑고 청아한 날,

사람이 더 그립다.

오는 인연은 막을 수 없지만, 가는 인연도 잡을 필요가 없으리라.

만나고 싶지 않다고 해서 안 만나지는 것이 아니고

보고 싶다고 해서 늘 함께할 수 없는 인연이기에

인간의 힘으로 어쩔 수 없는 때가 온다.

원치 않게 너무 많은 인연을 만난다.

수행자라고 해서 외로움이 없는 것은 아니며

고독감이 없는 것은 아니건만

이런 홀로됨에 스스로를 길들인다.

조금은 허전한 공간이 있어야 살맛이 나는 법일까.

옛 스승들이 '인연이 많으면 도道가 성글다'고 하였듯이.

석공사 들어가는 길녘은 평화롭고 장엄하다. 보적사에서 자동차(평균 시속 30킬로미터)로 1시간 조금 넘게 달렸을까? 잠깐 망상하는 사이에 석공사石鞏寺에 도착했다. 이 절은 마조 선사(709~788년)와 제자 석공 혜장石鞏慧藏이 법을 펼쳤던 곳이다.

석공사는 풍경과 날씨가 잘 어울려 금상첨화다. 절을 둘러싼 기암괴석에

서 우람한 기상도 엿보이고 호법신장 같은 든든함도 느껴진다. 절에 들어서자 대웅보전 대련에 "석공사는 홍주洪州 도량이며 선기禪機를 전해서 청정한 마음으로 이끌고 교화시키는 극락"이라고 쓰여 있다.

마조 문하에 귀의한 제자가 139명인데, 그들은 각기 한 지방의 종주宗主로서 교화를 펼쳤다. 제자가 많다 보니 다양한 부류의 제자가 있었다. 마조에게 깨달음을 얻고 은둔한 제자가 있는가 하면 귀족 관료 및 왕권과 가까이 지내는 제자도 있었다. 흥선 유관(755~817년), 장경 회휘(757~816년), 아호 대의(746~817년)가 이들인데, 이들의 활약으로 인해 황제로부터 6조 혜능은 대감大鑑, 남악 회양은 대혜大慧, 마조는 대적大寂이라는 시호가 내려지기도 했다. 스승인 마조가 귀족풍이 아닌 시골 분위기 속에서 선을 전파했건만, 귀족들과 인연을 맺은 제자들에 의해 홍주종은 천하에 알려지게 되었으니 세상 참 아이러니하다.

한편 사분율四分律에 뛰어나고 『열반경』의 대가였던 분주 무업(760~821년)이나 강사 출신인 양좌주亮座主 같은 이들도 있다. 이들은 교를 버리고 선을 한다고 하여 사교입선捨敎入禪이라고 한다. 여기서 분명히 밝혀 둘 점은 무조건 교를 버린 것이 아니라 교에 집착하지 않는 것을 염두에 두어야 한다.

마조에게 제자가 많다 보니 그들 중 출가 이전의 생업이나 출가 동기가 드라마틱한 제자들도 많다. 마조의 특이한 제자 중 한 사람이 석공 혜장인데, 그는 출가 전 사냥꾼이었다. 출신도 특이하지만 마조의 제자 가운데 가장 괴짜배기에 속하는 사람이다.

출가 이전 혜장이 산에서 사냥을 하다 우연히 마조를 만났다. 마조가 혜장에게 물었다.

"화살 한 대로 몇 마리를 쏘느냐?"

"화살 한 대로 한 마리를 쏩니다."

"스님도 사냥을 해보셨습니까? 화살 하나로 몇 마리를 쏠 수 있습니까?"

"나는 화살 하나로 한 번에 떼거리를 잡는다."

이 말에 혜장이 의아한 눈초리로 쳐다보며 말했다.

"아무리 제가 사냥을 하지만 생명은 소중한 겁니다. 어찌 스님께서는 생명을 그렇게 함부로 하십니까?" 하고 핀잔하자 마조가 말했다.

"왜 그런 것은 알면서 자네 자신을 잡지 못하느냐?"

혜장이 마조의 말을 들은 뒤 화살을 꺾어 버리고 출가했다고 한다. 이는 마조가 혜장에게 자신의 무명번뇌無明煩惱를 타파해야 한다는 것을 가르친 것이다.

하루는 혜장이 서당西堂에게 물었다.

"허공을 잡을 수 있는가?"

"잡을 수 있습니다."

"어떻게 잡는가?"

서당이 손으로 허공을 더듬자 석공이 핀잔을 주었다.

"그래 가지고 허공이 잘 잡히겠다!"

이에 서당이 물었다.

"사형師兄은 어떻게 잡으시겠습니까?"

석공은 느닷없이 서당의 코를 힘껏 잡고 끌었다.

서당이 비명을 지르며 말했다.

"아얏! 이 코를 놓으십시오. 코가 빠지겠습니다."

이때 석공이 말했다.

"허공은 이렇게 잡아야지!"

또한 마조의 제자 가운데 괴짜배기에 속하는 등은봉鄧隱峯이라는 승려가 있다. 은봉이 입적할 무렵 제자들에게 물었다.

"앉아서 죽은 승려가 있느냐?"

"예."

"서서 죽은 승려가 있느냐?"

"예."

"거꾸로 서서 죽은 제자가 있느냐?"

"없습니다."

"그럼 나는 거꾸로 서서 죽어야겠다."

은봉은 이렇게 말한 뒤 물구나무를 선 채 열반했다. 제자들이 입관하기가 어려워 애를 먹고 있는데 여동생 스님이 와서 은봉을 살짝 건드리며 말했다.

"오빠는 살아생전에도 괴팍한 행동을 많이 하더니 죽어서도 이러십니까?"

그러자 은봉은 바닥에 똑바로 누웠다고 한다. 이 이야기는 열반에 관한 일화로 널리 회자되고 있다.

은봉과 마조의 재미있는 기연機緣이 있다. 어느 날 은봉이 수레를 밀고 오는 것을 본 마조는 다리를 뻗고 앉아 길목을 막았다. 은봉이 말했다.

"스승님, 발을 움츠려 주십시오."

그래도 마조가 말을 듣지 않고 말했다.

"한 번 뻗은 다리는 움츠리지 못한다."

이 말을 들은 은봉은 마조의 다리 위로 수레를 그대로 밀고 나갔다. 다리를 상한 마조는 도끼를 들고 법당으로 들어가 외쳤다.

"아까 내 다리를 상하게 한 놈은 어디 있느냐?"

이에 은봉이 고개를 내밀고 꿇어앉았다. 마조가 도끼 든 손을 내리는 순간 은봉이 깨달았다고 한다.

절 뒤편으로 올라가니 절 풍경이 기가 막히다.

1500여 년 전인 남북조시대 의천義泉 화상이 여러 곳을 다니다 석공산에 이르러 아름다운 풍경을 보고 감탄하여 토굴을 짓고 혼자 수행했다. 이웃의 재가자들이 스님의 정진력에 감화를 받고 석공산에 절을 세웠는데, 바로 석공사다.

이후 마조가 제자들을 데리고 자주 석공사에 와서 함께 수행하며 제자들을 지도했다. 서당 지장西堂智藏(738~817년)이 스승 마조로부터 깨달음의 인가를 받았던 곳도 바로 이 절이다.

마조가 열반한 후 제자 혜장이 석공사에서 30여 년을 주하며 선풍을 펼쳤다. 이후 혜장의 이름 앞에 석공이 붙어 석공 혜장이라 불렸고, 혜장 문하에 400여 명의 수행자가 운집하였다고 전한다. 송나라 때 계명戒明 화상이 이곳에 상주했었고, 비구니 스님이 살기 시작한 것은 20세기 초부터인 것으로 기록되어 있다.

그런데 아무리 석공 혜장의 탑을 찾으려 해도 찾을 수가 없었다. 3좌의 탑이 있기에 가 보았더니 중앙에 이 절의 개산조인 의천 화상, 왼쪽에 명나라 때의 옥란 화상, 오른쪽에 북송시대의 계명 화상 탑이 있을 뿐이다. 현재 이 절에는 비구니 스님 두 분이 살고 있는데 연로해 보인다. 노스님은 내가 중국 승려인 줄 알고 계속 따라다니며 수첩에 적힌 이름을 가리키며 "잘 아느냐?"며 몇 번이고 물었다.

벌써 해가 기울어간다. 유난히 많이 움직인 날이어서 그런지 배가 너무 고프다. 평소에 미식가가 아니라 배만 부르면 된다는 식습관을 가지고 있는 탓에 여행 중에 먹는 데는 큰 구애를 받지 않았다. 어떤 때는 차표를 끊어 놓고 남는 시간에 먹기도 하고, 어떤 때는 달리는 차 안에서 해결하기도 하며, 어떤 때는 길거리에서 파는 전병을 사 먹기도 한다.

중국음식은 대부분이 기름지고 고기가 주원료로 들어 있다. 기름진 음식이 입에 맞지는 않지만, 나름대로 이제는 익숙해졌다. 사천성 음식은 조금 입맛에 맞는다. 솔직히 사천성 음식점에 들어가서 메뉴판을 뚫어지게 쳐다봐도 음식을 잘 모른다.

대략 한자로 가늠해 시키기도 하고, 다른 사람 먹는 것을 보고 똑같은 음식으로 달라고 주문하기도 한다. 이전에는 국수나 빵을 좋아하지 않았는데, 여행하면서 국수나 중국 자장면을 먹기도 한다. 중국식대로 많이 길들여지려고 노력하는데 생각만큼 쉽지 않다.

의·식·주 가운데 먹는 것이 제일 중요하다는 것을 여행하면서 실감했다. 우리가 먹는 것에 집착해서도 안 되지만 소홀해서도 안 된다는 점이다.

승려들에게 먹는 것은 오로지 수행하기 위해 먹어야 한다고 하지만, 그 수행을 위해서는 잘 챙겨먹을 필요가 있다.

나는 건강을 잃어봐서 단언하건대, 절대 먹는 것을 소홀히해서는 안 된다.

정거사
노릉의 쌀값은
얼마 하던가?

청원 행사 강서성 길안

● 정거사 도량 내부

강서성 의황宜黃에서 복건성 건양建陽(마조가 처음 법을 폈던 불적령)으로 가려고 했더니, 의황에서 바로 연결되는 버스가 없었다. 터미널에서 직원에게 물으니 "의황 아래 지역인 남풍南豊으로 가면 있으니 그곳에서 갈아타라."는 것이다. 이 말에 새벽부터 서둘러 아침 7시 차를 탔다.

그런데 이 버스는 시골에서 시골로 이어지는 버스인지라 작은 버스 안이 사람들로 꽉 찼다. 적어도 20명 정원에 50여 명을 태웠으니 지옥도 이런 생지옥은 없을 게다. 중국 남자들의 쉴 새 없는 잡담과 아줌마들의 자리다툼, 아이들의 울음소리, 감자·오이·쌀 등 없는 것이 없다. 앉아서 가는데도 밀치고 기대는 통에 숨쉬기도 힘들었다.

2시간 반 만에 남풍에 도착해 보니, 가려고 했던 목적지 건양 행 버스가 없단다. 기껏 새벽부터 서둘러 그 지옥 같은 버스를 타고 왔는데 목적지 가는 버스가 없다니.

할 수 없이 강서성 수도 남창南昌으로 올라가는데 3시간 반이 걸렸다. 그런데 복건성 건양이 아닌 강서성 길안吉安으로 노선을 바꿨다. 남창에서 다시 길안까지 가는 데 4시간이 걸렸다.

결국 오늘 하루를 의황에서 남풍 → 남창 → 길안으로 이동하면서 10시간 이상을 차에서 보낸 셈이다. 중국 대륙의 넓은 땅을 실감하지 않을 수 없다. 차에서 내리니 머리가 흔들렸다. 어둑어둑한 밤인데 비까지 쏟아지니 나그네 길이 서럽기도 하다. 우산도 없는데다 어느 숙소를 잡아야 할지 까마득했다. 이런 날은 옷도 말리고 따뜻한 온풍기가 나오는 조금 비싼 숙소를 정해야 한다. 중국은 우리나라처럼 온돌방이 아닌지라 보통 에어컨과 온풍기 겸용이 많다. 숙소를 정할 때 조금 추우면 온풍기를 사용할 수 있는지 물어봐야 한다.

하룻밤을 묵고 일어났더니 어제 10시간을 차안에서 보낸 대가로 머리가 아프고 골이 흔들려 결국 오늘 하루는 숙소에서 쉬기로 했다. 이 고생을 하며 이곳에 온 것은 6조 혜능의 제자 청원 행사가 머물렀던 청원산青原山 정거사 淨居寺가 있어서다. 정오가 지나 청원산 가는 길이나 알아두려고 숙소 직원에게 물었더니 뜻밖에도 30분 거리에 있단다. 쉬기로 했는데 얼마 안 되는 거리라고 하여 오후 2시에 출발했다.

정거사는 길안시에서 25킬로미터 떨어진 곳에 위치해 있다. 한나라 때 장도릉이라는 사람이 중국의 여러 지역을 유람하고 365곳의 명산을 정했는데, 청원산도 그 명산에 속한다. 705년 당나라 때 안은봉安隱峯 아래 절을 세우고 안은사安隱寺라 불렀고, 송나라 때 휘종이 정거사라는 이름을 하사한 이래 지금까지 그대로 부르고 있다. 사천왕문을 지나 도량에 들어서니 큰 돌위에 조계종파라고 쓰인 글씨가 눈에 들어온다.

청원 행사靑原行思(?~740년)는 강서성 길안 출신으로 속성은 유劉씨다. 어려서 출가하여 여러 곳을 참방하다 6조 혜능(638~713년)을 찾아갔다.

혜능과 마주한 청원이 물었다.
"어떻게 하여야 계급에 떨어지지 않습니까?"
"그대는 이제까지 무슨 일을 했는가?"
"성인이 가르친 절대 무위[聖諦 第一義]인 경지에는 떨어지지 않았습니다."
"그러면 어떤 계급에 떨어졌는가?"
"성인의 진리도 중히 여기지 않는데 무슨 계급이 있겠나이까?"

6조는 청원이 뛰어난 승려임을 인정하고 제자로 받아들였다. 6조가 열반할 무렵 청원에게 법을 전하면서 말했다.

"예부터 스승이 제자에게 의발과 법을 전했다. 가사와 발우는 신표이고 법은 마음을 인가한 것이다. … 내가 5조 홍인에게 의발을 전수받으면서 어려움이 매우 많았느니라. 앞으로 내 제자들이 또다시 의발을 가지고 환난을 당하거나 서로 다툼이 있는 것을 바라지 않는다. 의발은 산문에 남겨두고 그대는 능력이 닿는 대로 한 지방을 교화하여 법이 끊어지지 않게 하라."

이렇게 6조에게 법을 받은 청원은 남악 회양과 더불어 선종계의 2대 제자가 되었다. 이후 청원은 여러 제방을 다니며 수행하다, 714년 자신의 고향인 길안으로 돌아와 청원산 정거사에 상주했다. 많은 제자들이 구름처럼 모여들었고, 청원의 법맥으로부터 조동종과 운문종, 법안종이 생겼으니 3종의 조정祖庭 사찰이기도 하다.

한 수행자가 찾아와 청원에게 물었다.
"불법의 대의大意는 무엇입니까?"
"노릉(현 길안)의 쌀값은 얼마 하던가?"
이때부터 '노릉의 쌀값'이라는 화두가 유명해졌다. 이 화두는 불법을 물은 스님이 청원산에 오는 도중에 노릉을 지나 왔기 때문에 그렇게 물은 것이다. 아마 다른 고장을 지나왔다면 그 고장의 쌀값을 물었을 것이다. 노릉의 쌀값

● 칠조탑

● 7조 홍제 선사 귀진 선사라고 쓰인 청원 행사 탑

이든 북경의 쌀값이든 쌀은 사람이 살아가는 데 없어서는 안 되는 식량이다. 수행이라는 것은 형이상학적인 철학이 아니며 뜬구름 잡는 신통력을 부리는 것이 아니라, 일상을 떠난 불법은 있을 수 없음이요, 일상 속에서 수행을 드러냄이다. 한편 스승의 답 속에서 깨달음이란 이치로 따질 수 있는 것이 아닌지라, 언어도단이라는 것을 강조하는 바다.

청원 행사가 741년 정거사에서 열반에 들자, 현종은 홍제弘濟라는 시호를 내렸다. 이후 이 절은 승려들과 유생들, 재가자들의 발길이 끊이지 않았다고 한다. 20세기 초까지 승려들의 수행터였으나 문화혁명 시기에 폐허가 되었다. 1990년 체광體光 화상이 정거사에 주하며 도량을 정비하고 수행도량으로 바꾸었다. 현재 승려가 20여 명 상주하고 있으며 이곳저곳 불사를 진행 중이다.

7조 탑(청원 행사)이 있는 조사전에 들어가니, 구석진 곳에서 한 승려가 책상에 앉아 객은 쳐다보지도 않고 무언가를 열심히 쓰고 있다. 아마도 소임으로 조사전을 지키는 모양이다.

조사전 당우 안에 있는 탑은 8각 7층으로, 하단 층에는 초조 달마부터 6조 혜능까지의 초상화가 부조되어 있다. 그 다음 층에 청원 행사의 초상화가 부조되어 있으며, 그 위로 올라가면서 법맥을 이은 선사들의 초상화가 붙어 있다. 청원 행사의 사진 앞에는 7조七祖 홍제선사弘濟禪師 귀진지탑歸眞之塔이라고 쓰여 있다.

사진 몇 장을 찍으며 '도대체 스님이 무엇을 하나?' 하고 슬쩍 보았더니, 스님은 영명 연수의 『종경록』을 베껴 쓰고 있었다. 젊은 승려가 주위의 어떤 여건이나 분위기에 동하지 않고 공부하는 모습이 대견하다.

이번 여행에서는 열심히 공부하는 스님을 참 많이 만났다. 황매 오조사 객실 시자스님은 20대 초반인데 심부름을 하고 대화를 나누면서도 끊임없이 염주를 돌리며 진언眞言을 염했다. 또 구강九江 동림사 대탑에 참배하러 갔을 때, 비오는 날인데도 한 비구 스님은 탑 주위를 돌며 나무아미타불을 염했고, 황매 사조사 선방에서 방선을 한 시간인데도 한 젊은 승려가 홀로 선정에 들어있는 모습을 목격했다.

또한 구강 능인사에 참배하러 갔을 때, 가방이 너무 무거워 매표소에다 짐을 잠시 맡긴 적이 있다. 도량을 다 돌아보고 찾으러 갔더니, 스님 한 분이 나무아미타불을 들으며 점심공양을 하고 있었다. 또 내가 정거사 도량을 참배하는 내내, 누더기 승복을 입은 한 승려가 1시간 가량 법당을 돌고 있는 모습을 보고 조사전에 올라왔었다.

그러나 중국 스님네들이 다 이렇게 정법대로 열심히 수행하는 것은 아니다. 오대산에서 어떤 스님은 계를 받은 증서를 보여 주면서 사주를 봐 주겠다며 돈을 내라고 했고, 법당 안에서 대나무로 만든 윷가락 비슷한 것 2개를 던져 사주나 운명을 봐 주는 승려도 많이 보았다. 또 불교 사물을 돈벌이하는 데 이용하는 사찰도 있다. 선종 사찰도 예외는 아니었다. 오조사 조사당에서 만난 스님은 점치는 나무토막을 선물이라며 내게 주기도 했다.

한국불교는 남악계의 마조·임제·대혜(1089~1163년) 선사와 관련되어 있는지라 청원계에 대해서는 큰 연구가 없었다. 그러나 신라 9산 선문 중 수미산 이엄 스님은 청원계 법을 전수해 신라 땅에서 법을 펼쳤다. 또 고려 초기 광종이 청원계 제자인 영명 연수(904~975년)의 『만선동귀집

● 7중제자 해회탑이라고 하는 정거사 탑림

『萬善同歸集』을 읽고 감동을 받아 36명의 승려를 송나라에 유학 보내기도 했다. 이때 중국을 다녀온 승려들은 대각국사 의천이 당시 종파를 통합하려 할 때 중심세력이 됐다.

사천왕문을 나와 5분 정도 걸어 나오니, 7중제자七衆弟子 해회탑海會塔이라는 폐허된 건물이 있다. '직접 들어갈 수 없나?' 한참을 기웃거리다 결국 실패하고 먼 발치에서 사진만 한 장 찍었다. 2층으로 된 건물인데 방이 여러 개가 있고, 그 방 앞에 비구탑, 비구니탑, 우바새탑, 우바이탑…이라고 쓰여 있다. 건물을 지어 탑림塔林을 만든 것으로 보아, 아마도 이전에 승려뿐만 아니라 거사居士(중국에서는 남녀 불교신자를 통칭)들도 함께 상주하는 대총림이었으리라.

"바다와 같은 위대한 승가여!"

보화사
공양하기에 가장 좋습니다
서당 지장 강서성 공주

● 옥석탑(서당의 탑)
●● 옥석탑 중심 부분

강서성 길안吉安에서 버스를 타고 공주贛州로 내려가고 있다.

그런데 웬 비가 이렇게 많이 오는 걸까? 몇 달 전에 안휘성과 절강성을 여행할 때도 비가 많이 와서 고생했는데, 이번에도 그 지겨운 비를 또 만나고 있다.

중국 오기 전 책상머리에 앉아 선사들의 이름만 거론하다, 그들의 발자취를 찾아가는 기쁨과 함께 내 자신의 존재 의미를 되새기곤 한다.

'내가 도대체 어디로 가는 걸까? 무엇을 추구하고, 무엇을 얻고자 하는가?'

더구나 한 달간의 여정으로 강서성, 광동성, 호남성, 호북성에서 선사들의 발자취를 따라 걷고 있건만 남은 것은 아무것도 없다. 비만 잔뜩 내리니 몸도 많이 상하고 마음까지 처지는데다, 계획에 자꾸 차질이 생긴다. 하지만 어쩌랴. 이 세상 일이 내 마음대로만 되는 것이 아니거늘, 순리대로 받아들여야지. 내 인생에서 지금보다 행복한 시간은 없을 것이다.

그래, 고민할 것 있으면 고민하고, 외로우면 외로운 대로 받아들이고, 고향에도 전화해 괜한 넋두리도 하고, 진심은 아니어도 보고 싶다고도 해보고, 선사들과의 만남에서 기쁜 그대로 만끽해 보자.

그나마 큰 도시에서 도시로 연결되는 버스인지라 길안에서 공주까지 2시간 반 만에 내렸다. 공주에는 마조의 행화 도량 중 으뜸인 공공산龔共山이 있는데, 지금은 보화산寶華山이라고 부른다. 보화산 보화사는 공주시에서 70킬로미터 정도 떨어진 전촌田村에 위치해 있어 산골로 한참을 들어간다.

보화사는 마조와 서당 지장西堂智藏(738~817년)의 전법도량이다. 745년 마조가 보화산으로 옮겨올 때 스승을 따라 서당과 몇몇 제자들이 함께 왔다.

『공주부지贛州府志』에 이렇게 전하고 있다.

> 마조가 이곳에서 법을 펼 때에 수많은 종도와 학자들이 운집했다. 백장과 남전 보원, 등은봉, 방거사, 영조(방거사 딸) 등 390인의 제자가 있었다. 8세기 중엽 중국 선종은 한국과 일본… 등에 전해졌다. 종풍宗風이 번성했고, 멀리까지 선풍이 미쳤다.

그 외에 마조가 보화사에 머물 때 자재, 제안 등이 마조를 참문했고 군수 배공裵公의 귀의를 받았다. 이 배공의 귀의로 말미암아 마조 교단이 크게 번창했다.

작은 도량으로 객당과 공양간이 있고 그 중간에 밭이 있어 승려들이 농사를 지어가며 수행하는 것처럼 보인다. 마침 대웅보전 불사를 하고 있는데, 올해 안에 불사가 끝날 것이라고 한다.

지금 중국의 많은 사찰들이 불사를 하고 있다. 이전 문화혁명 때를 비롯해 억압했던 종교에 대한 자유와 갈망이 승려들과 민중들의 가슴 속에 살아 있다가 봇물 터지듯 붐이 일어나고 있는 것이 아닌가 싶다.

도량에 들어서자 한 거사님이 불쑥 나타났다. 한국에서 온 승려라고 했더니 따라오라며 먼저 앞질러 간다. 따라 가보니 대각전大覺殿이라고 쓰인 당우였는데, 그 안에 서당 선사의 탑이 모셔져 있었다.

서당 선사는 보화사를 떠나지 않고 줄곧 이곳에서 머물며 법을 펴다가 817년 원적했다. 당나라 헌종이 대선교大宣敎라고 하사했으며, 8년 후 목종이 다시 호를 대각大覺, 탑 이름을 대보광大寶光이라 했다. 또한 옥석탑玉石塔이라고도 불린다. 그의 시호가 대각인지라 탑이 안치되어 있는 당우에 대각전이라는 편액이 걸려 있다.

탑 속에 서당의 상이 있고, 서당의 상 뒷면에 마조를 그린 초상화가 안치되어 있다. 너무 친근감있게 느껴져 몇 번이고 들여다보고 똑같은 사진을 몇 장이나 찍었다.

서당은 마조의 수제자 가운데 한 사람이다. 그 당시 서당은 황제 및 관리들과 가깝게 지냈던 귀족불교 성향의 유관惟寬 스님과는 달리 시골 지역에서 법을 펼쳤다. 유관이 마조계 선을 대표하는 북쪽의 선사라고 한다면, 서당은 남쪽을 대표하는 선사였다.

당나라 때 이상은이 쓴 사증당비四證堂碑[1]에도 신라의 무상(684~762년)[2]과 무주無住, 마조와 서당의 법맥을 주장하는 내용이 새겨져 있다. 그만큼 서당은 당시 마조 문하를 대표하는 제자였을 것으로 추측되나, 후대에 백장 문하 법맥이 강조되면서 그의 발자취가 가려졌던 것으로 보인다.

어느 날 서당, 백장, 남전 세 사람이 마조를 모시고 달맞이를 갔다. 그때 마조가 제자들에게 물었다.

"바로 지금 같은 때에 무엇을 하면 가장 좋겠는가?"

서당 지장은 "공양하는 것이 가장 좋겠습니다." 라고 답했고, 백장 회해는 "수행하기에 가장 좋겠습니다." 하고 대답했다.

그런데 남전만 소매를 뿌리치면서 그냥 가버리자, 마조가 말했다.

"경經은 장藏(서당)에게 들어가고 선禪은 해海(백장)에게로 돌아가는데, 오직 남전만이 사물 밖에 있구나(사물을 초월해 있다)."

이 일화는 후세 끽다거로 유명한 조주 종심(778~897년)에 대한 평가가 높아지자, 그의 스승인 남전을 부각시키고자 하는 일면도 엿보인다. 근래에는 마조 문하를 대표하는 수제자로 서당에 관한 연구가 학계에서 활발히 이루어지고 있다.

신라인 중에 서당의 법을 이은 세 제자가 있다. 도의道義(가지산), 홍척洪陟(실상산), 혜철惠哲(동리산)이 그들인데, 그만큼 서당과 한국불교는 밀접하다.

보화사 안내서를 보니 일본 승려들이 다녀갔다는 기록이 몇 곳이나 눈에 띈다. 황벽사에서 준 안내서에도 일본 승려들이 황벽탑 앞에서 제를 지내는 사진까지 있었다. 어떤 사찰은 한국 승려임을 밝히면, 일본 승려들은 간혹 찾아오는데 한국 승려는 처음이라며 꽤 반겨한다.

한국 성지순례단은 아직까지 조계종과 관련된 사찰을 참배하는 경우가 드물다. 있다고 하더라도 승려들에 한한 것 같다. 한국 불자들은 대체로 인도 성지순례나 중국 4대 불교성지 참배는 열심이다. 유명 관광지나 승려가 없는 관광사찰에서 먼지로 뒤덮인 부처님을 친견하고 중국불교를 조금 얕보는 경향도 있다.

하지만 중국은 불교를 받아들인 이래 수많은 경전을 한역했고, 당나라 때는 여러 종파로 발전했다. 그 중 하나가 선종인데, 한국은 인도불교를 받아들인 것이 아니라 중국의 한역 불교를 받아들였고, 중국 선종 선사의 법맥을 이어왔기 때문에 중국불교를 무시할 수 없는 상황이다. 그러니 앞으로 한국불교 간화선 확립은 물론이요, 조계종의 법맥을 짚어 가는데도 중국 선종사찰 순례가 필요하리라 생각한다.

보화사에는 별다른 유물이나 당우가 없다. 한국 승려가 왔다고 스님 한 분이 차와 과일을 내와 스님과 필담을 나누며 몇 마디 주고받았다. 스님께서는 이 절에서 발간된 책자와 기념품까지 손수 챙겨 주셨다.

사천왕문으로 나오니 노스님 두어 분과 거사님이 서 있었다. 사찰 참배를 하면서 노스님만 뵈면 보시금을 조금 드렸는데, 여러 분들이 함께 있어 개인적으로 보시금을 드리지 못하고 절을 떠나왔다. 노스님께 보시하지 못하고 떠나온 것 때문에 한동안 마음앓이를 했다.

서당의 한 제자가 죽자, 화장을 해서 장례를 마쳤다. 어느 날 그 제자가 서당에게 나타나 말했다.

"스님, 부디 제 목숨을 다시 찾아 주십시오."

서당이 말했다.

"그대는 진정 죽은 자인가, 산 자인가?"

"저는 죽은 자입니다."

"이미 자신이 죽었다는 것을 안다면, 그 목숨을 찾고자 하는 자는 누구인가?"

이후 죽은 제자는 서당 앞에 나타나지 않았다.

1 당나라 때 사천성 혜의정사에서 남선원南禪院 증당을 세우고, 당대의 명승인 무상 선사를 비롯하여 무주, 마조, 서당 지장의 진영을 모시고 공양했다는 내용이 851년 이상은이 쓴 『당재주혜의정사남선원사증당비唐梓州慧義精舍南禪院四證堂碑』에 기록되어 있다. 이 사증당비는 사천성 삼대현 동천진 장평산에 위치한 혜의정사慧義精舍(현 금천사)에 있었다고 하는데, 현재 비는 존재하지 않는다. **2** 무상은 신라국 왕자 출신으로, 출가하여 중국으로 건너갔다. 당에 들어가 현종(712~756년)을 알현하고 선정사에 배속되었다. 이후 무상은 사천 덕순사의 처적 선사를 친견하고자 손가락을 태우는 소지공양을 하였고, 처적에게서 법을 받은 뒤 천곡산에 들어가 좌선坐禪과 철저한 두타행頭陀行을 하였다. 무상 스님은 중국 선종의 일파인 정중종淨衆宗의 개조이다. 정중사淨衆寺(현 성도시 금선교 부근)에 주석하였으므로 절 이름을 따서 정중종이라고 한다. 무상은 오조 홍인 - 지선 - 처적 계의 선을 계승한 정중종의 개조開祖이며, 당시 사천불교를 대표하는 선종이었다. 그의 사상은 무억無憶, 무념無念, 막망莫忘의 3구句 설법과 독자적인 인성염불引聲念佛로 대중을 교화했다. 이에 무상은 염불선의 제창자이기도 하며 그의 가르침이 티벳까지 전해졌는데, 이는 티벳의 고사서古史書 『바세』에 기록되어 있다. 또한 무상은 중국에서 김화상으로도 널리 알려져 있으며, 중국의 오백나한 가운데 455번째로 조상彫像되어 있다.

남화선사

본래 한 물건도 없거늘
어디에 티끌이 묻을 것인가

6조 혜능의 전법도량 광동성 소관

● 조계 편액이 쓰인 문

강서성江西省 공주贛州에서 버스를 타고 광동성廣東省 소관韶關에 내렸다. 성을 넘어와서 그런지 꽤 많은 시간이 걸렸다. 드디어 강서성을 벗어나 광동성으로 온 것이다. 소관은 생각했던 것보다 꽤 번화한 도시다.

'한국불교조계종' 할 때 조계종曹溪宗이라는 명칭은 조계산曹溪山에 머물렀던 6조 혜능의 명칭을 딴 것인데, 이 소관시에는 6조 혜능六祖慧能(638~713년)이 머물렀던 조계산 남화선사南華禪寺가 있다.

남화선사는 중국불교의 저명한 사찰이요, 중국 선종의 조정祖庭 사찰이며 영남선림의 으뜸이다. 소관시韶關市 곡강구曲江區 성동城東에서 6킬로미터 떨어진 곳에 위치한 조계북안曹溪北岸, 보림산록寶林山麓은 영남 제일의 아름다운 곳이다.

남화선사는 위진남북조시대(502년) 때 창건되었다. 서역 고승 지략 삼장智藥三藏이 처음으로 이곳에 주하면서 사찰을 건립토록 하였고, 황제가 보림사寶林寺라 불렀다. 당나라 때 중흥사中興寺라고 하였고, 법천사法泉寺라고도 칭했다. 송나라 태조가 남화선사라는 이름을 내렸다.

6조 혜능에 관한 이야기는 너무도 저명하지만, 간단히 살펴보기로 한다.

혜능이 태어난 곳은 옛날부터 유배지로 유명한 영남 신주新州의 편전사片田舍다. 오랑캐 땅이라 불리는 고장에서 태어난 혜능은 속성이 노盧씨로써 권세 있는 집안의 후예라고 한다. 그는 홀어머니를 모시고 나무를 해서 파는 나무꾼이었다. 어느 날 그가 집으로 돌아가는 중에 잠깐 쉬어가기 위해 주막집에 들어갔다가, 방에서 한 스님의 『금강경』 읽는 소리를 들었다. 마침 그때 스님이 응무소주應無所住 이생기심而生其心이라는 구절을 읽었는데, 그 소리를 듣고 출가하기로 결심한다. 그 스님은 혜능에게 "5조 홍인에게 가서 깨달음을 구하라."고 일러 주었다. 혜능이 기주 황매산으로 가서 5조 홍인과 마주앉게 되었다. 먼저 홍인이 물었다.

"너는 어디에서 왔느냐?"

"저는 영남의 신주라는 곳에서 왔습니다."

"그곳은 오랑캐가 사는 지역으로, 너는 오랑캐에 불과한데 깨달을 수 있겠느냐?"

"불성에 어찌 남북의 구별이 있겠습니까?"

이에 홍인은 혜능의 그릇됨(根機)을 알아보고 "나가서 일이나 열심히 하라."고 했다. 혜능은 8개월간이나 방앗간에서 노동을 했다. 이때 힘이 달려 허리에 돌을 매달고 방아를 찧었다 한다.

어느 날 홍인은 제자들에게 게송을 한 수 지어오라고 했다. 이 게송을 보고 깨달음의 인가를 받을 만한 제자에게 가사와 발우를 전수하겠다는 의미이다. 며칠 후 홍인의 수제자였던 대통 신수大通神秀(606~706년)는 다음과 같은 게송을 지어 기둥에 붙였다.

몸은 보리의 나무요 身是菩提樹

마음은 밝은 거울대와 같다 心如明鏡臺

때때로 부지런히 닦아서 時時勤拂拭

때가 끼지 않도록 할지어다. 勿使惹塵埃

당시 행자였던 혜능도 게송을 지었다.

● 조사전 조사(앞줄은 지략 삼장과 혜능, 뒷줄은 초조 달마에서 5조 홍인까지 모셔져 있다)

● 예불을 하고 있는 남화사 승려들과 재가불자

보리는 본래 나무가 없고 菩提本無樹

밝은 거울은 또한 대가 아니다 明鏡亦非臺

본래 한 물건도 없으니 本來無一物

어느 곳에 티끌이 있으리오 何處惹塵埃

혜능의 게송을 본 5조 홍인은 혜능에게 몰래 전법의 증표인 가사와 발우를 전수했다. 혜능은 의발을 들고 영남지방으로 되돌아갔다. 홍인으로부터 법을 받은 때가 677년으로 그가 조계산으로 와서 36년간이나 가르침을 폈고 제자들을 지도하였다.

한순간에 단박 깨닫는다는 돈오頓悟 법문을 열기 시작한 곳으로 남화사는 중흥을 이루었고, 6조 혜능으로부터 위앙종, 임제종, 조동종, 법안종, 운문종 등 5가가 이루어졌다. 이를 일컬어 일화오엽一花五葉이라 한다. 즉 한 꽃에서 다섯 봉우리가 형성되었다는 뜻이다.

소관 기차역 앞에서 남화선사 가는 버스를 타니 20여 분 만에 도착했다. 절 앞 삼문식 패방이 이 사찰의 면모를 알 수 있게 할 정도로 위엄있어 보인다. 도량 내로 들어서니 혜능 선사가 머물렀던 사찰답게 도량의 면모가 잘 정비되어 있어 눈이 휘둥그래질 정도였다. 마침 오후 4시인데 100여 명의 스님들과 신도들이 저녁예불을 올리고 있다.

대웅보전 뒤편에는 천승과千僧鍋라고 쓰인 솥이 안치되어 있다. 천인과千人鍋라고도 하는데, 높이 160센티미터, 솥 내부의 지름이 209센티미터로 크고 견고하다. 이 솥은 원나라 1338년 무렵 제조되었는데, 천여 명이 밥을 먹을 수 있는 정도의 철로 만든 솥이라고 하니, 이곳에 얼마나 많은 승려가 상주했던 총림이었는지는 미루어 짐작해 볼 수 있다.

당나라 때 이후 남화선사는 전쟁과 화재로 인해 몇 번이나 쇄락을 거듭했고, 명나라 때 감산憨山 대사가 다시 사찰을 일으켜 세웠다. 근대의 중국 대선사로 알려진 허운 화상이 1933년 이 사찰에 상주하면서 수행도량으로 면모를 가꾸었다. 문화혁명 이후 남화선사는 정부의 도움과 불자들의 힘으로 불사를 거듭하며 새로운 모습으로 태어났다. 현재 200여 명의 승려들이 모여 사는 대가람이다.

조사전에 들어서니 앞줄에 지략 삼장과 6조 혜능의 상이 있고, 뒷줄에는 초조 달마를 중심으로 2조 혜가부터 5조 홍인까지 상이 모셔져 있다.

영조탑靈照塔은 원래 혜능의 진신眞身을 모신 탑으로 당나라 현종(718년) 때 건립된 전탑이다. 그 후 훼멸되어 송나라 때 8각 5층 전탑으로 원형을 복원했다. 탑 밑의 지궁地宮에는 지장보살을 모셨고, 왼쪽에는 도명 화상의 상, 오른쪽에는 남화사를 짓는 데 보시한 민공閩公이 서 있다.

혜능의 진신상은 6조전에 모셔져 있다. 혜능은 원래 713년 광동성 신흥현 국은사에서 입멸했다. 얼마 후 시신을 남화사로 옮겨 왔다. 6조의 시신을 제자들이 옻칠을 하고 향을 발라 관에 넣어 영구보존했다. 이후 원적 29년 후인 742년에 영조탑을 건립하고 육신상을 봉안했다. 탑비의 비문은 소주(현 샤오관) 자사가 지었다. 이후 탑 내부에 있던 육신상을 6조전 당우 안으로 옮겨 모셨다.

오후 5시가 다 되어 6조전 담당 스님이 당우 문을 잠가 버렸다. 마침 관광객 10여 명이 6조 당우 앞으로 들어왔다. 이들은 스님께 문 열어 주기를 청

● 혜능 진신상
●● 6조대감 진공보각 원명광조 선사라고 쓰인 비
●●● 혜능 진신상 앞에 올려진 공양물

했다. 스님은 내게 눈짓으로 동의를 구하는 표정이다. 이때는 가만히 있는 것이 상책이다 싶으면서도 눈빛으로는 열기를 청했다. 마침내 스님이 문을 열어 주면서 내게만 안으로 들어가서 참배하라고 한다. 중요 문화재가 있는 법당은 신도들이나 일반 관광객은 들어가지 못하게 되어 있으며 사진 촬영도 금한다. "한국 신도들과 승려들이 존경하는 선사이니 꼭 찍게 해 달라."고 요청을 하고 죄인 심문 당하는 심정으로 몇 장 찍었다.

6조전 안에는 혜능의 진신좌상眞身坐像이 모셔져 있고, 그 앞에 6조대감六祖大鑑 진공보각원명광조眞空寶覺圓明光照 선사禪師라고 쓰인 위패가 모셔져 있다. 이전에 가끔 사진으로만 보아오던 진신상을 눈으로 직접 보니 실감나지 않았다. 몇 번이고 눈을 의심하며 바라보았다.

이 사찰에는 유물이 여럿 있는데, 964년에 천근의 청동으로 주조된 종이 있으며, 청나라 때 조성된 천불철탑千佛鐵塔, 역대 황제들이 내린 조서, 금으로 수놓아진 천불가사金繡千佛袈裟, 금서金書 『대장경전大藏經典』 등이 있다.

저녁공양을 마치고 절 뒤편으로 나가니 오솔길과 고목이 어우러진 극락같은 울창한 숲이 있었다.(향수에 젖을 정도로 잊지 못하는 곳이다) 이곳에서 스님네들이 삼삼오오 짝을 지어 법담을 나누고 있다. 혜능이 이곳에 와서 물이 나오지 않자 주장자로 땅을 치니 물이 솟았다는 탁장천卓錫泉이 있고, 샘 옆에는 높이 40여 미터의 수송水松이 있는데, 세계적으로 유명한 진귀한 수목이라고 한다. 또한 지략삼장기념관, 허운화상기념관과 사리탑이 있다.

보리자성은 본래 청정한 것이니 菩提自性本來淸淨
다만 그 마음을 쓰기만 하면 바로 성불이니라 但用此心直了成佛

이 게송은 혜능의 영조 탑에 새겨진 게송이다. 『육조단경』에도 쓰여 있다. 인간은 도를 닦아서 부처가 되는 것이 아니라, 원래 깨달은 성품이므로 이를 단박에 알아차리면 된다는 돈오頓悟의 입장을 천명한 글이다.

6조 혜능의 발자취를 두고두고 간직하고 싶어, 이 도량에서 3일을 머물렀는데도 떠날 때는 뭔지 모를 섭섭함이 가슴 한켠에 자리 잡는다. 대 선지식의 진신상을 친견하고, 그가 살아 숨쉬는 도량에 머물렀어도 매양 그 자리에 자리잡고 있는 나의 무명 번뇌 때문에.

● 남화사 삼문식 패방

대감사

선도 생각하지 말고
악도 생각하지 말라

『6조단경』 설법도량 광동성 소관

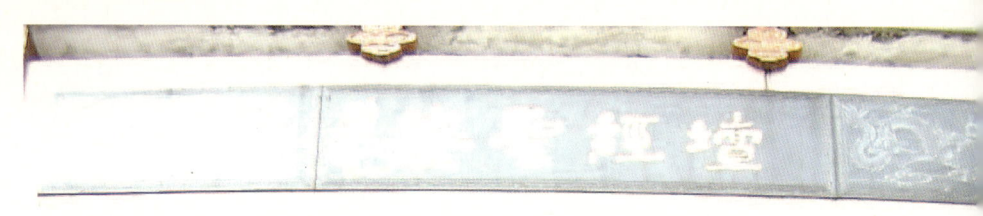

● 대감사 입구(맨 상단에 단경성지라고 쓰여 있다)

6조 혜능이 5조 홍인으로부터 전법의 증표인 가사와 발우를 전수받았는데, 홍인은 의발을 전수받은 혜능이 다른 제자들에게 해를 당할까 염려되어 새벽에 직접 그를 전송해 보냈다. 다음 날 아침, 5조 홍인의 법이 노행자(6조)에게 전해져 의발을 들고 떠났다는 소리를 듣고 몇몇 승려가 뒤쫓아가 의발을 뺏으려 했다.

이때 4품 장군이었던 혜명慧明 화상은 기골이 장대하고 힘이 세었으므로 제일 앞장서서 혜능을 쫓았다. 마침 그때 혜능은 대유령이라는 고갯길을 오르고 있었다. 혜명이 뒤에서 소리치며 말했다.

"노행자여, 걸음을 멈추어라."

혜능이 이 말을 듣고 가사와 발우를 바위 위에 얹어 놓으면서 말했다.

"이것을 가져가라."

그런데 혜명이 가사와 발우를 들려고 하자, 의발이 꼼짝도 하지 않았다. 혜명은 순간 혜능이 의발을 전수받을 만한 선지식임을 알아채고, 말했다.

"노행자님께서는 의발을 전수받을 만한 분이십니다. 제게 좋은 가르침을 하나 주십시오."

"선도 생각하지 말고〔不思善〕 악도 생각하지 말라.〔不思惡〕 바로 이러한 때에 어떤 것이 명상좌의 본래면목本來面目인가?"

이때 명상좌가 크게 깨닫고 다시 물었다.

"지금 말씀하신 것 말고 또 다른 은밀한 가르침이 있습니까?"

"그대에게 설한 것이 곧 은밀한 것이니, 그대가 만일 돌이켜 비춰보면 은밀함이 그대에게 있느니라."

남화선사南華禪寺에서 소관韶關으로 가는 버스를 탔다. 소관시로 나가야 혜능이 『육조단경』을 설했다는 대감사大鑑寺로 갈 수 있기 때문이다. 혜능이 가사와 발우를 받고 영남으로 내려가다 혜명에게 법을 설하는 장면을 머릿속에 그리다 보니 벌써 소관시에 도착했다. 대감사를 찾아가고 참배하는 시간을 3시간 가량 배정했다. 소관 기차역에서 내려 택시를 타고 대감사로 가자고 해놓고, 한참을 달리려니 했는데 겨우 3킬로미터 정도를 오더니 내리라는 것이다. 더군다나 사찰은 시장 한복판에 위치해 있었다. 엄청 큰 도량을 연상하며 찾아왔건만, 대웅보전과 요사채 뿐인 매우 작은 사찰이다.

사천왕문 가장 상단에 단경성지壇經聖地라고 쓰여 있고, 대감선사大鑑禪寺라고 쓰인 대문 양쪽에는 대당성세개보소大唐盛世開寶所, 감조수기연단경鑑祖隨機演壇經이라는 대련이 걸려 있다. 바로 당나라 때의 6조 스님이 이 곳에서 『육조단경』을 설했다는 뜻이다.

혜능이 보림(남화선사)에 머물자 소주韶州(현 샤오관) 자사刺史 위거韋璩가 관료들과 함께 찾아와 대범사大梵寺에서 법을 설해 줄 것을 청했다. 당시 혜능이 대범사 강당에서 법을 설할 때 자사 및 관료 30여 명, 유학자 30여 명, 스님들과 일반 재가자 등 모두 합쳐 천여 명이 모였다. 이때 법을 설한 내용이 바로 『육조단경六祖壇經』[1]이다.

대감사는 원래 대범사大梵寺였는데 혜능이 이곳에서 법을 설했다는 것을 기리기 위해 6조의 시호(대감)로 절 이름을 바꾼 것이다.

돈황본 『육조단경』을 통해 혜능의 사상을 간단하게나마 알아보자. 일본 선학자 세끼구치신다이關口眞大는 혜능의 기본 선사상을 이렇게 말했다.

첫째, 반야바라밀般若波羅蜜을 설하고 있으며, 반야바라밀은 오로지 『금강경金剛經』에 기초하고 있고, 반야삼매般若三昧는 일행삼매一行三昧라고 칭하고 있으며, 이들 사상의 핵심은 무념無念으로서 근본을 삼는다.

둘째, 정혜일체定慧一體 사상을 설하고 있다.

셋째, 무상계無相戒를 주고 있다.

넷째, 좌선坐禪을 배격하고 있다.

필자의 견해로는 『육조단경』에서 내포하는 사상은 본래 구족되어 있다는 자성청정심自性淸淨心과 돈오견성頓悟見性 및 반야사상, 그리고 구체적 실천인 무념무주무상無念無住無相이라고 생각한다.

『육조단경』에서 혜능은 이렇게 말하고 있다.

> 자성청정한 본성만이 반야의 지혜를 갖추고 있다. … 자성은 본래부터 청정하며, 본래부터 생멸生滅이 없고, 본래부터 갖추고 있으며, 자성은 능히 일체 모든 법을 일으킬 수 있다. … 이 자성을 모르면 곧 중생이요, 자성을 알면 곧 부처다. … 마음만 청정하면 곧 이것이 자성의 서방정토이다.

오직 청정한 마음을 지니면 그 자리가 바로 정토라는 유심정토唯心淨土의 사상도 엿볼 수 있다.

자성이란 사람 마음의 본성을 가리키는 말인데, 진여라든가 불성이라는 말과 같은 것이다. 대개 자성청정심으로 불리우며, 여래장如來藏 사상이라고도 할 수 있다. 여래장과 불성은 같은 의미라고 보아도 무방하다. 중국에 와서 불성이란 말이 더 많이 쓰였고, 불성을 처음 사용한 경전은 『열반경』으로 선종 역사에서 견불성見佛性이 견성見性으로 바뀐 것이다.

혜능이 설하는 견성이란 부처가 되는 인자因子를 가지고 있거나 부처가 될 가능성이 아니라, 내가 바로 부처인 것을 아는 것이 결국 돈오頓悟라는 것이다. 이러한 견성은 바로 혜능선을 뜻하는 돈오이며 점점 닦아 깨닫는다고 하는 대통 신수大通神秀(606~706년)의 점수漸修 사상을 정면으로 부정한 것이다.

혜능의 손자뻘인 마조도 "수행자는 자성을 누구나 갖추고 있는 것이므로 선악에 끄달리지 않는 사람이어야 한다."고 설했다. 『육조단경』에는 반야지혜에 대해 이렇게 설해져 있다.

> 모든 반야지혜는 자성을 좇아서 난 것이요, 밖으로부터 들어오는 것이 아니다. … 반야는 지혜인데 일체시중에 있어 한 생각 한 생각이 어리석지 않고, 항상 지혜로 실행하는 것을 곧 반야행이라 한다. … 모든 때 행주좌와 어묵동정을 통해서 언제나 유일한 직심直心을 행하는 것이 일행삼매一行三昧이다.

직심은 『유마경』에 설해져 있으며 『기신론』에도 보이는 말이지만, 여기서는 근원적인 일심一心에 뜻을 두고 있다. 일행삼매는 곧 반야삼매인데, 이 반야삼매에 들기 위해서는 곧 반야바라밀을 닦아야 한다고 설한다. 이러한 반야삼매를 깨달은 것이 무념無念이다.

나의 법문은 종래 모두 무념을 세워서 기초로 삼고, 무상無相을 체體로 하며, 무주無住를 근본으로 삼는다. 무상은 모양에 있어서 모양을 여읜 것이요, 무념이란 생각에 있어서 생각하지 않는 것이다.

무념은 모든 외부 경계에 물들지 않는 것으로 일체 망령된 생각이 없어진 본래의 상태를 말하며 일체 모든 법을 보면서도 모든 법에 집착하지 않는 것이며 모든 공간에 두루하면서도 어디에도 걸리지 않는 것을 무념의 실천행으로 하고 있다. 즉 무념설은 자성이 청정한 진여의 본성이 반야의 지혜를 갖추고 있으며 그러한 본성을 자각하는 것이 돈오견성頓悟見性이고 모든 망념이 일어나지 않는 진여 본래의 입장을 무념이라고 주장한다.

대감사에서 나와 이틀 후 예정지인 광주행 기차표를 예매하기 위해 줄을 섰다. 여행자들은 귀찮아도 가능한 기차표를 기차역에서 끊는 것이 경제적이다. 보통 숙소에서 기차표나 비행기표를 대행해 주기도 하는데, 그들의 중간 마진이 너무 많다. 일전에 숙소에서 기차표를 예약하다가 서로 말이 통하지 않아 아예 가까운 기차역에 가서 끊은 적이 있다. 이때 숙소에서 140원(한국돈 18,000원)이라고 했는데, 막상 기차역에 가서 끊으니 82원(한국돈 10,000원) 밖에 되지 않았다. 외국인으로 차표를 끊는 것은 쉽지 않은 일이다. 하지만 시행착오를 겪으면서 공부하는 셈치고 시도해 보는 것도 좋을 듯 싶다.

처음부터 "나는 외국인이니 바빠도 천천히 말해 달라."고 직원에게 먼저 말을 해둔다. 그리고 필요한 목적지와 날짜, 시간, 좌석인지 와석인지²를 한문으로 적어 두었다가 직원이 알아듣지 못하면 메모한 것을 보여 주면서 꼭 확인해야 한다.

---

1 『육조단경』은 여러 본이 있고 그 내용도 조금씩 다르다. 내용은 북종선에 대하여 남종선의 독립을 선언한 것으로 돈오頓悟 견성見性의 사상을 설하고 있다. 하택 신회荷澤神會(670~762년)가 입적한 뒤에 정리된 것이며, 오히려 신회를 비판하는 의미도 담고 있다. **2** 중국의 기차는 침대가 있는 잉워硬臥(딱딱한 침대차)와 란워軟臥(푹신한 고급침대)가 있다. 좌석에는 잉주워硬座(딱딱한 의자)와 란주워軟座(푹신한 의자)가 있다. 또한 매우 빠른 시간에 도착하는 트어콰이特快와 작은 역마다 정거하는 푸콰이普快가 있다.

04
대각사 · 별전사 · 광효사 · 육용사 · 전법원(마경대) · 복엄사 · 남대사

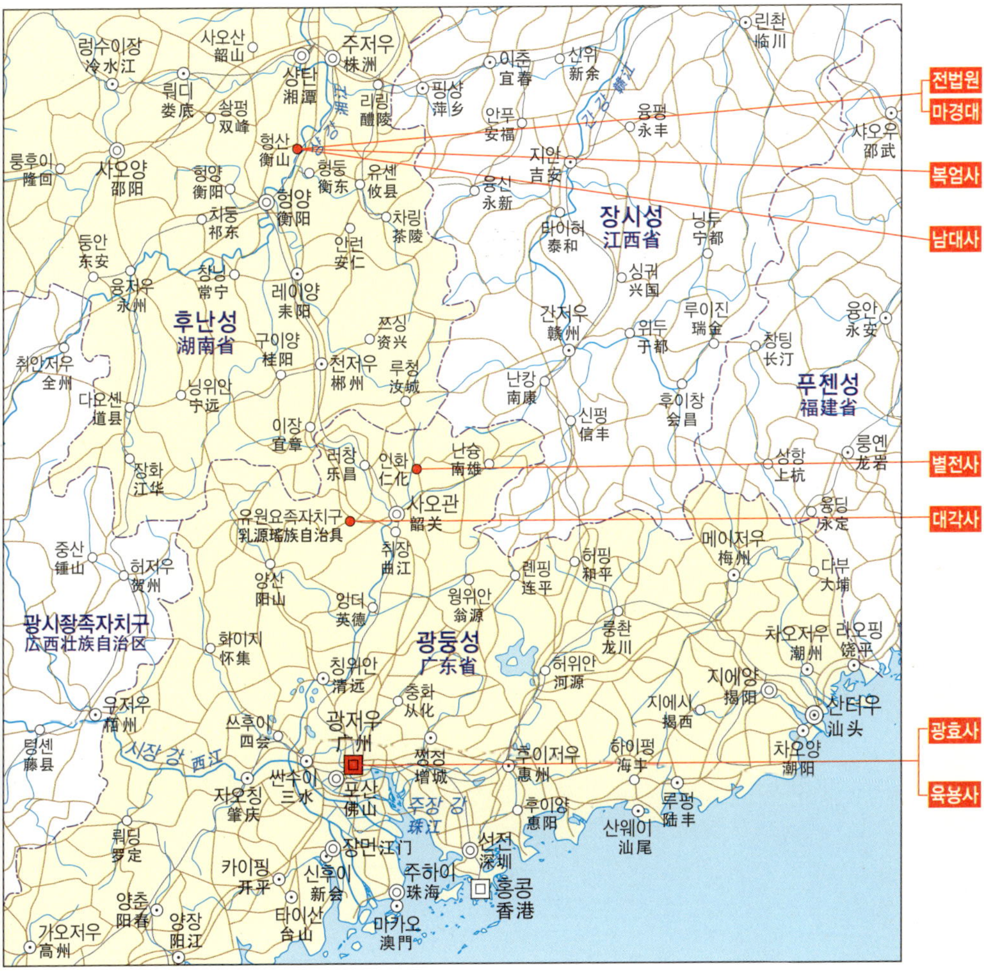

● 대각사 승려들

대각사
날마다 날마다 좋은 날

운문 문언 광동성 유원

● 대각사 삼문식 패방

선종 5가 중의 하나인 운문종의 발상지 운문사雲門寺를 가기 위해 소관韶關으로 향했다. 소관 기차역과 매우 가까운 버스정류장에 가면 운문사까지 가는 직행버스가 있다. 버스를 타고 2시간 정도 달렸는데 안내원이 내리라고 해서 하차하니, 사람이 별로 살지 않는 조용한 곳이다.

운문사는 광동성 유원乳源현에 위치해 있는데, 소관에서 50킬로미터 정도 떨어진 곳이다. 절만 덩그렇게 보이고 사방이 산으로 둘러싸여 있으며 논밭이 전부다. 정거장 바로 앞에 운문사라는 편액이 있어 들어갔더니 비구니 도량이라 조금 의아했다. 객당에 들어가서 스님과 몇 마디 주고받고서야 의문이 해결되었다.

운문사는 비구니 스님이 150여 명 상주하고 바로 뒤편에 대각선사大覺禪寺가 있는데, 그곳이 본찰로서 비구 스님이 300여 명 상주한다는 것이다. 이왕 운문사에 왔으니 도량을 둘러보기로 했다. 도량은 중국 사찰답지 않게 너무 깨끗해 부담스러울 정도이다. 사람도 지나치게 깔끔 떠는 것보다 조금 지저분해 보이는 것이 다른 사람에게 친근감있게 보이리라. "물이 너무 맑으면 고기가 살지 못한다."고 하듯이 성격도 지나치게 대쪽같거나 타인을 용서하지 못하면 늘 외로운 법이다. 운문사는 대웅보전을 중심으로 스님네들의 각 방이 회랑처럼 길게 늘어서 있다.

한국의 대중사찰에서는 개인 방을 갖지 않고 큰 방에서 대중이 함께 머무는 것이 일반적이다. 중국은 선방에서 좌선하고 그 자리에 누워 자는 경우도 있는데, 이런 경우는 옛날 건물만이 남아 있을 뿐이고 대부분이 각자 개인방을 소유하고 있다.

대웅전에 들어가 보니 백옥으로 된 부처님을 중심으로 한아름 가득 꽃이

● 대각사 동자승들

장식되어 있다.

'꽃방석에 앉은 부처님, 중생들에게 자비를 베푸소서!'

운문사 뒤편에 위치한 대각사로 가려면 10분 정도 걸어가야 한다. 대각사로 가는 길녘에서 보니 운문사 비구니 스님들이 밭에서 울력을 하고 있다. 승려가 농사짓고, 밭을 가꾸는 모습을 몇 번이나 보았지만 또 목격하니, 선풍禪風이 살아 숨쉬는 듯해서 마음이 뿌듯하다.

운문사는 당나라 때 운문 문언雲門文偃(864~949년)이 절을 창건했다. 그는 절강성浙江省 가흥嘉興 출신으로 어려서부터 출가하기를 희망했으며, 다른 아이들보다 유난히 똑똑했다고 한다. 7~8세 무렵 출가하여 15세에 구족계를 받았으며, 처음에 황벽 문하의 목주睦州를 참례했다. 얼마 후 목주는 문언에게 설봉 의존雪峰義存(822~908년)을 찾아가 공부할 것을 권유했다.

문언은 설봉 문하에서 수행한 뒤 얼마 후 그의 법을 이어받았다. 설봉의 법맥으로부터 문언이 일으킨 운문종과 법안 문익法眼文益(885~958년)이 일으킨 법안종이 형성되었다.

문언이 수행할 당시에는 선종이 어느 정도 발전한 단계였는데, 운문종과 법안종 성립으로 인해 선종 최고의 전성기가 형성되었다고 볼 수 있다. 문언의 나이 60세에 운문산에 광태선원光泰禪院을 창건하고 가르침을 펴면서 운문종이 천하에 드러나게 되었다.

일반적으로 5가 중 3가인 조동(종) 사민士民, 임제(종) 장군將軍, 운문(종) 천자天子라 한다. 운문천자라 칭하는 것은 황제의 소칙과 같이 한 번에 결정되어 다시 묻거나 응답하지 않는 간결하고 분명한 어조로 제자들을 지도했기 때문이다.

"부처란 무엇입니까?"
"똥막대기이니라.〔乾屎厥〕"

"모든 부처가 나온 곳이 어디입니까?"
"동산이 물위로 간다.〔東山水上行〕"

"선禪이라는 것은 어떤 것입니까?"
"시是.('예' 라는 대답)"

"도란 무엇입니까?"
"득得.(좋습니다)"

　이렇게 운문은 제자들을 제접할 때 짧은 어구로 대답하고 그들을 지도했다. 그래서 운문종 사상은 시적이고 철학적이며, 함축성이 담겨 있어 선과 문학의 결합이라고도 한다. 또한 1구나 2구, 3구 등 짧은 문구로 대답한다고 해서 운문종의 종풍을 일자관一字關이라고 한다.
　대각사 문앞에 이르니 3문식 패방 위로 보이는 운문산과 하늘이 조화를 잘 이루어 장관이다. 날씨까지 쾌청하니, 막연히 사람이 그립다. 인생이란 기나긴 여행이요, 고독의 연장이다. 나는 늘 이런 외로움을 자청해 살아온 것 같다. 주책맞게도 나는 순례자같지 않은 감상 때문에 나를 힘들게 한다.

마침 절에 들어가니 스님네들이 점심공양을 하고 있다. 창문 안으로 머리를 넣어 들여다보고 싶지만 참았다. 창문 밖에서 보니 250여 명이 넘는 스님네들이 게송을 외고 공양을 하는데 가히 천상의 소리이다.

대웅보전 내에는 벽에 도자기로 빚어진 대형 벽화가 있다. 이 벽화에는 18나한과 24제천諸天의 형상이 조각되어 있는데, 도자기로 해 놓은 벽화는 처음 보는지라 매우 선명하고 나한님이 살아 있는 것처럼 생동감 있다.

조사전에 들어가니 운문 문언의 좌상이 유리관 안에 안치되어 있다. 사진을 찍어도 유리에 비친 빛 때문에 사진이 별로 좋지 않아 여러 각도로 자그마치 10장을 찍어 겨우 한 장 구했다. 운문의 탑이 없기 때문에 운문상이나마 제대로 간직하고 싶었다.

대각선사는 속칭 운문사라고 칭한다. 류우엔乳源 요瑤족 자치현 자운봉 아래 위치하는 운문종의 종조 사찰로서 1100년의 역사를 간직한 곳이다. 이 절은 많은 문화재를 보유하고 있다.

957년 대한大漢 소주韶州 운문雲門 광태선사光泰禪寺 광진대사匡眞大師 보성명병서寶性銘幷序 및 964년에 세워진 대한大漢 소주韶州 운문산雲門山 대각선사大覺禪寺 운광성홍명대사雲匡聖弘明大師 비명병서碑銘幷序 탑비 등이 있다. 두 개의 탑비로 인해 운문사의 천여 년 역사를 알 수 있다고 한다. 청나라 말기 들어 사찰이 폐허가 되었다.

1943년 허운 화상이 남화선사 도량을 일으켜 세운 뒤에 대각사 도량도 정비했다. 이후 문화혁명(1967~1976년) 때 이 사찰은 철저하게 파괴당했다. 완전히 폐허가 되어 방치되어 있다가 1982년 정부의 도움과 불원 화상이 상주하며 다시 일으켜 세웠다.

절 도량을 다 살펴보고 나오니 연못이 있다. 연못 옆으로 또 다른 건물이 있다. 그곳에는 7세에서 10세 안팎의 동자승들이 40여 명 산다. 10대 중후반의 승려들까지 치면 100여 명은 넘는 듯했다. 멀리서 보니 동자승들끼리 싸우고, 장난감을 가지고 놀기도 하며, 침대에서 뛰어노는 폼이 영락없는 어린아이다. 한 동자승은 승복을 입은 채로 연못에 들어가 수영을 한다. 사찰 몇 곳에서 동자승을 많이 보았는데, 이들은 세속의 의무교육을 받지 않고 절에서만 생활한다.

이 절에도 허운기념당과 사리탑이 있어 참배하고 사천왕문 입구 가까이에 위치한 탑림으로 올라갔다. 옛 탑은 6~7좌 정도인데, 청나라 때 승려 탑으로 그 중 사리탑도 몇 좌 된다. 문언의 탑이 없다는 것을 알고 있던 터라 찾아보지도 않았다. 현재 도량 내에 있는 운문문언비는 근래에 새로 세운 것이다.

　　　　운문 선사가 제자들에게 말했다.
　　　　"보름 전의 일은 묻지 않겠다. 오늘부터 보름 이후의 일을 표현할
　　　수 있는 시구를 하나씩 지어 오너라."
　　　　제자들은 머리를 쥐어짜며 시구를 지으려고 했으나 머리에 떠오르
　　　지 않았다. 운문은 제자들에게 짧은 구절 하나를 써 보였다.
　　　　"날마다 날마다 좋은 날.〔日日是好日〕"

단하산 별전사

하늘과 산봉우리가 맞닿은 곳

담귀, 천연 광동성 인화

● 별전사

● 면석암

　소관 기차역과 10분 거리에 위치한 버스정류장에 가면 단하산丹霞山 가는 직행버스가 있다. 어제 운문사 갈 때 왔던 그 버스정류장이다. 단하산은 생각지도 못했고 원래 계획에도 없었다. 소관 지도를 보니 단하산에 대한 소개가 있었다. 그 산에 별전사別傳寺라는 큰 절이 소개되어 있기에 지레 짐작으로 당나라 때의 단하 천연丹霞天然(739~824년)이 머물렀을 것으로 단정했다. 대체적으로 중국 승려 이름은 그 승려가 머물렀던 산이나 장소를 붙이기 때문이다. 그 유명한 당나라 때 단하 천연 선사의 숨결이 깃든 별전사 도량이기에 마음이 한껏 부풀었다.

가방은 무거워 소관 기차역에 돈을 내고 맡겼다. 오후 늦게 찾을 예정이다. 오후 5시발 광주廣州로 가는 기차를 타야 하고, 그 시간까지는 단하산을 다녀올 수 있을 것 같다. 중국은 기차역이나 버스터미널 부근 어디나 짐을 맡길 수 있다. 여행 중 오후 늦게 기차나 버스 탈 때 시간이 어정쩡한 경우에 가방을 맡기고 목적지를 다녀오거나 시장을 찾는다.

단하산은 광동성 소관의 명승고적으로 유명한 관광지다. 이곳은 중국 홍석紅石공원 또는 단하산丹霞山 풍경명승구風景名勝區라고도 칭한다. 이 산은 소관시 인화仁化현에서 9킬로미터 떨어진 곳에 위치해 있다. 단하산 입구에 오니 관광명소답게 사람들이 엄청나다. 특히 단체 관광객이 많았다. 단하산 풍경구는 상·중·하로 나뉜다. 상층에는 장노봉長老峯과 해라봉海螺峯, 옥주봉玉珠峰 등이 있다.

먼저 가고자 목적했던 중층에 위치한 별전사를 참배하기로 했다. 입구에서 1시간 정도 올라가야 한단다. 과연 어떤 모습으로 사찰이 배치되어 있을지 궁금해하며 올라갔다. 겨우 3월 중순인데 웬 날씨가 이렇게 더운지 알 수가 없다. 요즘 온도가 27~28도라고 한다. 북경은 5월 초까지 추운데 남방은 가는 곳마다 꽃이 활짝 피었고, 초목은 아기 새싹을 틔워 얼마나 예쁜지 모른다.

그 추운 겨울 12월에 북방을, 늦여름에 중부지방을, 아름답기로 유명한 항주와 소주 및 황산을 늦가을에 여행했는데, 이번 봄의 남방 여행은 또 다른 묘미를 느끼게 한다. 몇 개월 사이에 4계절을 다 맛본 셈이다.

별전사에 도착해 대웅전과 관음전을 참배하고, 조사전을 찾아가 단하 선사의 모습을 보려고 애썼지만 조사전 당우를 찾을 수 없었다. 객당에 들어가서 이 절에 대한 연원을 묻고 사찰 안내서를 구해 읽어보니, 이곳은 당나라 때의 단하 천연 선사가 머물던 곳이 아니었다. 이때 받은 충격과 실망은 이만저만이 아니다. 그래도 잠시나마 천연 선사의 모습을 떠올리게 했다는 점에 위안을 삼을 뿐이다.

별전사는 1662년 청나라 때 담귀澹歸 선사에 의해 창건되었다. 해운사의 천연 선사가 와서 법을 전하니 선종의 대총림이 되었다. 문화혁명 때 폐허가 되었다가 1976년 이래 승려들이 거주하며 다시 도량의 면모를 갖추었다. 현재도 선종 사찰로서 스님네가 70여 명 상주한다.

하층에는 면석암綿石岩이라고 불리는 암자가 있다. 별전사를 내려오면서 면석암으로 향했다. 왜 암庵(암자)자를 안 쓰고 암岩(바위)자를 쓰는지 의아해 하며 면석암을 향해 걸었다. 등산하는 길녘에서 면석암 팻말을 보고 그 방향으로 20여 분 정도 옆길로 빠져 걸었다. 가는 길녘이 마치 저녁 공양 후 산책하는 데, 딱 알맞은 길이다. 길 양쪽에는 대나무의 울창한 푸르름, 중간중간에 있는 승려들의 작은 탑들, 거대한 바위에서 떨어지는 물방울 등 산사를 찾아가는 기분을 한껏 돋군다고나 할까?

면석암에 도착하니 이곳은 비구니 도량이다. 면석암은 대략 100미터 정도의 긴 천연 바위 동굴을 이용해 칠불전, 관음전과 대웅보전, 요사채가 연결되어 있다. 절에는 30여 명의 비구니 스님들이 상주한다. 이곳에서 바라본 단하산의 모습이 정말 유명한 풍경구라고 할 만큼 아름다운 모습이다. 남아의 씩씩한 기상다운 기암괴석, 하늘을 배경으로 펼쳐진 병풍 같은 초목과 봉우리들, 산과 산을 가로질러 흐르는 강물….

어쨌든 이 단하산은 꼭 한 번쯤 들를 만한 곳이다.

● 단하사 풍경구

광효사, 육용사
바람이 움직이는 것도 깃발이 움직이는 것도 아니다
6조 혜능의 삭발도량 광동성 광주

● 광효사 도량 내 보리수

광동성廣東省 소관韶關에서 기차를 타고 4시간 만에 광동성 광주光州에 내렸다. 유명 관광지 광주에 도착하니 대도시답다. 보름 가까이 고요한 산사와 시골에서 보내다 도시로 나오니, 시끌벅적한 이곳에서 어떻게 지내나 싶다.

광주는 광동성의 성도로서 한나라 때부터 해외무역 중심지였고, 당나라 때는 바다의 실크로드 기점이기도 했다. 한편 19세기 말에서 20세기 초까지 구미 열강으로부터 침략받은 관문으로, 중국인에게는 치욕스런 곳이기도 하다. 몇백 년 전부터 해외로 나간 화교들은 광주에 투자를 많이 했고, 중국의 문화·경제 개방정책에도 한몫했다. 중국의 화교들은 고향에다 투자를 함으로써 중국 경제에 많은 도움을 주고 있는데, 과연 한국의 해외 교포들은 어떤지 궁금하다. 또한 중국 내 몇몇 사찰은 화교들이 낸 시주로 불사가 이루어지는 경우도 있다고 들었다.

광주는 음식으로도 유명한 곳이다. 광동요리는 중국의 4대 요리 중에서도 최고라고 할 만큼 뛰어나다. 하기야 중국인은 다리가 네 개 달린 책상과 날아다니는 비행기, 헤엄치는 잠수함만 빼고 모든 것을 요리해 먹는다고 할 정도로 요리 천국이다. 프랑스(?) 어느 대학 캠퍼스 안에 있는 작은 호수에 백조 한 마리가 떠다녔다. 중국 유학생이 그 백조를 잡아 요리를 해먹고 룸메이트에게 자랑스럽게 얘기까지 했단다. 결국 그 학생은 요리사건으로 인해 학교에서 쫓겨났다는 기사를 인터넷에서 본 적이 있다.

성인이라 추앙받는 노자도 "성인은 배腹를 위해야 하며 눈眼을 위해서는 안 된다."라고 했을 정도다. 공자나 소동파도 굉장한 미식가였다고 전한다.

나는 솔직히 계율을 철저히 지키는 율사도 아니고, 음식에 대한 관심도 없다. 내게 있어 음식이라는 존재는 배만 채우면 되는 것으로 뇌에 인식되어 있는데다, 음식 맛도 잘 모르고 미식가도 아니기에 음식을 맛보기 위해 시간과 돈을 쓸 필요가 없다. 다만 이 번화한 광주에 온 이유는 유명한 고찰 광효사와 육용사가 6조 혜능과 관련됐기 때문이다.

　먼저 육용사六榕寺부터 참배하기로 했다. 워낙 유명한 사찰이라 나름대로 기대를 하고 찾아갔다. 출발 전에 지도를 보고 광주 시내에 있다는 것은 알았지만, 시내 중심 번화가에 있는 줄은 몰랐다. 절 앞에 당도하니 절 입구는 우리 나라 서울의 조계사 주변처럼 불교용품 가게가 즐비하게 늘어서 있다. 도량에 들어서니 가는 곳마다 사람들로 북적거린다. 단순히 관광 온 사람도 있지만 불자들이 꽃과 과일, 향을 정성스럽게 불전에 올린다.
　이 사찰은 송나라 때 주조된 6조 혜능의 청동상과 화탑花塔으로 유명하다. 537년 남조시대에 창건되었으니 1400여 년의 역사를 지닌 도량이다. 북송 때 화재로 불타 다시 짓고 정혜사淨慧寺라 했다. 1100년 송나라 때에 소동파가 이곳으로 유람왔다가 절 가운데 있는 용수榕樹 나무를 보고 6용六榕이라는 2자를 썼는데, 이때부터 육용사라 불리게 됐다.
　화탑은 사리탑으로 높이 57미터, 8각 9층 탑이다. 외관은 9층으로 보이나 내부는 17층이다. 처음에는 목탑이었으나 후에 전탑으로 다시 지으면서 탑 전체를 아름답게 꾸몄다. 많은 사람들이 아름다운 모습에 감탄하여 화花(꽃)자를 써서 화탑花塔이라 부른다.
　6조전 입구에는 조계법유曹溪法乳 일화오엽一花五葉이라는 편액이 걸려 있다. 989년 북송시대에 이 절의 승려였던 숭봉崇奉 혜능慧能이 청동으로 혜능상을 조성했다. 눈을 감고 좌선하고 있는 혜능상은 활발하고 생동감 있어 마치 살아 있는 모습이다.
　관음전에 1663년 청나라 때 10톤의 청동으로 주조된 관음상이 있다. 이 관음상은 마치 모나리자를 연상케 하는 미소에 위엄과 자비로움을 한몸에 다 갖추고 있어 뵙는 순간 마음이 편안했다.

● 광효사 6조 혜능 삭발탑

● 육용사 조사당에 모셔진 6조상

"아, 나의 연인 관음이여!"

마침 점심공양 시간이라 공양간에 갔더니 스님들과 재가자들로 북적거린다. 많은 관광객들, 승려들이 뒤섞여 있어 신분을 굳이 밝히지도 않고 공양을 했다. 대체로 발우공양을 하지 않는 중국 절은 뷔페식으로 공양을 한다. 공양이 끝난 후 언제 다시 올지 모르는 사찰이라 몇 번이고 도량을 돌아보고 나왔다. 육용사에서 30여 분만 걸으면 광효사가 나온다.

광효사光孝寺에 들어가니 육용사와는 달리 조용한 분위기의 도량이라는 느낌이다. 이 절은 영남 불교의 총본산으로, 광주가 생기기 이전에 광효사가 있었다고 할 만큼 오래된 사찰이다. 광효사는 남북조 시대 인도승 자담마야사와 구나발타라가 397~420년에 창건한 도량으로 527년 달마 대사가 머물렀고, 혜능이 머물렀던 곳이다. 절 이름도 처음에는 왕원사王園寺였다가 당나라 때 법성사法性寺, 송나라 때부터 현재 이름인 광효사로 바뀌었다.

특히 이 절은 당나라 때의 유물들이 많다. 대웅전과 절문 입구에 대비주가 새겨진 8면으로 된 석탑비石塔碑, 동철탑東鐵塔과 서철탑西鐵塔 등이 있는데, 마침 카메라 밧데리가 부족해 찍지 못했다.

6조 혜능이 전법의 증표인 가사와 발우를 스승 5조 홍인으로부터 받았다. 그리고 절을 나와 혜명에게 쫓기다 대유령이라는 고갯길에서 혜명과 마주쳤는데, 오히려 혜명이 혜능에게 귀의했다. 혜능은 소관의 남화선사에 머물기 이전, 15년간 은둔생활을 하며 보림했다. 때를 기다리다 산에서 나온 혜능이 광주 법성사法性寺(현 광효사)에 도착하자, 교종의 대 강사인 인종印宗 법사가 『열반경』을 강의하고 있었다.

한 학인이 뜰에 있다가 바람에 펄럭이는 깃발을 보고 말했다.
"바람이 움직이는 것이 아니라 깃발이 움직이는 거야."
그러자 옆에 있던 한 학인이 말했다.
"깃발이 움직이는 것이 아니라, 바람이 움직이는 거야."
두 학인이 바람 때문이다, 깃발 때문이다, 서로 주장하고 있을 때 옆에서 두 학인의 말을 듣고 있던 혜능이 말했다.
"바람이 움직이는 것도, 깃발이 움직이는 것도 아니다. 오직 그대들의 마음이 움직이는 것이다."
이 말을 전해 들은 인종 법사가 깜짝 놀라 혜능을 찾았다.
"행자님은 참으로 깨달으신 분 같습니다. 황매산 5조의 법이 남방으로 내려왔다고 하던데, 혹 행자님이 5조의 의발을 받으신 분이 아닙니까?"
그리하여 혜능은 인종 법사에게 수계를 받았다. 이 광효사는 비풍비번非風非幡 화두가 생겨난 곳이요, 혜능이 삭발하고 계를 받은 수계도량인 셈이다.[1]

대웅보전 뒤편에 6조 혜능 삭발탑과 그 옆에 고보리수古菩提樹 한 그루가 서 있다. 이 나무는 502년 지략 삼장이 인도에서 중국으로 올 때 가져온 최초의 묘목이다. 이곳 보리수로부터 시작해 중국 여러 곳에 보리수를 이식해 심었다고 한다. 지략 삼장이 "170년 이후에 이 나무 아래에서 육신보살이 계를 받고, 최상승最上乘의 법을 설하여 무량한 중생을 제도할 것이다."라고 예언했다고 한다. 그 예언을 받은 주인공이 바로 6조 혜능이다.

보리수 옆에 6조 스님이 삭발한 곳을 기념하는 8각 7층의 전탑이 나란히 있다.

조사당에는 혜능의 목조상이 모셔져 있다. 청나라 말기 이후 문화혁명 때까지 학교로 사용되다 1987년부터 승려들이 머물기 시작했다. 현재는 임제종 사찰로 40여 명의 승려가 상주한다.

혜능은 임종할 무렵 고향 생가 터에 창건한 국은사國恩寺(광동성 신흥)에 머물다, 713년 8월 3일 "잎사귀가 떨어지면 뿌리로 돌아간다. 다시 올 때의 일은 말할 수 없는 것이다.〔落葉歸本 來時無口〕"라는 게송을 남기고 열반에 들었다.

혜능이 열반한 국은사는 일정상 시간이 빠듯해 가지 못했다. 북경 한국불자모임 법회를 약속해 두었는데, 앞으로 꼭 가야 할 곳까지 계산해보니 도저히 시간이 안 될 것 같았다.

광동성의 육용사와 광효사를 참배하고 나니 시간이 남았다. 오후 기차표를 끊으러 역에 갔더니, 주말인지라 대만원이다. 이곳 기차역 부근에도 홈리스들이 꽤 많다. 북경 기차역에도 홈리스들이 많은 것을 보았던지라 이상하지는 않았지만, 이곳 홈리스들의 삶이 더 힘겨워 보인다.

쓰레기통을 뒤져서 남이 먹다 버린 고기조각을 주워 먹지를 않나, 남이 피우다 버린 담배꽁초를 찾아 다니고, 쓰레기통에 버려진 생수병에 담긴 물을 먹는 등 차마 눈 뜨고 보지 못할 만큼 비참해 보였다. '인민을 위해 복무한다(爲人民服務)'는 사회주의 이념은 과연 누구를 위한 것인지, 알다가도 모를 일이다.

[1] 혜능에 대한 기록으로, 법성사의 법재法才가 혜능의 출가에 대해서 쓴 발탑髮塔의 기록이 있다. 677년 혜능의 나이 40세에 해당하는 기록인데, 현존하는 최고의 자료이다.

전법원(마경대)
기와를 갈아서
거울을 만든다

마조의 수행도량 호남성 남악형산

● 마경대

타야 할 기차 시간이 두어 시간 남는다. 광주廣州역 뒤편에 위치한 가죽시장에 가서 물건도 구경하고 괜찮은 것이 있으면 이번 기회에 가방을 하나 사기로 했다. 가방이 작은데다가 시골 구석으로 사방팔방 끌고 다녔더니, 제대로 성한 데가 하나 없다. 바퀴가 자주 빠지고, 앞을 바쳐주는 다리는 아예 빠져버려 세워 놓으면 자꾸 엎어졌다. 가방을 보러 갔더니, 생각보다 싼 편이다. 그런데 가만히 보니 어디서 본 듯한 이름의 상표들이다. 세계 유명상품들의 짝퉁인 것이다.

호북성 무한武漢 무성로武聖路를 가면 해적판 전문서적이 많기로 유명하단다. 가격은 정가의 20%도 안 되기 때문에 불티나게 팔린다. 중국의 책값은 한국에 비하면 엄청 싼 편이다. 북경거리 노점상들이 파는 책은 서점의 반도 안 되는 가격이다. 거기다 흥정까지 해서 더 싸게 산다. 몇 권 사보았는데 서점의 것과 별 차이가 없다.

관광객이 많이 찾는 북경의 몇몇 시장도 세계 유명상표의 보석, 옷, 시계, 가방, 카메라 등 다양한데 모두 짝퉁이다. 중국은 정말 거짓말 조금 보태지 않고 가짜 천국이다. 먹는 과자, 생수, 담배, 술도 가짜가 버젓이 팔린다. 이런 가짜를 만들고 사는 중국인들의 마음이 궁금하다.

시장에서 여행용 가방 하나와 노트북 가방을 샀다. 나중에 보니 노트북 가방은 지퍼 하나가 고장났고, 다른 가방은 제대로 열리지도 않았다. 중국 물건은 금방 고장나기 때문에 '중국에서는 절대 물건을 사지 말아야지!' 하면서도 막상 아무 생각 없이 물건을 사곤 한다. 인생이 늘 이렇게 허점투성이다.

한국에서는 DVD 하나 사려면 몇만 원을 주어야 하는데, 이곳에서는 한국돈 700~1300원 정도면 얼마든지 살 수 있다. 몇 달 전에 학생들이 DVD를 싸게 파는 곳이 있어 사러 간다고 해서 따라 갔더니, 마침 정부에서 단속을 나온 모양이었다. 큰 건물 도매시장이었는데, 들어가자마자 갑자기 일사불란하게 장사꾼들이 DVD박스를 감추어 놓더니, 30여 분 만에 아무렇지도 않은 듯 다시 꺼내 놓았다. 상인은 버젓이 물건을 팔고, 고객들은 잠시 그 시간을 기다렸다가 물건을 샀다. 마치 연극무대에 선 기분이라고 할까? 가끔 방송에서 가짜 DVD나 CD를 소각하는 장면이 나오곤 하는데, 그것도 잠시뿐이다.

한 개에 5원(한국돈 650원) 정도 하는데, 몇 개 사 보았더니 어떤 것은 엉망이다. 한국 연속극을 보통 CD에 압축해서 파는데, 어떤 것은 반만 나오는 것도 있다. 또 엉뚱한 자막이 나오는가 하면, 겉표지 제목과 안의 내용이 다른 것도 있다. 중국에서는 CD를 보통 한국돈으로 삼천 원 정도면 산다. 더 싼 가격으로 파는 것도 많다. 일반 서점에서 파는 것인데도 짝퉁이다.

광주에서 기차를 타고 9시간 만에 호남성湖南省 남악형산南嶽衡山에 내렸다. 기차역에서 다시 버스를 타고 40여 분을 달리니 남악이다. 아직은 관광철이 아니어서인지 한산하다. 하룻밤을 묵은 다음 날, 어제 기차 침대칸에서 하루를 쉬었던 탓에 컨디션이 좋아 이른 아침부터 움직였다. 그런데 산으로 올라가야 하는데 문제가 발생했다. 밤에 꽤 많은 눈이 내렸는데, 아침까지 진눈깨비를 동반해 펑펑 내린다. 어쨌든 오늘 하루는 각오해야 하리라. 그런데 형산 입구에 도착하니, 악천우에다 주말도 아닌데 정말 놀라울 정도로 사람이 많다.

중국 5악五岳[1] 명산 가운데 하나라고 하더니 맞긴 맞는 말인가 보다. 한국에서도 악嶽 자가 들어간 산은 매우 험한 산이라고 알고 있다. 형산도 만만치는 않았다. 이 산은 불교 성지라기보다는 도교 성지다. 도교 사찰이 수십여 곳으로 불교 사찰보다 훨씬 많다. 도교는 중국의 민속 신앙이다.

올라가는 길녘에서 검은 의복을 입거나 검은 머리띠만 두른 도교신자들을 만났다. 그들은 하나 가득 향을 들고 있었다. 중국인들은 불교에 대한 지식이나 큰 믿음이 없는 한, 도교 사찰이든 불교 사찰이든 크게 구별하지 않는 듯하다. 그저 어느 곳에나 향을 왕창 올리고 자신에게 복을 내려 주는 주재신으로 여기는 것이 그들의 종교관이라고 보아도 무방하다. 올라가는 내내 눈 덮힌 설산雪山이 장관이었다.

형산 입구에서 걸은 지 3시간 만에 마경대磨鏡台에 도착했다. 큰 바위에 선원禪源(선의 근원, 선의 원류)이라는 글씨가 새겨져 있고, 그 뒤편에 있는 마경대가 눈에 들어왔다. 마조馬祖(709~788년)가 수행했던 전법원傳法院 법당이 있다. 이것은 최근에 지어진 당우로 마조암馬祖庵이라고도 한다.

마조암 앞에 최승륜탑最勝輪塔이라고 쓰인 남악 회양南岳懷讓(677~744년)의 탑이 있다. 탑쪽으로 가까이 가보니, 눈으로 쌓인 하얀 탑과 그 주위의 모습이 고적하고 고풍스럽다.

탑 뒤에는 선종7조禪宗七祖 회양대혜선사탑懷讓大慧禪師塔이 있고, 탑을 둘러싸고 있는 비에 선사에 대한 수행 이력이 새겨져 있다.

마조 도량을 여러 곳 참배해서 마조에 관해서는 앞에서도 많은 이야기를 했다.[2] 여기서는 마조가 깨달음을 얻는 기연機緣을 소개한다. 마조가 스승(회양)의 지도로 깨달음을 얻는데 매우 드라마틱하다.

● 남악 회양의 탑

- ●최승륜탑(남악 회양의 탑)
- ●● 탑 뒤에 회양의 수행 이력이 새겨져 있다

마조가 전법원에서 좌선수행하고 있을 때이다.

어느 날 마조가 좌선하고 있는데 회양이 무언가를 들고 마조 곁으로 다가와 앉았다.

"대덕은 무엇 하려고 좌선을 하는가?"

"부처가 되려고요."

그러자 회양은 기왓장 하나를 집어 들더니 마조 앞에서 갈아대기 시작한다.

"기왓장은 갈아서 무엇을 하려고 하십니까?"

"거울을 만들려고 한다."

"기와를 갈아서 어떻게 거울을 만듭니까?"

"기왓장이 거울로 될 수 없듯이 좌선만으로는 부처가 될 수 없는 법이지."

"스승님, 그러면 어떻게 해야 합니까?"

"소가 수레를 끌고 가는데 수레가 만일 나가지 않으면 그대는 수레를 채찍질해야 하는가? 아니면 소를 채찍질해야 하는가?"

마조가 아무 말도 못하자 회양이 다시 물었다.

"자네가 지금 좌선坐禪을 익히고 있는 것인지, 좌불坐佛을 익히고 있는 것인지 알 수가 없군. 만일 좌선을 익히고 있는 중이라면 선이란 결코 앉아 있는 것이 아니며, 혹시 그대가 좌불을 익히고 있는 중이라면 부처는 원래 정해진 모양새가 없다는 사실을 명심하게. 머무르지 않는 법을 놓고 취사선택取捨選擇을 해서는 아니 되네. 그대가 혹 좌불을 흉내내려 한다면 그것은 곧 부처를 죽이는 행위나 다름없고, 보잘것없는 앉음새에 집착하면 정작 깊은 이치에는 이를 수가 없는 법이라네."

마조가 이 말을 듣고 활연히 깨달은 바가 있어 스승에게 절을 하고 물었다.

"마음가짐을 어떻게 하여야 무상삼매無相三昧에 이를 수가 있겠습니까?"

"자네가 지금 심지법문心地法門을 익히는 것은 마치 스스로 씨를 뿌리는 것과 같고, 내가 그 법의 요지를 말해 주는 것은 마치 하늘이 내려 주는 단비와도 같다. 그대에게 이미 기연機緣이 닿아 있으므로 꼭 도道를 보게 될 것이다."

회양과 마조와의 이 이야기는 '마전작경磨塼作鏡'이란 공안이다. 그래서 마磨자와 경鏡자만 따서 마경대磨鏡臺라는 지명이 있는 것이다. 이 일화는 선에 관한 법문이나 일상법문에서 자주 등장하는 것으로, 널리 회자되고 있으며 수행의 근본 의의를 되새김하는 좋은 본보기다.

이 공안은 회양이 제자에게 좌선이라는 것에 얽매이거나 집착심을 두지 말라는 경각심을 주기 위해 기와를 갈아 거울을 만든다는 기이한 행동을 보인 것이다. 즉 회양은 마조에게 좌선만이 정해진 수행법이 아니라는 것을 강조하고 있다. 눕고, 서고, 자면서, 밥먹으면서, TV보면서도 부처가 될 수 있는 법이지, 결코 좌선만이 성불의 길은 아닌 것이다. 어떤 고정된 법이 있을 수 없음이요, 집착심을 버리라는 스승의 깊은 뜻이 담겨 있다.

남악형산 전법원 마경대에 서 있으니, 스승과 제자간의 따뜻하고 아름다운 장면이 머릿속에서 떠나지 않는다. 여기서 15분 정도 걸으면 남악 회양이 머물렀던 도량이 있단다. 그의 진면목을 빨리 만나고 싶어 발걸음을 재촉했다.

---

[1] 중국의 중앙 및 그 사방을 합쳐 5대 명산, 즉 5악이라고 한다. 원래 뫼는 산과 악으로 나뉘는데, 바위가 많은 산은 '악' 자를 붙이고 흙이 많은 산은 '산' 자를 붙인다. 5악은 동악 태산泰山(산동성), 서악 화산華山(섬서성), 남악 형산衡山(호남성), 북악 항산恒山(산서성), 중앙 숭산嵩山(하남성)이다. [2] 이 책자에서 마조 도량으로는 강서성 남창 우민사, 정안 보봉사, 의황 석공사, 복건성 불적령 성적사 등이다.

복엄사
한 물건이라 해도 맞지 않다
남악 회양 호남성 남악형산

● 복엄사 도량 입구

천하의 선지식 마조를 제자로 둔 스승의 도량은 어떠할까? 궁금한 마음을 가지고 남악 회양南岳懷讓(677~744년)이 머물렀던 복엄사福嚴寺에 도착했다.

이 절은 형산衡山 척주봉擲珠峯 아래에 위치해 있다. 나름대로 대총림을 연상하고 기대에 차 있었다. 절 입구에 당도하니 대문에 천하법원天下法院을 중심으로, 양쪽에 육조고찰六朝古刹, 7조도량七祖道場이라는 대련이 걸려 있다. 그런데 도량에 들어서니 승려가 살지 않는 것 같다. 이제까지 참배했던 마조 도량에 비해 복엄사는 도량 정비가 되어 있지 않은데다 선종 사찰 분위기가 전혀 아니었다.

이런들 어떠하고 저런들 어떠랴!
실체가 없는데 왜 마음을 고정시켜 두는 것일까?
혼자 기대하고 마음 부풀려 놓고
참배하고 실망스럽다고 마음 상해하는
나는 누구인가?
그러고도 그 책망을 때로는 외부로 돌린다.
어리석게.

결국 내 자신이 만든 형상에 사로잡혀 있는 셈이다. 그래서 부처님과 선사들은 무상無相·무심無心을 강조했던 것이다. 결국 그 상이라는 것도 자신이 만들어 놓은 형틀일 뿐이지 고정적인 실체는 없는 법이다. 이런 것은 일상생활에서 겪기도 한다.

여러 곳에서 강의도 하고 글을 쓰다 보니 내 의사와는 달리 많은 인연을 맺게 된다. 그들은 대부분 나에 대한 기대를 많이 한다. 그들 스스로 '정운'에 대한 이상적인 상을 만들어 놓고, 자신의 뜻과 다르면 실망하기도 한다. 나는 원래 그대로인데 말이다. 이런 일을 간혹 겪다 보니 처음부터 너무 잘하면서 가까이 다가오는 사람을 별로 좋아하지 않는다. 평소에 사람에게 집착하지 않는 인연관 때문이지, 내게 문제점이 없는 것은 아니다. 하지만 내가 견지하는 한 가지는 분명하다. 어떤 위치에서 살든 간에 승려도 인연 속에 얽혀 살 수밖에 없지만, 수행이나 경제적인 면에 있어서 결핍이 없도록 자신을 견고히 해야 한다는 점이다.

복엄사는 567년 남조시대에 지어졌고, 반야사라고 불렸다. 원래 이 절은 천태종의 2조인 남악 혜사南嶽慧思(514~577년)를 위해 창건되었다. 절 동쪽에 호포천虎跑泉이라는 우물이 있다. 우물을 둘러싼 바위에는 혜사의 평생 사적이 새겨져 있다.

혜사는 15세에 출가하여 여러 대승경전을 두루 보며, 오로지 선관禪觀을 닦았다. 후에 북제의 혜문慧文 선사에게 일심삼관一心三觀의 심요를 전수받고, 법화삼매를 증득했다. 혜사의 법을 이어받은 제자가 바로 천태 지의天台智顗(538~597년)이다. 또한 도량 내에는 그의 묘탑인 삼생탑三生塔이 있었다.

당나라 713년에 마조馬祖의 스승인 남악 회양이 이곳에 상주하면서 선종 수행터로 만들었고, 많은 제자들이 모여들었다. 송나라 때에 다시 이름이 바뀌어 현재 이름인 복엄사로 불리게 되었다. 이 무렵 복엄사의 전당은 큰 피해를 입었는데, 1870년 청나라 때에 보수하였다고 하니, 현존 건물은 청나라 때 건물이다.

복암사는 산의 형세에 따라 건축되었는데, 일반 사찰과는 다르게 독특한 건물이 많다. 악신전岳神殿은 불교 사찰 도량 안에 있는 도교 건축물이다. 이 전당에는 남북조시대에 주조된 남악신南岳神(일종의 형산의 산신) 청동상이 모셔져 있다. 앞에서도 언급했지만, 형산은 원래 도교 성지이다. 이 복암사에 도교 전당이 있는 것은 이 고장의 풍습을 따른 것으로 보면 될 것이다. 한편 불교와 도교의 융합으로도 여길 수 있다.

● 조사전에 모셔진 달마

어쨌든 이 사찰의 조사전에 달마상이 모셔져 있고, 당우 기둥이나 편액에 선禪과 관련된 문구가 많은 것으로 보아 선종의 역사가 흘러왔던 것으로 여겨진다.

남악 회양은 속성이 두씨杜氏이고, 금주金州 즉 섬서성 안강현安康縣 사람이다. 15세에 형주荊州 옥천사玉泉寺 홍경 율사弘景律師(634~712년)에게 출가하여 스승에게 율을 배웠다. 몇 년 후 도반인 탄연坦然과 함께 숭산嵩山의 혜안慧安 선사를 찾아갔다.

혜안은 5조 홍인의 제자이며 6조 혜능과 동문이다. 회양은 혜안에게 "어떤 것이 조사가 서쪽에서 온 뜻입니까?"란 문답으로 깨달음을 얻은 뒤, 혜안의 말씀을 따라 6조 혜능을 찾아갔다. 회양은 혜능의 문하에서 몇 년간 공부한 후 깨달음의 인가를 받았다.

처음 회양과 혜능이 만났을 때의 일이다.

"어디서 왔는가?"

"숭산 혜안 선사 도량으로부터 왔습니다."

"어떤 물건이 이렇게 왔는고?"

"한 물건이라고 해도 맞지 않습니다."

"다시 수행하고 증득해야 할 것이 있는가?"

"수행하고 증득할 것이 없는 것은 아니지만, 더럽혀서는 안 될 것입니다."

"단지 이 더럽힘이 없는 것만이 모든 부처님이 호념하는 바이다. 자네가 이미 이와 같고 나 또한 이와 같으니라."

'한 물건이라고 해도 맞지 않다[說似一物卽不中]' 는 말은 불성·자성·깨달음의 당체는 어떤 무엇으로도 표현할 수 없고, 어떤 말로도 구체화할 수 없으므로, 물건이라고 표현해도 맞지 않다는 것이다.

또한 '더럽힘이 없어야 한다[不汚染]' 는 것은 본래 청정한 마음자리에 근원을 둔 것이라고 보면 될 것이다. 즉 참되고 망령됨이 바로 하나임을 알지 못하고 망령됨을 버리고 참됨만을 구하려는 마음은 잘못된 것이다. 또한 즐겁고 편안한 마음이나 괴로운 마음은 결국 하나이므로, 고苦를 버리고 낙樂을 구하는 것이 잘못이다. 정토는 다른 세상에 있는 것이 아니라, 지금 내가 살고 있는 예토穢土에 존재하는 것이다. 마음이 곧 부처임을 알지 못하고 밖에서 부처를 구하려는 어리석은 마음이 곧 더러움(오염)이다.

만물은 모두 마음으로부터 생긴다. 만약 심지心地에 이르면 짓는 바(행하는 바)가 걸림이 없다. 너의 지금 이 마음이 바로 부처이다.[心卽是佛] 그러므로 달마가 서쪽으로부터 와서 오직 일심의 법을 전한 것이다.

회양은 이렇게 마음을 강조하고 있다. 이 세상 모든 것이 마음으로부터 생긴다고 하는 삼계유심三界唯心의 사상이 담겨 있고, 회양의 '마음이 곧 부처'라고 한 심즉시불心卽是佛은 바로 그의 제자 마조의 주된 사상인 즉심시불卽心是佛을 낳게 한 원동력이 되었음을 알 수 있다.

● 호포천(뒤에 남악혜사의 사적이 새겨져 있다)

남대사
풀을 엮어 지은 움막, 꾸밀 것이 하나도 없네
석두 희천 호남성 남악형산

● 남대사 도량 입구

복엄사에서 30분 정도를 걸어가면 대사리탑이 하나 있다. 이 탑은 석가모니불 금강사리탑으로 근래에 남대사南臺寺에서 세운 탑이다. 이 탑 꼭대기까지 올라갔더니 남악형산이 한눈에 다 들어온다. 소문만큼 산 전체가 험악하지도 않고, 특별히 아름답다고 느끼지도 못했다.

남대사 아래 절로 내려가 대문을 보니 조동조정曹洞祖庭이라고 쓰여 있다. 이전에 동산 양개(807~868년)와 조산 본적(840~901년) 도량을 다 참배했던 터라 또 조동조정이라니, 의아한 마음으로 도량에 들어갔다.

안내판을 보니 남대사는 이전에 참배했던 정거사 청원 행사 제자요, 조동종계 대 스승인 석두 희천石頭希遷(700~791년)의 개산 도량이었다. 단순히 형산에 가면 '불교 사찰이니 들러야지.'라고 생각했을 뿐 기대하지 않았다. 이런 걸 가지고 덤으로 얻은 물건같고 횡재한 기분이라고 하는 걸까?

마조馬祖(709~788년)나 석두 희천은 왕권 및 귀족적인 성향을 벗어나 시골(강서와 호남)에서 수행하고 제자를 지도했다. 이후 강서江西(마조)의 강江과 호남湖南(석두)의 호湖를 붙여 강호江湖라는 말이 생겼는데, 세상 천하를 의미한다.

『송고승전』에는 "강서의 주인은 마조이고 호남의 주인은 석두로서, 수행자 왕래가 끊이지 않았다. 당시 이 두 대사를 찾아뵙지 않으면 무지한 사람으로 여겼다."고 전한다. 이때 희천의 선사상은 순금만을 파는 진금포眞金鋪라고 했고, 마조의 선사상은 아무 물건이나 다 판다는 데서 잡화포雜貨鋪에 비유했다.

석두 희천은 광동廣東성 고요高要현 출신이다. 처음에 그는 혜능을 찾아 출가했다. 희천의 나이 14세에 혜능이 입적했는데, 입적 전에 "청원 행사를 찾아가 의지하라."는 유훈을 받았다.

석두 희천이 청원 행사 도량인 정거사에 찾아가 두 사람이 마주 앉았다.

"어디에서 왔는가?"

"조계에서 왔습니다."

"무엇을 얻으러 왔는가?"

"조계에 가기 전에도 잃은 것이 없습니다."

"그렇다면 조계엔 무엇 하러 갔는가?"

"조계에 가지 않았다면 어찌 잃지 않은 줄을 알겠습니까?"

이번에는 석두 희천이 먼저 물었다.

"6조께서도 화상을 아셨나이까?"

"그대는 지금 나를 아는가?"

"아는데 어찌 또 알아보겠나이까?"

"여러 짐승의 뿔이 많지만, 기린의 뿔 하나로 만족하도다."

이는 여러 제자 가운데 석두 희천(기린의 뿔) 하나만으로 만족한다는 뜻이다. 얼마 후 희천은 행사로부터 법을 전해 받았다. 희천이 42세 무렵, 남악형산 단응봉端應峯 아래로 와서 초암을 엮고 산거수행자로서 수행을 시작했다. 「초암가草庵歌」 첫 구절에서 그는 이렇게 노래했다.

풀을 엮어 움막 하나 짓는데, 꾸밀 것이 하나도 없네.

밥 먹고 편안히 잠을 청하니 마음은 한가롭다.

이 초암을 남사南寺라고 했다. 희천은 산거山居 수도자로 일생을 보내려 했다. 그러나 주머니에 넣은 송곳〔囊中之錐〕이 당연히 삐져나오듯이, 산거에도 불구하고 많은 수도자들이 그의 법력에 귀의했다. 마침 남사의 동쪽에 큰 석대가 하나 있어 그곳에 암자를 짓고 지금 이름인 남대사라 불렀다. 그는 복엄사의 남악 회양을 자주 만나 도를 나누었다.

어느 날 희천이 회양에게 물었다.
"성현들을 흠모하지 않고 자기 영혼도 소중히 여기지 않을 때는 어떻게 해야 합니까?"
"그대의 한 가닥 물음이 가당치도 않게 도도하구나. 훗날 사람들을 모두 바보로 만들 셈인가?"
"차라리 세세생생토록 지옥에 빠질지언정 성현들에게 도움을 구하지 않겠습니다."

부처님의 경전도 공자의 말씀도 성현의 찌꺼기인 셈이다. 『금강경』에 설해진 "내가 말한 바 이 가르침이 뗏목과 같은 줄 알라."는 것이나 "고기를 잡았으면 통발을 버려라."고 한 장자의 말과 같다. 또한 장자는 성인의 말과 글을 조박糟粕이라고 표현했다. 그것이 내 것으로 소화되지 않는 한, 성인의 가르침은 하나의 휴지조각에 불과한 것이다.

조사전에 들어갔더니 천태 2세 남악 혜사와 석두 희천(선종 35세)의 초상

● 조사전에 모셔진 선사들
●● 사찰 도량 내 폭죽을 터뜨리는 장소

화를 중심에 두고 오른쪽에는 34세 청원 행사, 37세 운암 담성雲嚴曇晟 (780~841년), 38세 동산 양개가 있다. 왼편에는 36세 약산 유엄藥山惟儼 (751~834년)과 조동종 41세인 축성祝聖, 남대사를 중흥시킨 담진 예조淡雲禮 祖의 초상화가 있다. 석두 희천의 초상화만 컬러로 선명하지, 다른 선사들의 초상화는 먼지와 때로 얼룩져 있고 글씨도 전혀 알아 볼 수 없는 지경이다. 향이나 초를 놓는 단 위까지 신발을 벗고 올라가 손전등을 비추어 보고 메모 했다. 하기야, 나도 극성맞기도 하지! 안 보이면 그냥 넘기면 될 것을. 이것도 내 업이려니.

희천에게서 기라성 같은 제자가 많이 배출되었다. 이들 문하에서 조동종 과 법안종, 운문종이 형성되었으니 선종사에 있어 희천의 위치는 매우 크다 고 할 수 있다. 한편 그가 쓴「초암가」나「참동계參同契」는 중국 최초 승려의 선시로 중국 문학에서 새로운 철학시의 계보를 형성한다.「참동계」에 드러난 그의 사상을 단면이나마 엿본다.

> 밝음 속에 이둠이 있나니 當明中有暗
> 어둠이란 상相에 마음 두지 말라 勿以暗相遇
> 어두운 속에 밝음이 있다 當暗中有明
> 밝음이란 상을 보지 말라 勿以明相覩
> 밝음과 어둠의 관계는 明暗各相對
> 마치 걸을 때, 걸음걸이의 앞뒤와 같나니라. 比如前後步

그는 열반할 때에도 "암자는 작으나 그것은 우주를 포함한다."라는 게송을

남겼다. 당우에서 사천왕문 입구 쪽으로 걸어 나오니 한쪽 구석에 명폭처鳴爆
處라고 쓰인 팻말이 있다. 중국인들은 새해 명절 때 거의 한 달이 넘도록 폭
죽을 터뜨리는데, 일부러 절에 와서 폭죽을 터뜨리기도 한다. 그래서 절에서
는 할 수 없이 구역을 제한해 두지 않으면 아무데서나 터뜨리기 때문에 따로
장소를 정해 두는 것이다. 이 사찰은 형산에 있는 다른 사찰에 비해 신도님
들이 많다. 내가 참배하는 날도 무슨 법회가 열렸는지 신도들이 무리지어 절
을 나서고 있었다.

한 수행자가 석두 희천을 찾아와 물었다.
"어떤 것이 해탈입니까?"
"누가 그대를 묶어 속박하고 있던가?"
"그러면 어떤 것이 정토淨土입니까?"
"누가 그대를 더럽혀 때를 묻혔는가?"
"도대체 어떤 것이 열반입니까?"
"누가 그대에게 생사生死를 주었던가?"

05
보통사 · 서은사 · 녹산사 · 개복사 · 건명사 · 밀인사 · 석상사

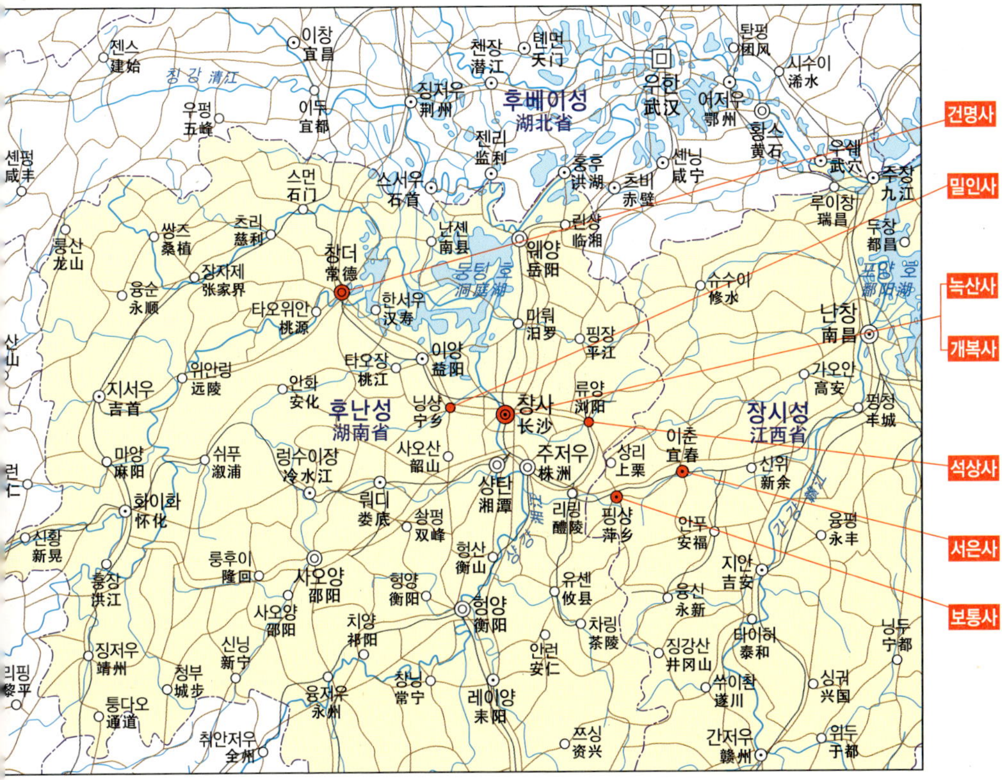

● 홀로 수행하는 토굴

보통사
알려고 하면서
쉬지 않고 물어라

양기 방회 강서성 평향

● 보통사 입구

호남성 남악형산南嶽衡山에서 다음 목적지 강서江西성 평향萍鄉으로 향했다. 평향으로 직접 가는 버스가 없어, 주주株州에서 하루를 묵고 목적지에 도착했다.(남악형산 → 주주 → 평향) 이곳에 온 목적은 송나라 때의 양기 방회楊崎方會(996~1049년)가 주석했던 보통사普通寺가 있어서이다. 그런데 정확히 평향에 위치하는지, 절 이름이 맞는지도 불확실하다.

일반 유명 사찰에 비해 선종 사찰 순례는 너무 많은 시행착오를 겪고 있다. 중국 스님들이 적어 준 지역과 사찰 이름 하나만으로 찾아간 경우도 있고, 조사해 간 사찰이 옛날 지명이라 현대 지명과 맞지 않아 허탕 친 일도 있었다. 대체로 선사 이름과 사찰 이름이 거의 같은데, 그렇지 않은 경우도 있어서 시행착오가 많았다. 일전에 단하산이라는 이름만 듣고 단하 천연의 사찰인 줄 알고 가기도 했었다.

지금 보통사도 그렇고, 내일 참배할 서은사도 정거사의 지객 담당 스님이 지도책에 표시해 준 것 하나만으로 가는 것이다. 하지만 이런 시행착오가 두렵지 않다. 이 세상 살아가는 데 실수나 그릇됨 없이는 값진 보배를 얻을 수 없는 법임을 아는 더라, 늘 각오하고 떠난다.

선종은 크게 5가 7종으로 나뉜다. 5가 가운데 임제종계에서 양기파와 황룡파가 파생되었다. 황룡파는 200여 년간 지속되다 사라져 지금은 기록에만 전하는 종파다. 하지만 양기파는 현재까지 동아시아 전역에 걸쳐 양기 방회의 선사상이 전하고 있다.

양기파의 개창자인 양기 방회楊岐方會(992~1049년)는 임제 의현臨濟義玄(?~866년)의 8세에 해당한다. 한국의 승려들은 화두를 참구하는 간화선 수행이 주류인데, 이 간화선의 주창자가 바로 양기 방회의 5세손인 대혜 종고大慧宗杲(1089~1163년)이다. 또한 고려 말기 태고 보우太古普愚 국사는 석옥 청공石屋淸珙(1272~1352년)으로부터 법을 얻었는데, 청공은 양기 방회의 12세손에 해당한다. 따라서 방회는 한국의 조계종과 떼려야 뗄 수 없는 법맥의 줄기요, 그의 가르침이 조계종의 수행길에 녹아 있다고 볼 수 있다.(임제 의현 … 양기 방회 … 대혜 종고 … 석옥 청공 … 태고 보우)

평향에서 택시를 타고 30킬로미터 정도 달리면 보통사가 있다. 완만하게 경사진 길에다가 그리 멀지 않은 곳이다. 맞게 찾아온 셈이다.

양기 방회는 냉冷씨로서 강서성 의춘宜春 사람이다. 원래 그는 지방 말단 관리였으나 세속의 일들을 하찮게 여겨 20세에 출가하였다. 그는 출가 후 처음 황룡 혜남黃龍慧南(1002~1069년)의 문하에서 수행했다. 스승이었던 혜남은 방회에 대해 늘 이렇게 말했다.

"기량이 두텁고 어떤 일에도 흔들리지 않으며 늘 성실하다. 주위 승려들은 그가 기뻐하거나 슬퍼하는 얼굴을 본 적이 없다. 늘 한결같은 사람이다."

"방회는 과묵하며 부드럽고 이치에 맞는 사람이다."

얼마 후 방회는 혜남의 슬하를 벗어나 석상 초원石霜楚圓(986~1039년)을 스승으로 섬기며 그에게 가르침을 구했다.

어느 날 양기 방회가 스승 초원에게 도를 물으니 초원이 말했다.

"절의 일이 많아서 그대가 할 일이 많을 터이니 얼른 가보시게."

며칠 후 방회가 스승 초원에게 가르침을 구하자 초원이 대답했다.

"자네에게 천하의 제자들이 모일 터인데 왜 이리 급히 서두르는가?"

한번은 초원이 출타했다 돌아오는 길녘에 방회가 기다리고 있다가 스승이 나타나자 스승의 멱살을 잡으며 말했다.

"이 늙은이야, 오늘은 내게 가르침을 말해 주지 않으면 스승이고 뭐고 주먹으로 칠겁니다."

"네가 이렇게 알려고 하면서 쉬지 않고 물으면 된다."

초원 선사의 말에 방회가 크게 깨닫고, 그 자리에서 스승에게 절을 올렸다. 이후 방회는 스승 초원이 가는 곳마다 시봉을 하다, 자신의 고향인 의춘 양기산 보통사 주지가 되어 개당설법을 했다.

보통사 입구에 내리니 시골집 몇 가구가 옹기종기 모여 있고 마을 위에 절이 있다. 우람하지도 않고 친근감 있는, 시골 외할머니 댁에 온 것처럼.

양기파의 대 스승이 머물던 곳이지만 그 당시에는 형편없는 사찰 당우로서, 비가 오면 새고 눈이 오면 눈 피해가 있던 곳이었다. 언젠가 폭설로 건물 전체가 피해를 입었는데, 한 제자가 사찰 당우를 수리하자고 하였던 모양이다. 이때 양기 방회가 이런 번거로운 일을 물리치며 읊었던 시 한 구절이 전한다.

> 양기산의 허름한 거처, 지붕과 벽이 엉성하니
> 방바닥 가득 뿌려진 눈의 구슬들!
> 목 움츠리고 가만히 탄식하며
> 생각하노니, 나무 밑에 거처하신 옛 어른.

이 시 속에 양기 방회의 무소유적인 삶의 자세와 재물 따위에 소탈한 수행 자세, 그러면서 보리수 아래에서 수행하던 석가모니 부처님에 견주어 마음을 다잡고 있는 선승의 면모를 볼 수 있다.

절 입구에 양기산이라는 편액이 쓰여 있는데, 대문은 형편없고 옆 벽은 약간 허물어져 있다. 대문 위에 연이은 담벽 위에서 사자상인지, 용인지 구별되지 않는 익살스런 형상이 웃는다. 청나라 때 유물이라고 하는데, 나중에 불사를 하더라도 그 모습은 그대로 두었으면 하는 바람이다.

도량 내로 들어서니 작은 사찰인데다가 불사가 되어 있지 않았으며 도량 정비도 되어 있지 않다. 마침 스님 한 분이 지나가기에 사찰 연혁이나 얻을 생각으로 "한국 승려인데 이 사찰 연혁이 없느냐?"고 물었다. 단순히 이 절에 대한 안내서를 얻을 생각이었는데, 스님께서는 손수 이곳저곳을 데리고 다니며 설명해 준다.

못 알아듣는 것은 아예 써 달라고 해서 사찰에 대한 몇 가지를 얻을 수 있었다. 현재 도량 내의 문화재는 당나라 유물이 있는 반면, 당우나 부처님은 청나라 때 조성된 것이다. 이전에는 승려가 살지 않았으나 몇 년 전부터 승려가 10여 명 상주한다.

스님은 귀찮을 만도 하건만 도량 주변 여기저기 흩어져 있는 탑을 안내하며 내 수첩에 써 주는 친절까지 베풀었다. 스님을 보면서 몇몇 고마운 스님들을 떠올렸다.

오조사에서는 저녁공양 시간이 지나 공양간에 들어갔는데 공양이 없었다. 공양주 스님이 20여 분이나 걸려 국수를 끓이고 반찬까지 새로 만들어 주어 정말 맛있게 먹었던 일이 있다. 또 어떤 절 객실 시자 스님은 화장실에서 쓰

● 조사전에 모셔진 양기 방회, 달마, 석상 초원(왼쪽부터)

는 세숫대야가 더럽다며 깨끗한 걸로 다시 손수 챙겨 주기도 했다. 이전에 쓰던 대야도 중국 사찰 대야치고는 더럽지 않았는데도 말이다.

여산 동림사를 참배하면서 비를 맞았을 때도 객실 담당 스님은 여행 중 비를 맞으면 안 된다며 난로를 일부러 꺼내어 불을 켜 주더니, 갈 때는 우산을 챙겨 주며 "좋은 여행이 되라."고 축원까지 해 주었다.

보통사는 원래 하택 신회(670~762년)의 제자 승광乘廣 선사가 753년 당나라 때 창건하였다. 처음에는 광리사廣利寺라 칭하였고, 승광의 제자인 견숙甄叔 선사가 주지를 이었다. 이후 송나라 때 양기 방회가 이 사찰로 와서 양기파 선사상을 폈기에 양기사 혹은 보통사라 하였다.

조당에 들어가니 달마 스님을 중심으로 왼쪽에 44세 석상 초원, 오른쪽에 45세 양기 방회의 초상화가 있다. 스님께 양기 방회의 탑을 물으니 없다고 한다.

보통사에는 사찰 연혁비, 그리고 승광과 견숙의 탑비가 당나라 때 유물로 보존돼 있다. 그 이외 도량 주변에 요달了達의 탑과 몇 좌의 탑이 더 있다. 또 도량 뒤편에는 승광 선사가 심었다고 하는 잣나무가 1200여 년 역사를 간직한 채 우람하게 서 있다.

방회의 법을 이은 제자는 백운 수단白雲守端(1025~1072년)이며, 양기파는 방회의 기라성 같은 제자들에 의해 크게 발전했다. 한편 신자들 중에는 관료 출신들이 많았으며, 양기파 승려들은 사회적인 활동과도 관련이 있음을 알 수 있다. 양기파 승려들 중에는 사천四川성 출신과 절강浙江성 출신들이 많다. 양기파 선종은 사천불교나 절강 방면으로부터 영향을 받았거나 영향을 주었을 것으로 미루어 짐작해 볼 수 있다.

서은사
분별하지 않는
그 자리가 여여불

양산 혜적 강서성 의춘

평향에서 버스를 타고 2시간 만에 의춘宜春에 내렸다. 열흘 전에도 이곳과 가까운 의풍宜豊에 왔던 경험이 있던지라 낯설지가 않았다. 의춘에 위앙종潙仰宗 승려 앙산 혜적仰山慧寂(807~883년)이 머물렀던 서은사栖隱寺가 있다.

진짜 서은사가 있는지, 버스터미널에서 어느 정도 거리인지를 알아보기 위해 택시가 여럿 있는 곳으로 걸어갔다. 한 택시 기사가 대뜸 하는 말이 "내가 잘 아는데 목적지까지 30킬로미터로 30분이면 갈 수 있고, 60원(한국돈 7,500원)이면 된다."는 것이다.

오후 3시 무렵인지라 내일 갈 생각으로 물은 건데 생각보다 가까운 곳에 위치해 있어 가기로 정했다. 차를 많이 타 보아 계산이 서는데, 거리상 싼 편인데다 양심적인 기사로 보였다.

양기산 보통사 스님이 "서은사는 너무 험난하니 가지 말라."고 했지만, '설마 갈 수 없는 곳은 아닐 테지.' 하고 출발했던 것이다. 그런데 스님 말이 옳았다. 길이 험한 것은 아닌데 도로 정비가 전혀 되어 있지 않은데다, 기사가 짐작한 30분이 아니었다.

산 입구에 들어서니 도로공사를 하고 있었다. 그런데 가도가도 끝없는 길이요, 절은 나오지 않았다. 첩첩 산골인데도 초등학교가 있고 민가가 있다. 마침내 막다른 산골까지 들어가서 절을 물으니 지나쳐 온 것이다. 다시 되돌아 나오는데 도로공사를 하는 대형트럭 5대가 아예 길을 막고 있어 갈 수 없었다.

'금방 차를 비켜 주겠지!' 하며 차 안에서 기다리는데 전혀 비켜 줄 기미가 보이지 않는다. 택시 기사가 나가 항의를 해도 막무가내다. 근 40여 분이 지나서야 어슬렁어슬렁 기사들이 차에 올라 길을 비켜 준다.

중국인들의 이런 습관에 대해 들은 적이 있지만, 직접 경험해 보니 실감이 난다. 남이야 어떻든 말든, 자신 편한 대로 살아가는 점에 놀라웠다. 이게 중국의 전통적인 사오관셴스少關閑事 문화이다. 남의 일에 간섭하지 않을 뿐만 아니라, 남이 어려움에 처해도 전혀 돌아보지 않는 중국인들의 못된 생활관이다. 중국문학의 대부 루쉰魯迅(1881~1936년)은 산문집에서 중국인의 이런 생활습관을 신랄하게 비판해 놓았다.

"자기 대문 앞 눈이나 치울 일이지, 남의 집 지붕 서리는 신경쓰지 말라."는 속담이 있다. 남의 위급함을 도와주려다 도리어 남에게 오해를 사는 일이 흔하기 때문이다. "관청 문이 아무리 활짝 열려 있어도 일리는 있되 돈이 없으면 따지러 가지 말라."는 속담이 그것이다. 이러다 보니 사람들은 자기와 관계 없는 일에는 되도록 멀리 떨어져 바라만 보려고 한다. 짐승같은 이들이 권력의 자리에 앉아 있으면서 백성들을 이렇게 만들었다는 것이다. 1930년대에도 중국에서는 길에서 병으로 갑자기 쓰러져도, 사람이 다쳐도 둘러싸서 구경하거나 재미있어 하는 이들은 많아도 도움의 손길을 뻗치는 사람은 극히 적다.

1900년 초기 인물인 루쉰이 이런 말을 할 정도였으니, 중국인들에게 이런 사오관셴스는 오랜 관행인 것 같다. 얼마 전에는 이런 일이 있었다.

북경 버스 안에서 차비를 가지고 모녀와 버스 안내양이 시비가 붙었다. 중국은 거리상으로 계산해서 차비를 내는데, 안내양이 직접 받는다. 모녀에게 지불하라는 차비가 잘못 계산되었다고 어린아이(초등학생)가 안내양에게 항

● 앙산 혜적의 탑

● 앙산 혜적의 탑 당우
●● 혜적의 탑(앞면)

의했던 모양이다. 잠깐 시비가 오가다 안내양이 어린아이를 목졸라 죽였다는 것이다. 도대체 그 많은 버스 승객들이 애가 죽을 만큼 목이 졸리는 상황인데 무엇을 했는지 기가 막힐 따름이다.

한참이 지나서야 절을 찾았다. 기사 아저씨는 땀을 뻘뻘 흘리며 미안해했고, 나도 화가 났다. 30여 분이면 절에 도착한다고 했는데 2시간이 넘어버렸으니. 해가 길다지만 5시가 넘은 시간에 무슨 사찰 참배를 할 것인가. 그냥 돌아가자니 온 시간이나 경제적 손실이 너무 크다. 그러는 사이 작은 사잇길로 접어들자 몇 채의 집들이 보이고 멀리 절이 있다.

선종의 5가家 가운데 가장 먼저 흥기한 종파가 위앙종이다. 스승 위산 영우와 제자 앙산 혜적의 선사상을 말하는데, 스승 위산潙山의 '위' 자와 제자 앙산仰山의 '앙' 자를 따서 위앙종潙仰宗이라고 하였다.

앙산 혜적은 광동廣東성 소관韶關 사람으로 성은 엽葉씨이다. 그는 위산 영우의 수제자로 6조 혜능의 법을 이어 선종 7조라고도 추앙받았다. 앙산은 6조 혜능을 흠모해 6조 혜능의 사상을 공부했으며, 조계의 심지心地를 가지고 제자를 지도했기 때문이다.

그는 15세에 출가하려 했지만 부모의 승낙을 얻지 못했다. 어느 날 두 줄기의 흰빛이 조계로부터 솟아 앙산의 집에 비추자 부모가 허락했다고 전한다. 18살 때 사미가 되어 탐원 응진耽源應眞(남양 혜충의 제자)의 문하에서 수년간 경계와 지혜, 어둠과 밝음이 하나가 되어 원상圓相으로 법을 나투는 묘리를 터득하였다.

제자들이 위산에게 물었다.

"부처란 무엇입니까?"

"범부와 성인, 이 두 분별의식이 없어지고, 있는 그대로의 진상眞相이 원래 그대로 드러나며, 이理와 사事의 둘이 아닌 경계가 그대로의 부처인 여여불如如佛이다."

여여불이라는 말은 부처나 깨달음 그 자체도 문제 삼지 않고 시절인연時節因緣을 자각하고 일상생활에 철저한 평상平常의 무사無事한 사람을 가리킨다. 그만큼 위앙종의 사상은 시절인연을 자각하는 주체인 불성이 여여불임을 강조한다. 그는 또 상당 법문에서 이렇게 말했다.

"여러분 각자 광채를 돌이키고 자신을 되찾을지언정 나의 말을 기억하지 말라. 나는 예부터 밝음을 등지고 어둠 속에서 허망을 좇는 뿌리가 깊은 그대들을 가엾게 여긴다. 그래서 거짓으로 방편을 베풀어 다생 겁래로 쌓인 업을 뽑아 버리려 하노니, 마치 누런 나뭇잎으로 우는 아기를 달래는 것과 같음이니라."

앙산은 자신의 방편 법문을 잡화포에 비유하였다. 앞에서도 언급했지만, 석두 희천은 오로지 순수히 금만을 파는 진금포라면, 마조는 어떤 물건이든 다 파는 잡화포에 비유한다. 앙산은 제자들의 근기에 맞추어 법을 설하는 잡화포라고 스스로 자임하면서 석두를 비판하기도 했다.

앙산은 복건성 소관, 광주 등 여러 지역을 옮겨다니다 842년 의춘에서 서은사를 창건하고 법을 설하였다. 이후 서운사는 향엄 지한香嚴智閑(?~898년), 석상 초원石霜楚圓(986~1039년), 불인 요원佛印了元(1032~1098년) 등 많은 선사들이 머물렀고 승려가 많을 때는 1,000여 명에 이르렀다.

한편 신라 때 오관산五冠山 서운사瑞雲寺의 순지順之 스님은 앙산에게서 법을 구한 뒤 신라로 돌아왔으니, 비록 산문을 열지 않았지만(9산선문에 속하지 않음) 위앙종이 신라로 전해졌다.

뉘엿뉘엿 해가 저무는 시간에 절에 도착했다. 사찰 문은 꼭 가정집과 비슷하고, 혜적선사탑원慧寂禪師塔院이라고 쓴 붓글씨가 붙어 있다. 도량 내로 들어서니 사찰은 이제 막 불사가 마무리된 듯한데, 제일 먼저 눈에 띄는 것은 위쪽의 하얀 대리석 탑이다.

무조건 올라갔더니 하얀 대리석으로 외장을 꾸민 탑 안에 혜적의 탑이 새색시마냥 예쁘게 안치되어 있다. 탑 앞에 앙산혜적대통선사탑仰山慧寂大通禪師塔이라고 새겨져 있다. 비문에는 "남양 혜충으로부터 원기元機의 경지를 얻어 조계의 심지로서 일원상一圓相을 천변만화로 사용했다. 간단명료하게 제자들을 지도함에 그를 따를 자가 없었다."라고 새겨져 있다.

탑은 이곳에 있지만 원래 그는 말년에 10년을 소관의 동평산이라는 곳에서 머물다 입적했다. 후에 그의 탑을 앙산으로 옮겨 온 것이다. 그는 입적할 즈음 제자들에게 열반 게송을 설했다.

일흔일곱 나이가 차니 年滿七十七

무상이 오늘에 있도다 無常在今日

해가 중천에 뜬 정오 日輪正當午
양손으로 세운 무릎 휘어잡고 오른다 兩手攀屈膝

위앙종은 송나라 때 법맥이 끊겼는데, 근대의 허운 화상이 다시 법을 일으켰다. 서은사는 문화혁명 때 폐허가 되었다가 2003년에 강서성의 도움으로 사찰을 재건하고 2005년부터 승려가 상주하기 시작했다.

탑 참배를 마치고 내려오니 대웅전과 객당, 그 아래에 요사채가 있다. 그리고 절 뒤편으로 1시간 정도 가면 송나라와 청나라 때의 탑이 있다.

절에서 나와 돌아가는데, 저녁 7시가 다 된 시간인데도 밤 늦도록 공사를 하고 있다. 중국인들은 돈에 대한 애착이 강한 반면, 오후 5시가 되면 철저하게 퇴근한다. 일반 가게도 저녁 8시만 되면 대부분 문이 닫히고 거리도 한산한 편이다. 저렇게 늦게까지 일할 중국인들이 아닌데 싶어, "왜 늦도록 일을 하느냐?"고 물었더니 8월까지 공사를 완료해야 하기 때문이란다.

이 점에 있어서는 사회주의 국가가 막강한 권력을 지닌 사회임을 알 수 있다. 한 번 내린 지시는 무슨 일이 있어도 꼭 해결해야 되는 것이다. 북경에서도 공사 기간이 2년 가량 소요되는 도로를 몇 달 만에 완성했다는 이야기를 들은 적이 있다.

마침내 의춘의 숙소 앞에서 차가 멈추었다. 택시 기사가 요구하는 요금에다 팁을 조금 얹어 주었다. 그의 실수 때문에 선사들의 탑림을 참배하지 못했지만 다음을 기약하면 될 일이요, 그의 깨끗한 양심과 마음 고생한 것이 안쓰러웠기 때문이다.

● 서은사 전경

녹산사, 개복사
백척간두에서 한 발 더 나아가라
장사 경잠 호남성 장사

강서성 의춘宜春에서 호남성 장사長沙행 버스를 탔다. 다른 성으로 넘어가느라고 꽤 긴 시간을 달렸다. 강서성이나 호남성은 유명 명승고적이 있는 관광지가 아닌지라, 몇몇 도시 외에는 대부분 농촌 지역이다.

농촌 지역이 여자 아이에 대한 편견이 심해서인지 곳곳마다 "남아 출생과 여아 출생은 똑같이 좋은 일이다.", "여아는 곧 중국 미래의 발전이다.", "여아를 낳아 기르는 가정이 행복하다" 등등 문구가 현수막으로 걸려있다.

1982년인가(?) 인구 억제책으로 아이를 하나만 낳자는 법안이 만들어졌다. 그래선지 임산부들은 아들을 많이 낳았다. 중국인들도 만만치 않게 남아선호 사상이 강한지라, 여아들은 나면서부터 찬밥신세인 셈이다. 그리고 20여 년이 흐른 요즈음, 여자가 훨씬 모자라 사회적 문제로 대두되고 있다.

물론 농촌 지역은 첫딸을 낳으면 둘째까지 낳을 수 있고, 소수민족도 둘째까지 낳을 수 있는 특권이 있다. 그 외 두 번째 자식을 낳으면 엄청난 벌금을 내야 한다. 가난한 집에서 출생한 둘째 아이는 아예 호적에 오르지 못하는 경우도 많은데, 이런 아이들을 헤이하이즈黑孩子라고 한다. 아이의 호적이 없는 가정에서는 인구 조사원이 찾아오면 그들을 저승사자라고 부를 정도이다. 돈 있는 가정은 벌금을 내면서까지 둘째와 셋째를 낳는다. 그래서 중국사회는 자식을 몇 두었느냐로 부를 측정하기도 한다.

한편 아이가 하나이다 보니 아이들은 가정의 소황제小皇帝라 칭하고, 소태양小太陽이라고도 한다. 이런 아이들은 자신밖에 모르고 남에 대한 배려의식이 부족해 현 중국사회는 효사상을 강조한다거나 유교문화를 도입해 캠페인을 벌이고, TV에서도 가족간의 우의를 공익광고하는 실정이다.

장사 버스터미널 대합실에 들어가니 마오쩌뚱의 청동상이 서 있고, 그 뒤

● 개복사 입구에 자리잡은 사주쟁이들
●● 사찰 내에서도 승려들이 이것으로 점괘를 봐준다

에는 "인민을 위해 봉사한다.〔爲人民服務〕"는 문구가 새겨져 있다. 인민을 위해 봉사한다는 문구는 공안국이나 기타 국가기관 어디나 붙어 있다. 저 문구를 붙여 놓고도 공안公安이나 공무원은 권위의 상징이며 부패의 온상이 되고 있으니, 문구는 현실에 대한 위선이요, 단지 미래 중국의 지향점일 뿐이다.

호남성은 마오쩌뚱의 고향이기 때문에 호남인들이 떠받든다고 하지만, 전국의 많은 민중들이 마오쩌뚱을 떠받들고 있다. 그가 사후에도 권력과 카리스마를 누리고 있으니 대단한 사람인 것만은 분명하다. 언제쯤 그의 명성이 사그러들지 중국역사의 흐름이 궁금하다.

장사는 호남성의 수도답게 꽤 변화하다. 북으로는 동정호洞庭湖, 남으로는 형산衡山, 시내에는 상강湘江이 흐르는 아름다운 곳에 위치해 있다. 최초의 통일국가인 진나라 때 장사군이라고 하였고, 한나라 고조 유방이 기원전 202년에 장사국으로 만들었으며, 삼국시대에는 오나라에 속했던 곳이다. 신해혁명 이후 장사시가 되었다.

일단 장사에 왔으니 장사의 명찰 두 곳을 둘러보기로 했다. 먼저 개복사開福寺로 향했다. 절 입구에 10여 명의 사주쟁이들이 쭉 줄지어 앉아 손님을 기다리고 있고, 걸인들도 10여 명은 되는 것 같다. 절 삼문식三門式 패방이 우람하게 서 있는데, 중심에 고개복사古開福寺, 양쪽으로 회두시안回頭是岸(고개를 돌리니 이곳이 피안이로다)이라고 쓰여 있다.

도량 안으로 들어가 사찰안내를 보니, 임제종계 양기파 사찰이다. 927년 당나라 말기 오대五代 때 초왕楚王 마은馬殷과 보녕保寧 승려가 창건하였다. 세월이 흐르면서 화재도 입고 다시 중건하기를 거듭했다. 현재의 건축물들은

● 개복사 승려들의 기도하고 있는 모습
●● 왼쪽은 위패, 오른쪽은 축원문이 쓰여 있다

명 · 청나라 때 문화재이다. 또한 청나라 때의 석각비石刻碑가 몇 좌 있다. 어떤 석비는 적어도 몇백 년의 역사를 지닌 것 같은데, 도량이 좁은지 편리하게 관음전 내부 벽에다 시멘트로 붙여 놓았다. 이 정도로 중국은 문화재보존이 허술하다.

1994년부터 비구니 스님들이 살기 시작하면서 150여 명의 대중이 상주한다. 사찰에서 무슨 기도가 있는지, 각 당우마다 7~8명의 스님들이 경전을 독송하고 있다. 선당禪堂 들어가는 입구에는 왼쪽에 몇백 위位 영가 위패가 붙어 있고, 오른쪽에는 살아 있는 사람의 수명을 연장시킨다는 명목으로 이름이 쭉 붙어 있다.

방편으로 중생들을 제도하기 위한 건지, 부를 축적하는 또 다른 수단이 되는지는 모르겠지만 왠지 씁쓸하다. 한국의 몇몇 개인 사찰도 명목 없는 기도를 하거나 부적을 만드는 곳이 있다. 이렇게 말하면 맞아 죽을 일인 줄 알지만, 한국 불교도 빨리 정법으로 되돌아가야 하리라.

개복사에서 오후 3시가 넘어 악록산岳麓山에 위치한 녹산사麓山寺로 향했다. 그런데 택시 기사가 녹산사를 모르는지 녹산공원 앞에 내려 주는 것이다. 공원 앞에서 물으니 다시 옆길로 한참을 가야 한단다. 그런데 택시 기사들이 하나같이 그곳을 모르고 있었다. 마침 한 택시 기사가 알고 있어 겨우 찾아갔다. 이 사찰은 녹산공원 안에 위치해 있기는 한데 들어가는 입구가 달랐다.

녹산사는 268년에 창건되어 1700여 년의 역사를 지닌 사찰로서 장사 역사의 귀중한 문화유산으로 여겨지고 있다. 사찰 들어가는 삼문식 패방은 마치 유치원 입구를 장식해 놓은 듯 익살스럽기도 하고 밝은 면이 있어 좋기는 한데, 조금 부정적으로 표현하면 유치하다고 해야 하나. 어쨌든 패방에는 한나라와 위나라 때의 최초 명승지漢魏最初名勝, 호남의 제일 도량湖南第一道場이라는 대련이 쓰여 있다.

녹산사는 정토종 사찰로서 40여 명의 스님들이 거주하는데, 절반 가량이 10대 후반에서 20대 초반이었다. 이 사찰도 문화혁명 때 폐허가 되었다가 1994년 성휘聖輝 화상이 사찰을 수복하고 도량을 정비했다.

관음각의 관음보살님이 너무 아름다워 두 분의 관음을 찍었는데 볼수록 신심이 절로 난다. 남북조시대와 당나라 때 여러 문인들이 남긴 글귀가 전하고 있으며, 많은 고승이 배출되었다. 당나라 때 장사 경잠도 그 중 한 분이다.

장사 경잠長沙景岑(?~868년)은 어려서 출가하여 남전 보원南泉普願(748~834년) 문하에서 수행한 뒤 그의 법을 이었다. 조주 종심(778~897년)과는 사형사제인 셈이다. 경잠은 녹산에 녹원을 개산하고 제자들을 지도하며 법을 펼쳤다. 그는 녹산에서 몇 년을 머물다가 이후 여러 곳을 유랑하며 수행했다.

> 장사 경잠이 한 제자를 보내 회會 화상을 만나보도록 하였다. 제자가 회 화상을 찾아가 물었다.
> "화상께서는 남전 보원을 만나기 전에 어떠하였습니까?"
> 회 화상이 잠시 침묵하자, 제자가 재차 물었다.
> "만난 뒤에 어떠하였습니까?"
> "별다른 일이 없었느니라."
> 이 제자가 돌아와 경잠에게 다녀온 이야기를 들려 주니 경잠이 말했다.

"백자 장대 끝에 앉은 이가 깨닫기는 했으나 그것은 참 깨달음이 아니다. 백자 장대 끝에서 한 걸음 더 나아가야[百尺竿頭進一步] 시방 세계가 온통 한몸이니라."

백척간두百尺竿頭란 수행해서 오르고자 하는 절대 경지를 뜻한다. 여기까지는 오르기 쉽고, 깨달았음을 의미한다. 그러나 여기에서 머물라는 것이 아니다. 경지에 오른 뒤 진일보進一步, 즉 다시 내려가야 한다는 것이다. 중생들을 제도하고, 그들과 더불어 보살행을 실천해야 함을 강조한다. 백척간두가 자리自利요 상구보리上求菩提라면, 진일보는 이타利他요 하화중생下化衆生인 셈이다.

한편 절대경지에 올랐으니, 상대적인 경지를 두지 않는 자리를 말하기도 한다. 결국 '없다'는 것을 추구하되 '있다'는 상대 개념이 없는 절대적인 없음인 공空의 자리인 것이다.

어느 날 장사 경잠이 산을 돌고 와서 문 앞에 당도하니 한 제자가 물었다.

"화상께서는 어디를 다녀오십니까?"

"산을 돌고 온다."

"어디까지 갔다 오십니까?"

"처음에는 고운 풀밭을 따라 나섰다가, 나중에는 낙화를 따라 돌아왔느니라."

"마치 봄소식같습니다."

"가을 이슬이 연꽃 위에 떨어지는 것보다 나으니라."

한 제자가 물었다.

"어떤 것이 평상심平常心입니까?"

"잠을 자고 싶으면 잠을 자고, 앉고 싶으면 앉으면 된다."

"잘 모르겠습니다."

"더우면 시원한 곳에 가고 추우면 불을 쬔다."

"그러면 자연 가운데 존재하는 도체道體란 어떤 것입니까?"

"바늘 한 개에 석 자의 실이다."

● 녹산사 관음보살상

건명사

과거 · 미래 · 현재 중
어디에다 점을 찍겠느냐?

덕산 선감 호남싱 상덕

● 건명사 사천왕문(고덕선원 편액은 배휴가 쓴 것)

당나라 때 덕산 선감德山宣鑑(782~865년)은 사천四川성 출신으로 어려서 출가하였다. 처음에는 계율을 연구하다가, 오로지 『금강경』만을 공부하여 그 분야에서 일인자가 되었다. 당시 사람들은 덕산을 『금강경』의 대강사라 하여 주금강周金剛이라고 불렀을 정도이다. 그런데 덕산은 당시 북방 지역에 머물렀었고, 선禪이 풍미했던 지역은 남방이었다.

덕산 선감은 늘 이렇게 생각했다.

"헤아릴 수 없이 많은 출가인들이 몇십 겁 동안 경전공부에 노력했고 몇백 겁 동안 부처님 계율을 준수했건만, 제대로 공부도 하지 않은 이들이 문자(경전)를 부정하고不立文字 견성성불見性成佛 직지인심直指人心을 주장하고 있으니, 내가 그들을 만나 코를 납작하게 해 주어야겠다."

어느 날 굳게 마음먹고, 걸망에 『금강경』에 관련된 경전을 잔뜩 짊어지고 선사들과 한판 논쟁을 하기 위해 길을 떠났다. 덕산이 풍주지방에 이르렀을 때 점심시간이 되어 배가 고프던 차에 떡장수 할머니를 만난다. 이 할머니는 스님의 모양새를 보고 말했다.

"스님, 등에 웬 짐을 그렇게 많이 지고 다닙니까? 도대체 무엇입니까?"

"『금강경 청룡소초』입니다."

"스님, 그렇지 않아도 『금강경』 어느 한 구절을 잘 이해하지 못하고 있는데, 스님께서 대답을 해 주시면 제가 점심點心을 그냥 드리겠습니다."

마침 배가 출출하던 차인지라, 덕산은 그리하라고 했다.

보통 우리는 아침과 저녁 중간인 정오 무렵에 먹는 식사를 점심이라고 하지만, 중국에서는 점심을 배가 고플 때 '배가 고프다.'는 생각을 잠시 잊기 위해 먹는 일종의 간식을 말한다. 노파는 스님께 질문을 던졌다.

"스님, 『금강경』 18품에 '과거심불가득過去心不可得 현재심불가득現在心不可得 미래심불가득未來心不可得, 즉 지나간 마음도 얻을 수 없고 현재의 마음도 얻을 수 없고 미래의 마음도 얻을 수 없다.'고 했는데, 스님께서는 어느 마음에다 점을 찍겠습니까?"

이 말에 『금강경』의 대가라고 자부하던 덕산은 할 말을 잊고 대답을 하지 못했다. 그러자 할머니가 말했다.

"저기 위에 있는 사찰에 가면 용담 숭신龍潭崇信(782~865년)이란 대 선사가 있으니 꼭 만나보십시오."

이 노파는 덕산에게 있어 관음의 화신이거나 문수보살의 화신이 아닐까 싶다. 어려울 때나 힘겨울 때 누군가가 도와주고 자신을 좋은 길로 채찍질하면, 그가 바로 관음보살이요 문수보살인 것이다. 너무 멀리서만 관음을 찾으려고 하니, 옆에 관음을 두고도 알아보지 못하는 것이 아닌가 한다.

절에 도착한 덕산은 큰 소리로 외쳤다.

"용담, 용담! 못潭도 안 보이고 용龍도 안 보입니다."

이때 용담이 뛰어나와 대답했다.

"아닐세. 여기 있네. 그대는 제대로 찾아왔네."

그날 밤 용담과 덕산은 저녁 늦게 법거량을 한 뒤, 덕산이 밖으로 나와 촛불을 들고 신발을 찾으려고 하는데 용담이 촛불을 꺼버린다. 그 순간, 덕산의 마음이 확연히 열리면서 깨달았다. 이리하여 덕산은 용담의 법을 이어받은 제자가 되었다. 이 법맥이 바로 5가 7종 가운데 법안종法眼宗의 종조들이요, 이전에 언급했던 석두 희천의 제자들이다. 덕산은 깨달은 이후 가지고 다니던 『금강경』을 모두 불살라버렸다고 전한다.

● 시골에서 공연하고 있는 떠돌이 배우와 악단
●● 우민사(강서성 남창) 앞 공원에 모여 즐거이 노래하는 사람들

이 내용은 많이 회자되고 있는 이야기이다. 이 일화를 통해 한 가지 놓치지 말아야 할 것은, 무조건 경전을 배우지 아니하고 참선만이 오로지 바른 수행법이라고 생각해서는 안 된다는 것이다. 경전은 마음공부하는 하나의 방편이요, 지름길로 인도하는 안내서이다. 다만 자신의 해탈을 추구하지 않고 문자에 집착하는 것을 없애기 위함이다. 그래서 덕산은 후에 법을 설하고 제자들을 지도할 때 몽둥이로 때렸던 것이다. 스승이 제자를 깨우치기 위한 방편으로, 번뇌망상을 일도양단一刀兩斷하기 위해 쓰는 것이 할喝(소리를 지름)과 방棒(몽둥이로 때림)이다.

열흘 전 강서江西성 길안吉安 정거사에 갔을 때, 객당의 지객 스님이 상덕常德 건명사乾明寺는 덕산 선감 선사가 옛날 법을 폈던 곳이라고 내 지도책에 직접 써 주었다. 스님께서 덕산의 사찰을 몰라서 잘못 써 주지는 않았겠지만, 설마 아니라면 하루 이상을 헛걸음해야 하는 일인지라 내심 걱정되었다. 오로지 지객 스님의 말만 믿고 장사長沙에서 상덕常德으로 가는 버스를 탔다. 대략 4시간 정도 걸릴 것이라고 예상했는데 ― 도시에서 도시로 가는 고속버스라서 그런지 이제까지 탄 버스 중에서 최고로 좋은 차였다 ― 2시간 만에 상덕에 내렸다.

하룻밤을 숙소에서 묵었다. 당나라 때 큰 선지식임을 감안해 기대를 갖고 아침 일찍 택시를 불러 건명사 위치를 물으니, 상덕 시내에 위치해 있단다. 차를 탄 지 20여 분 만에 건명사에 내렸다. 도량 내로 들어갔더니 당우는 거의가 근래 불사한 건축물이고, 도량을 몇 바퀴 돌아도 덕산의 흔적은 전혀 찾아볼 수 없었다.

할 수 없이 객당으로 들어가 지객 스님에게 물었더니 덕산 선감의 도량이 맞기는 맞았다. 건명사는 당나라 초기 860년에 창건되었다. 낭주자사朗州刺史 설연망薛延望이 다시 중수하고 덕산 선감을 주지로 청해 덕산이 머물렀고, 당시 재상 배휴裵休(797~870년)가 고덕선원古德禪院이라는 편액을 써 주었다.

사천왕문에 고덕선원古德禪院이란 편액이 걸려 있고, 그 옆에 "당 원화元和 2년에 사찰을 염인捻印이라는 승려가 창건했고, 덕산 선감이 개산開山했다."고 쓰여 있는 것으로 보아 덕산이 수행했던 곳이 분명하다.

한때 이 절은 여러 제방에서 많은 승려들이 모여들어 수행했으며, 시방선림十方禪林이라고 불렸다. 당시 도량에는 금강탑, 혜광탑慧光塔, 비로각, 팔각정, 단교斷橋, 철경당鐵經幢, 종경당鍾經幢, 발우천鉢盂泉 등 문화재가 많았다고 한다. 그러나 애석하게도 현재에는 이 문화재들이 하나도 없다.

돌아오는 길녘, 조금 씁쓸하기도 했다. 덕산의 흔적을 전혀 찾아볼 수 없었다는 점이. 하지만 덕산의 사상을 다시 한 번 가슴에 새긴 걸로 만족하련다. 무엇을 더 바라랴!!

덕산 선감은 열반하기 직전 중풍에 걸려 고생했다. 대변을 온 사방 벽에 칠해 놓을 정도로 덕산의 풍병은 심각했다. 그런데 스님께서 열반하고 얼마 안 되어 살아생전 풍병으로 방 벽에 칠해 놓았던 대변이 방광放光했다는 일화가 전한다.

건명사가 상덕 시내에 있는데다 특별히 살펴볼 만한 것이 전혀 남아 있지 않아, 바로 위산 영우潙山靈祐(771~853년)가 개산開山했던 도량 밀인사를 찾아가기 위해 상덕 버스터미널로 향했다. 밀인사에 가려면 이곳에서 영향寧鄕

이라는 지역까지 가서 다시 밀인사로 들어가는 차를 타야 한다.

버스터미널 입구에 장사행 버스가 서 있고, 버스를 타라고 호객하던 아저씨가 내게 목적지를 물었다. '영향에 간다'고 했더니, 이 버스가 통과하니 타라는 것이다. '또 속는 것은 아니겠지!' 하고 버스를 탔다. 지도상에서 보면 상덕 — 영향 — 장사이다.

불안했지만 '설마 고속도로 상에 내려놓지는 않겠지!' 하며 스스로를 안심시켰다. 그런데 설마하는 일이 진짜 벌어졌다. 1시간 반 가량 차가 달렸을까? 영향 톨게이트 주변 고속도로 상에 차를 세우더니 내리라는 것이다.

"영향 톨게이트로 쪽으로 걸어가면 됩니다."

그러면 그렇지! 속지 않으려고 애를 썼건만 또 속고 만 것이다. 할 수 없이 욕을 바가지로 하면서 그 뜨거운 태양볕을 받아가며 30여 분을 걸어 톨게이트 쪽으로 빠져나왔다. 천신만고 끝에 오토바이를 개조하여 운행하는 차를 타고 영향 버스터미널 쪽으로 향했다.

밀인사

불성을 보고자 하면
시절인연을 관하라

위산 영우 호남성 영향

● 밀인사 삼문식 패방

의춘宜春 앙산 혜적仰山慧寂(807~883년)의 도량을 찾아갈 때도 갖은 고생을 했건만, 혜적의 스승 위산 영우의 도량 밀인사密印寺를 향하는 여정도 험난하기는 마찬가지였다. 사찰이 깊고 깊은 산골에 위치해 이전에 고생을 너무 많이 했기 때문이다. 아무튼 그 스승에 그 제자이다. 앙산 혜적의 도량 서은사 글에서도 언급했지만, 위산 영우는 위앙종潙仰宗의 종조가 된다.

밀인사가 있는 영향寧鄉은 호남湖南성 성도에서 1시간 반 가량 되는 거리이다. 영향에서도 2시간 정도를 가야 밀인사에 도착할 수 있다고 한다. 그런데 이상하게도 이곳은 도로가 완전히 정비되어 있었다. 어쨌든 굽이굽이 산 정상을 향해 올라가는데, 듬성듬성 집이 보인다. 그 깊은 산골에 어찌 사람들이 사는지 감탄하지 않을 수 없다. 자그마치 꼬불꼬불 고갯길만 1시간 이상을 달렸으니…. 거의 산 정상에 올라갔을 무렵, 속으로 '절만 덩그렇게 하나 있겠지.'라고 생각했는데, 웬걸 수많은 상점과 숙소가 큰 마을을 이루고 있고 멀리 절이 보인다. 정상 분지에 마을과 절이 있는 셈이다.

위산 영우潙山靈祐(771~853년)는 광동廣東성 복주福州 장계長谿 사람으로 속성은 조씨이다. 15세에 고향 건선사에 출가하여 대소승의 계율과 경전을 배웠다. 구족계를 받은 뒤 초기에는 경전공부에 전념했다. 선사는 나이 23세 무렵 "부처님의 가르침은 지극하기는 하지만 내가 의지할 바가 아니다."라고 한 뒤 길을 떠나 백장 회해百丈懷海(749~814년) 문하로 들어갔다. 위산이 백장 문하에 들어간 지 얼마 안 되어 스승 백장과 마주앉았다.

"화로에 불씨가 있는지 살펴보아라."

영우가 화로 안을 뒤적이면서 말했다.

"불씨가 없습니다."

백장이 다시 화로를 뒤적이다 조그만 불씨를 찾아내었다.

"이것이 불씨가 아니고 무엇이냐?"

순간 영우가 크게 깨달은 뒤 백장 선사께 인사를 올렸다.

"경經에 이르기를 '불성佛性을 보고자 한다면 시절인연時節因緣을 잘 관찰하라.'고 하였는데, 시절이 도래하면 미혹하였다가 곧 깨닫게 되고 잊었던 일을 기억하게 되는 것과 같다. 이것은 본래의 자기를 알게 된 것이며, 자신 이외에 다른 사람으로부터 혹은 다른 데서 얻어지는 것이 아니다."

백장이 제자인 영우에게 '너 자신에게 불성이 있다'는 것을 직설적으로 말하지 아니하고 화로에서 불씨를 찾게 하는 방편을 쓰고 있다. 여기서 불씨는 부처가 될 성품인 불성을 말한다. 시절인연이라는 말은 『열반경』에 나오는데, 모든 중생은 자신이 부처가 될 성품[佛性]을 깨닫는 결정적인 때(시기)가 오게 되어 인연과 합하는 것을 말한다. 이 시절인연은 위산 영우의 선사상에서 중요한 위치를 차지할 뿐만 아니라, 위앙종의 가풍으로 전한다.

위산 영우는 스승 문하에서 수행을 하다 장사長沙로 가던 도중 대위산大潙山에 머물렀다. 절을 짓고 40년 동안 법을 설하며 제자들을 지도했다.

절 패방에는 시방밀인사十方密印寺라는 편액이 쓰여 있다. 사찰에 들어서니 이제까지 참배했던 사찰치고는 매우 큰 도량이다. 도량을 참배하다가 스님네들이 지나가길래 위산 영우의 탑이 있는 곳을 물었더니 지객 스님에게 안내했다.

객당에 들어갔더니 한국에서 온 승려라고 차를 내오고 선물 한 꾸러미를 주는 등 대접이 극진하다. 굳이 그렇게까지 하지 않아도 되는데, 드릴 것은 하나도 없고 죄송할 따름이다. 이곳은 현재 스님네가 40여 명이 상주하는데 현재 7일 기도 중이라고 한다. 어쨌든 스님의 친절한 안내로 미처 생각하지 못했던 곳까지 보게 되었다.

한 가지 재미있는 사실은 도량 내에 마오쩌둥이 머물렀던 방이 있다. 그곳에는 침대와 책상, 그의 청년 시절 사진 2장이 걸려 있다. 마오쩌둥은 이곳에 자주 와서 머물며 승려들과 대화를 나누고 토론을 했다. 한편 마오쩌둥은 밀인사가 역사적으로 중국불교사에서 중요한 위치라고 소개하며 호남지역 정

● 20대의 마오쩌둥
●● 마오쩌둥이 머물렀던 방

● 위산의 탑

● 탑 뒤에 위산의 전기 및 수행 이력이 새겨져 있다

치인들에게 "위산은 좋은 곳이요, 밀인사가 있으니 반드시 잘 보호하라."는 명을 내렸다고 한다.

어쨌든 묘한 기분이다. 종교를 부정했던 사회주의 사상가요, 문화혁명을 통해서 종교 말살정책을 폈던 그에게 이런 점이 있었다니, 이방인의 눈에는 이상하게 보일 따름이다. 또한 마오쩌뚱은 문화혁명 때도 귀중한 불교문화재는 보호하도록 했다.

영우 화상이 활동하던 시기는 폐불사건 직후로 재상 배휴裵休(797~870년)

의 도움이 있어 어려움 없이 법을 펼칠 수 있었다. 아이러니하게 밀인사도 마오쩌뚱의 보호가 있었다는 점이다. 복 있는 사람은 어디를 가도 복이 있고, 재수 없는 사람은 앞으로 넘어져도 뒤통수가 깨진다고 하더니, 어려운 시기 때마다 이 사찰은 권력자의 도움을 받았다.

위산 영우가 밀인사에서 법을 펼친 이후 그의 문하에 1,500여 명의 제자가 있었다. 그의 법을 이어받은 위앙종 2세 앙산 혜적과의 재미있는 일화가 전한다.

> 영우 선사가 낮잠을 자다가 인기척을 듣고 깼다. 제자 혜적이었다.
> 그래서 영우는 그를 떠볼 양으로 벽을 향해 돌아누웠다.
> 이를 이상하게 여긴 혜적이 물었다.
> "스님, 어디가 불편하십니까?"
> "아니다. 꿈을 꾸고 있던 중인데 아직 끝나지 않아서 마저 꾸는 중이야. 무슨 꿈인지 말해 주랴?"
> 혜적이 말없이 밖으로 나가더니 세숫대야에 물을 떠가지고 왔다.
> "스님, 세수나 하시지요."
> "이놈, 다 컸구나!"
> 영우는 너털웃음을 쏟아내며 흥겹게 세수를 했다.

무슨 꿈인지 알고 싶으냐는 물음에 앙산은 궁금해하지 않았다. 세수나 하시라는 말 한마디 속에 스승을 뛰어넘는 앙산의 기지와 수행력이 있었던 것이다. 또한 위산의 문하에는 앙산 이외에 제자 향엄 지한香嚴智閑(?~898년)과

영운 지근靈雲志勤(?~866년)이 있다. 영운 지근은 복숭아 꽃이 활짝 핀 모습을 보고 깨달았다. 다음은 그의 오도송이다.

삼십 년이나 칼을 찾은 나그네여 三十年來尋劒客
몇 번이나 잎이 지고 싹이 돋았던가 幾回落葉又抽枝
그러나 복숭아 꽃을 한 번 본 이후로 自從一見桃花後
지금에 이르도록 다시는 의혹이 일어나지 않나니 直至如今更不疑

도량을 돌다보니 경책전警策殿이라는 당우가 있고, 그 앞 석비에「위산선사경책문潙山禪師警策文」이 새겨져 있다. 이 경책문은 강원의 학인스님들이 처음 공부하는『치문緇門』에 수록되어 있다.『위산대원선사경책潙山大圓禪師警策』은『42장경』,『유교경遺教經』과 함께 불조삼경佛祖三經 중 하나이다. 수행자들이 늘 곁에 두고 경책으로 삼으라는 내용이 담겨 있기 때문이다.

덧없는 생노병사가 예고 없이 다가와
아침엔 살았다가도 저녁에 죽으니 찰나가 다른 세상이다
마치 봄 서리나 새벽이슬 같아서 잠깐 사이에 사라진다
벼랑 위의 나무나 우물 속의 넝쿨과도 같으리니
어찌 오래갈 수 있겠는가
생각생각 빨리 지나 한 찰나에 숨이 떨어지면
그대로가 다음 생인데 어찌 편안하게 허송세월하랴

위산 영우가 밀인사를 창건할 당시 인부들의 끼니 제공에 필요한 소금과 기름을 조달했다는 전설을 간직한 큰 바위 유염석油鹽石과 청나라 때 유물 석비石碑가 몇 좌 있다.

사찰 참배를 마치고 지객 스님에게 인사를 하고 절을 나왔다. 왔던 길로 되돌아가면서 영우 선사의 탑을 참배하기로 하였다(위치상 그러하다). 영우의 사리탑은 밀인사와 20여 분 거리다. 탑비에는 대원영우선사정혜탑大圓靈祐禪師淨慧塔이라고 쓰여 있고, 탑 주위에는 그의 사적과 법맥法脈이 새겨져 있다. 『위산경책문潙山警策文』의 내용을 생각하면서, 배움과 선지식을 가까이해야 하는 의미를 되새겨 본다.

'나를 낳아 준 사람은 부모이고 나를 완성시켜 준 사람은 벗이다'라고 했다.

착한 사람을 가까이하는 사람은 마치 안개와 이슬 속을 가는 것 같아서, 비록 당장 옷에 젖지는 않아도 점점 촉촉하게 젖어든다.

한편 악한 사람과 친하게 지내는 사람은 나쁜 지견知見을 길러서 아침 저녁으로 악한 짓을 함으로써 과보를 받게 되고 또다시 윤회를 한다.

한 번 사람의 몸을 잃으면 영원히 다시 인간으로 태어나기 어려운 법. 좋은 말은 귀에 거슬리나 어찌 마음에 새겨두지 않을 수 있겠는가.

… 선지식을 가까이 하여 널리 묻고 늘 좋은 도반을 가까이하라.

석상사

마음이 없으면
물질도 없는 법

석상 초원, 석상 경저 호남성 류양

● 석상사 패방

오늘 가야 할 곳은 호남湖南성 류양劉陽 석상사石霜寺이다. 어제 저녁 류양행 버스가 있는 동터미널 근방에 숙소를 정해 잠을 잤기 때문에 조금 느긋하다. 오늘은 사찰 한 곳만 참배하고 북경으로 올라가기로 한데다, 며칠 전 밤 8시 반 북경행 비행기표를 예약해 놓았기 때문에 마음이 편안하다. 마음은 느긋한데, 이놈의 가방을 어디다 맡겨야 할지 고민이다.

장사長沙에서 류양은 매우 가깝기 때문에 1시간 반 만에 류양터미널에 내렸다. 내리자마자, 터미널 내에 있는 구멍가게에 요금 4원(한국돈 500원)을 주고 가방을 맡겼다. 맡기는데 컴퓨터가 가방 안에 있어 조금 망설여지기도 했다. 오늘은 한 달간의 여행일정 중 마지막 날이라 점심도 몇 가지를 시켜서 근사하게 먹었다. 류양터미널 근방에서 찻삯을 흥정하는데 만만치 않게 부른다. 결국 3번째 택시와 협상해 석상사石霜寺까지 갈 수 있었다.

사천왕문 패방에 당唐 석상石霜 숭승선사崇勝禪寺라는 편액이 걸려 있는 것으로 보아 당나라 때 도량임을 알 수 있다. 안으로 들어갔더니 대웅전 기둥 양편에 초원楚圓 설법장說法場(초원이 법을 설한 장소), 경저慶諸 전선지傳禪地(경저가 선을 전한 곳)라는 대련이 보인다. 나는 이곳이 석상 초원의 도량인 줄만 알았는데 석상 경저가 이 도량을 창건하였다는 것을 여기 와서 알았다.

석상 경저石霜慶諸(807~888년)는 강서江西성 청강현 출생으로 속성은 진씨이다. 13세 때 출가하여 남창 서산 소감에게 삭발한 후 23세에 영은 숭악에게 구족계를 받았다. 만행을 하다 위산 영우의 문하에 들어갔다.

경저가 하루는 부엌에서 쌀을 일고 있는데, 영우 선사가 말했다.

"쌀알을 하나도 버리지 말라고 했는데, 왜 너는 쌀알을 함부로 하느냐? 저 쌀 한 톨을 적게 보지 마라. 이 쌀 한 톨로부터 수많은 쌀이 생산되느니라."

경저가 위산의 말에 곧바로 받아서 말했다.

"수많은 쌀이 이 한 톨에서 생겨난다고 한다면, 이 한 톨은 어디에서 생겨나는 겁니까?"

이 말에 위산은 고개를 저으며 방장실로 들어갔다.

경저는 위산의 문하를 떠나 도오 원지道吾圓智(769~835년, 석두 희천의 손자)의 문하로 들어갔다. 도오 원지 문하에 머문 지 얼마 후에 깨달은 뒤, 인가를 받고 그의 법을 이었다.

스승 도오 선사가 입적할 무렵, 경저에게 말했다.

"내 마음 속에 한 물건이 있어 오랫동안 근심을 하고 있는데, 누가 나를 도와 이 근심을 없애 줄 수 있겠느냐?"

"마음이 없으면 물질도 없는 법입니다. 그것을 없애려고 하면 할수록 더욱 근심만 늘어날 뿐입니다."

이후 경저는 석상산으로 들어가 숭승선림崇勝禪林을 창건하고 20여 년을 주석하면서 그의 선풍을 드날렸다. 경저는 석상사에 주석하면서 산문 출입을 삼가고 장좌불와하며 참선 정진했다. 한때는 이곳에 승려가 천여 명이나 되었고, 그 중 8백여 명이 장좌불와를 한 정진터였다. 이리하여 석상사 선풍을

● 토굴 뒷모습
●● 토굴 문 입구

● 폭죽을 만들고 있는 여인

오래된 나무처럼 한 자리에 앉아 수행한다고 해서 고목선枯木禪이라고도 불렀다. 경저도 임제나 덕산처럼 제자들을 지도함에 소리를 지르거나〔할喝〕 몽둥이를 드는 일〔방棒〕을 서슴치 않았으며, 늘 이렇게 말했다.

"제군들이여, 그대들 스스로 닦아야 할지니라. 밖에서 구하려고 하지 말라. 옳고 그름을 판별할 것도 없으며, 또 되돌아볼 물건도 없다. 모든 불법은 사람들이 정리한 손발에 불과할 뿐이다."

석상사는 현재 스님네가 10여 명 머물고 있는데, 대부분이 연세가 있음직한 노스님들이었다. 지객 스님에게 절 안내서를 하나 달라고 했더니 한참을 뒤적여 몇 장 주었다. 이곳에 일본 승려들은 간혹 다녀가는데, 한국 승려는 처음 왔다며 엄지손가락으로 표현까지 하며 반가워했다.

연세가 65세쯤 되어 보이는 노스님은 혼자 도량을 다니겠다고 해도 도량 곳곳마다 안내해 주었다. 각 당우에서 내가 절을 올리는 동안 종을 치시더니 젊은 스님에게 90도 각도로 인사까지 한다.

도량의 당우를 모두 참배하고 조사전에 갔더니 달마 스님을 중심으로 왼쪽에는 경저와 초원, 양기 방회楊岐方會(992~1049년), 오른쪽에는 혜능과 황룡 혜남黃龍慧南(1002~1069년), 허운 화상이 모셔져 있다.

조사전에서 나오니 바로 옆에 젊은 승려의 방이 있다. 희미한 유리창에 비친 스님은 혼자 이불을 몸에 걸치고 깊은 삼매에 들어 있다. 조심스럽게 옆길로 빠지니 도량 곁에 원시림 같은 정원이 있었다. 그 숲길을 따라 가니 아마도 혼자 수행하는 토굴인 것 같았다. 지금은 폐허된 공간이지만, 딱 한 사람 앉고 눕고 할 정도의 공간이다. 그 문에는 '정靜' 자가 크게 써 있고, 불문시중생지묘문佛門是衆生之妙門 중생가이진불문래衆生可以進佛門來라고 쓰여 있다. 이전에 오대산에서 폐관원閉關院이라고 쓰인, 한국으로 치면 무문관 당우는 보았어도 이렇게 혼자 수행하는 토굴은 처음 보았다. 가히 경저나 초원과 같은 대선지식이 머물다 간 도량다웠다.

석상 초원石霜楚圓(986~1039년)은 자명慈明 초원이라고도 하는데, 광서廣西 장족壯族 자치구自治區 전주全州 출신으로 속성은 이씨이다. 처음에는 유생이었으나 22세에 출가했다. 출가 이후 만행을 하며 스승을 찾던 중 분양 선소汾陽善昭(947~1024년)를 참문했다. 초원이 선소 문하에서 2년을 지냈으나 아무런 가르침이 없었다.

하루는 초원이 스승에게 말했다.
"스님, 저는 스님 문하에서 2년을 보냈으나 깨달음에 관한 것은 조금도 배우지 못하고 세속의 잡다한 일만 하다 세월이 가는 것 같습니다. 이렇게 산다면 수행에 무슨 의미가 있겠습니까?"
스승이 초원의 말이 끝나기가 바쁘게 말했다.
"이 못된 놈아! 너 같은 놈이 내 문하에 들어오다니."
스승이 주장자로 두둘겨 패자 초원이 살려 달라고 외치며 도망갔다.
초원이 여기서 깨닫고 나서 말했다.
"임제의 도는 이런 일상생활 속에서 나왔구나!"

초원은 스승을 따라 경도京都에서 7년을 보낸 뒤, 여러 곳을 거쳐 강서성 의춘 남원사에서 3년을 주석했다. 이때 초원을 알현한 제자가 양기 방회이다. 그 후 초원은 호남성의 도오사·석상사·복엄사 등에서 방장으로 주석하며 선풍을 드날렸다. 복엄사에서는 황룡파의 개산조인 황룡 혜남을 제자로 두었다.

선종 5가 7종 가운데 임제종계의 초원 선사로부터 황룡파와 양기파가 생겨났으니, 초원의 선종사적 위치는 실로 크다고 할 수 있다.

북송 인종 황제의 사위인 이준욱이 병이 들자, 초원에게 법기를 청한다는 전갈이 왔다. 초원은 부마가 살고 있는 경도로 달려가 부마를 위로하며 말했다.

"본래 걸림이 없는 것이요, 어디서나 모나고 둥글 수 있도록 임의대로 맡기십시오."

부마가 말했다.

"밤이 되니 몹시 피곤하군요."

"부처 없는 곳으로 부처가 되어 가십시오."

초원 선사의 마지막 법어에 부마는 편안히 눈을 감았다.

초원이 호남성 장사 홍화사로 돌아가는데, 인종 황제는 초원이 관선官船을 타고 가라는 명을 내렸다. 그런데 배를 타고 가는 도중 초원 선사가 갑자기 중풍을 맞았다.

"시자야, 내가 아무래도 풍에 걸린 것 같다."

스승이 풍을 맞아 입이 비뚤어진 것을 보고 발을 동동 구르면서 말했다.

"아이구, 이 일을 어쩌나! 스님께서는 평생 동안 걸핏하면 부처를 욕하고 조사를 꾸짖더니, 이제 그 업보를 받은 것 같습니다."

시자의 말에 웃으면서 말했다.

"내가 곧 바르게 해서 보여 주마."

손으로 입을 어루만지니 비뚤어졌던 입이 제자리로 돌아왔다. 초원은 사찰로 돌아온 이후 좌선삼매에 들어 다음 해인 1039년에 입적했다.

도량을 거의 참배했을 무렵, 석상사 주지인 지수 스님이 외출했다가 돌아오셨다. 잠시 가벼운 인사를 나누고 스님이 직접 사찰 주변에 산재해 있는 석탑을 안내해 주겠다고 하신다.

호남성은 화화花火와 폭죽爆竹의 고향, 자수의 고향이라는 별칭이 있다는 것을 책에서 보았는데, 절 옆에 폭죽공장이 있어 생각지 않던 일을 견학할 수 있었다. 옛날에는 이곳도 도량이었다고 한다. 폭죽공장 사무실은 옛날 사찰 당우였고, 사무실 앞에 몇 좌의 탑이 있다. 그런데 어떤 탑은 탑 위에 시멘트를 덧칠해 식탁으로 만들었고, 탑의 작은 기단은 의자로 사용하고 있다. 머리 한번 엄청 좋다! 그 과보를 어찌 다 받으려는지….

석상사 주변을 둘러싼 산에는 몇백여 좌의 탑이 있다고 한다. 옛날 이 사찰에 승려가 많을 때는 방이 5,000여 개였고, 석상사 관할 암자가 48곳이나 되었다고 하니 가히 총림도 대총림이라 할 만하다.

사찰 뒷산으로 올라 몇 좌의 탑을 참배하느라 시간가는 줄 모르고 있다 보니 오후 3시 반이 훌쩍 넘었다. 이때서야 '아차!' 싶었다. 오늘 밤 8시 반 비행기 탑승 시간까지는 넉넉하지만, 가방을 가게에 맡겼는데 오후 5시에 문을 닫는다는 사실이 뒤늦게 떠올랐기 때문이다.

부랴부랴 택시를 타고 1시간이 넘는 거리를 달리는데, 이 택시기사 정말 가관이다. 곳곳마다 차를 세워 사람을 태우느라 시간이 지체되었다. 승객 3인용 일반택시에 7인을 태웠다면 믿을까? 그런데 이건 정말 현실이다. 뒷좌석에 5인, 앞좌석에 운전사를 뺀 2인을 태웠다.

여하튼 터미널에 도착하니 정각 5시이다. 터미널 주변의 모든 가게는 문이 전부 닫혀 있었다. 그러다 보니 가방 맡긴 가게가 정확히 기억나지 않았다. 터미널 직원들에게 사정을 얘기하고 그 가게를 찾아 달라고 하니 고개를 흔든다. 비는 주룩주룩 내리고 혼자서 몇 바퀴를 뱅뱅 돈 뒤에야 기억해냈는데, 벌써 40여 분이 넘어 문이 닫혀 있었다. 문제는 가방 안의 컴퓨터다. 너무 황당스런 일인데다 절박한 심정이라 '가방만 찾으면 착하게 살겠다.'고 맹세까지 했다. 아직까지 이런 문제를 가지고 중국인을 의심한 적은 없었다.

그러나 이번은 사정이 달랐다. 이곳에서 하루 묵고 내일 찾으면 되지만, 모레 약속된 북경 불자모임 법회를 위해 오늘 저녁 비행기를 꼭 타야 하기 때문이다. 더군다나 이곳은 시골인지라 비행기표를 예약하거나 변경이 불가능했다.

아예 모든 것을 포기하고 자동인출기에서 돈을 더 찾아 숙소에 들어갔더니 공안이 서 있었다. 사정 얘기를 했더니 해결 방법을 알아보고 오겠다며 잠시 기다리란다. 잠시 후 공안이 돌아오더니, '이 동네 연탄 배달하는 사람이 그 가게 주인집을 알고 있으니 주인을 데려오겠다는 것이다. 30여 분 후 가방을 맡긴 가게 여주인이 왔다. 정말 그 여주인이 관음보살처럼 느껴졌던 순간을 잊을 수가 없다. 주기로 한 금액의 2배를 주고 가방을 찾아 겨우 택시를 타고 공항으로 향했다. 마침 장사까지 가지 않아도 되는 거리에 공항이 있어 다행이었다.(지도상에 류양 석상사 - 공항 - 장사로 이어져 있다).

공항에 도착해 탑승수속을 마치고 보니, 막 비행기를 탈 시간이었다. 완전히 숨막히는 첩보영화를 방불케 하는 사건이었다. 얼마나 황당하고 난감했던지, 비행기에 탑승하고도 그 놀랐던 여운이 가시지 않아 오랫동안 멍청히 앉아 있었다.

● 한 승려가 홀로 수행하고 있다

06
소림사·달마동·초조암·이조암·단하사·향엄사·삼조사·백장사

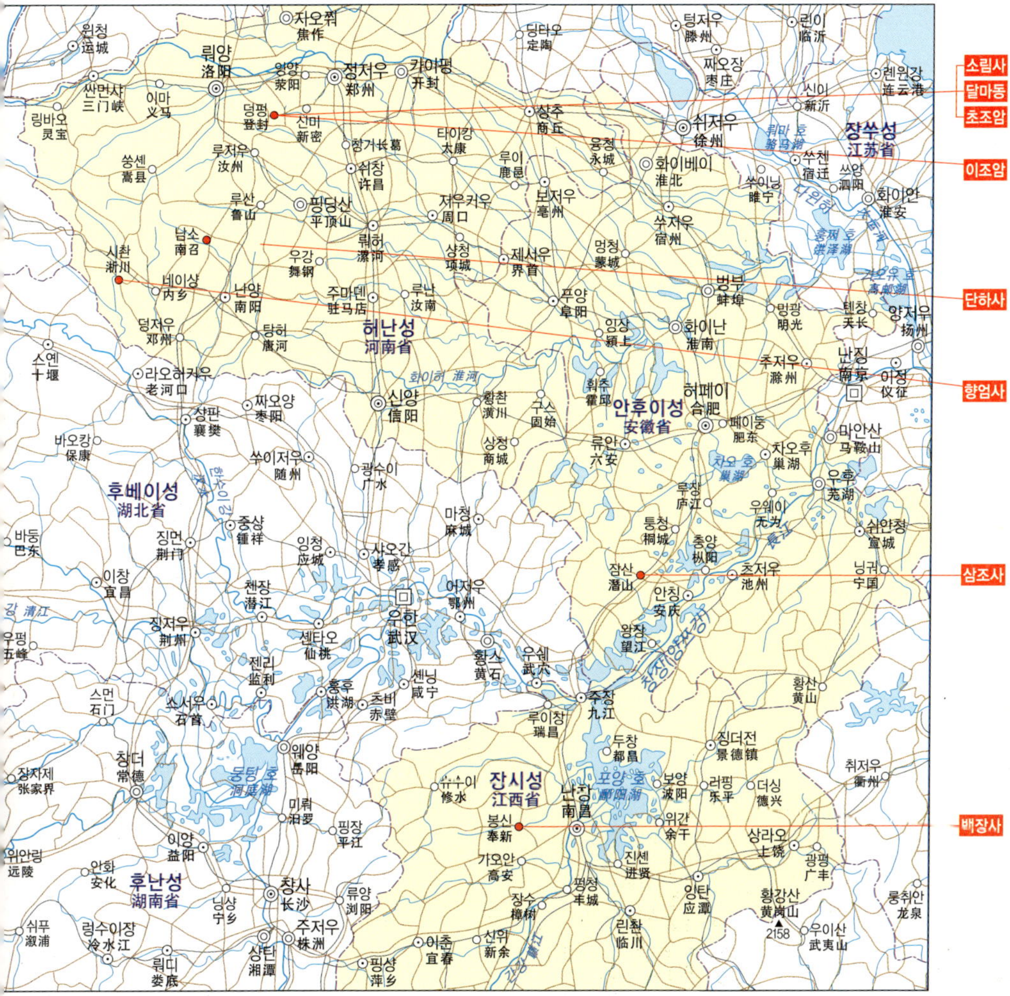

● 소림사 입구

숭산 소림사, 달마동, 초조암
그대의 불안한 마음을 내어 놓으면 안심시켜 주리라

초조 달마 하남성 등대

● 소림사 입구

숭산 소림사 하면 제일 먼저 달마 대사가 떠오른다. 하지만 사람들은 이연걸이 주연으로 나왔던 무술영화를 먼저 생각할 것이다. 또한 달마라는 이름을 이용한 '달마야 놀자', '달마야 서울가자' 등의 코믹영화를 상상할지도 모른다.

소림사少林寺는 하남성河南省 등대현登封縣 숭산嵩山에 있다.[1] 영화 촬영장소로 자주 등장하는 중국무술의 메카로, 세계의 많은 사람들이 무술을 배우러 몰려들고 있다. 그러나 현재 소림사 도량 내의 승려들이 무술을 하는 것은 아니다. 소림무술학교에 7천여 명이나 되는 학생들이 무술을 연마하고 있으며 절 주변에 승려나 재가자가 무술을 가르치는 사설 무술학교가 70~80여 곳이나 된다.

몇 년 전 어느 모임의 지도법사 자격으로 불자들과 함께 왔던 경험이 있는데 당시에는 공부하는 입장으로 온 것이 아니라 단체를 이끌고 얼떨결에 왔던지라 제대로 살펴보지 못했다.

노동절(5월 1일)을 일주일 남겨 두었던 터라 조금 재촉해 북경을 떠났다.

북경에서 기차를 타고 6시간 반 만에 하남성 성도 정주鄭州에 내렸다. 정주에서 하루 묵고 다음 날 아침 일찍 터미널에서 소림사행 버스를 탔다. 소림사 도착을 앞두고 30분 전부터 남자 안내원이 한참 관광지에 대해 설명하더니 중간에 여자 가이드를 태웠다. 그 가이드가 5분 정도 뭔가를 설명하더니, 숭양서원崇陽書院 앞에 차가 멈추었다.

그러더니 버스 안내원이 입장료 30원(한국돈 3800원)을 내고 숭양서원에 들어가야 한다는 것이다. 그곳으로 들어가지 않고 택시라도 타고 바로 소림사로 가려고 하니 택시들이 몇 대 줄지어 서 있다. 나 같은 손님을 위해 아예

대기하고 있었던 모양이다.

　나도 적당히 속아 주면 좋으련만, 몇 달간의 여행을 통해서 중국 지방정부의 속셈이 눈에 훤히 보여 속아 주는 것이 쉽지 않다. 원하는 목적지에 내려주는 것이 아니라 일대 유원지를 들어가게 함으로써 입장료를 챙기고, 하루를 그 지역 숙소에 머물게 함으로써 수익을 올리는 것이다.

　소림사 근방 숙소는 하루 숙박비가 타 지역에 비해 몇 배 더 비싸다. 나중에 알고 보니 다음 목적지는 소림무술학교인데, 여기서도 관람료를 내고 무술인들의 무술하는 장면을 봐야 한다는 것이다. 그리고 또 한 군데를 거쳐서 소림사에 도착한다고 한다. 분명히 터미널에서 소림사행 버스라고 해 놓고 원하든, 원치 않든 유원지로 사람을 데려가는 것이다. 하기야 어느 음식점은 물티슈를 주고 나중에 음식값 외에 2원(한국돈 260원)을 더 받는다.

　중국 선종의 역사를 연 달마 선사의 도량을 다시 한 번 찾으면서 나름대로 기대에 차 있건만, 시작부터 중국인의 속셈에 혀를 내두른다. 어쨌든 중국인들의 상술을 잊기로 했다. 중생들의 삶이 다 그렇지 뭐 특별하랴! 신선하게 출발한 마음자리에 먼지를 앉힐 수 없지 않은가?

　중국은 불교가 전래된 이후 소·대승의 많은 경전이 번역되면서 경전을 중심으로 여러 종파가 형성되었다. 520년 달마가 중국에 오기 이전 교학 중심의 불교가 발달해 있었고, 선禪을 신선방술神仙方術적이며 초현실인 것으로 인식하고 있었다. 이 무렵 달마가 인도에서 중국 광동성으로 들어와 양무제와 대화를 나눈 뒤 소림사에 들어가 수행하였다. 소림사는 496년에 북위北魏의 효문제(471~499년)가 북위 불교의 대표적인 고승이었던 불타佛陀 선사를

● 입설정

위해 창건했다.

　이렇게 국가에서 승려를 위해 사찰을 지었고, 문화혁명(1966~ 1976년) 시절에는 국가에 의해 철저히 파괴당했다. 또한 소림사는 당나라 태종이나 덩샤오핑이 정치를 재기하는 데도 도움을 주었고, 이제는 국가에서 무술의 메카로 띄움으로써 경제에 작으나마 보탬이 되고 있다. 올곧은 수행자 달마와는 완전히 다른 이미지로 소림사는 세속화되어 가고 있다. 하기야 한국에서는 달마도를 수맥차단용으로 모신다고 하니 기가 막힐 따름이다.

　달마만큼 역사적 실제 인물이냐, 가공 인물이냐를 두고 의문이 제기되어 온 사람도 없을 것이다. 이런 결점을 가지고도 달마는 선종사에 큰 부분을 차지하는 인물이요, 선종의 근원이다. 당시 양현지가 쓴 『낙양가람기』에서 "북위의 수도 낙양의 영녕사에… 보탑이 바람에 흔들리어 울리니 그 소리의 여운이 중천中天까지 미치는 모습을 보고, 달마는 입으로 '나무南無'라고 염하며 연일 합장하였다."고 하는 데서 실재 인물임을 증거로 삼는다.

　『이입사행론二入四行論』에 드러난 그의 선사상은 대승에 뜻을 두고 있음을 알 수 있다. 이 논에서 수행의 요지를 이렇게 말하고 있다.

　　　무릇 도에 들어가는 요문要門으로 이입理入과 행입行入, 두 가지로 나뉜다. 이입이란 경전에 의해서 도의 근본정신을 파악하고 살아 있는 것, 모두가 평등한 본성을 가지고 있다고 믿어 벽壁과 같이 스스로 마음을 관觀하여〔壁觀〕자신과 상대가 둘이 아님을 깨닫고, 진실한 도리와 명합하여 고요한 경지에 들어가는 것을 말한다.

한편 수행의 중요 요건으로 사행四行을 설하였다. 즉 보원행·수연행·무소구행·칭법행이다.

첫째, 보원행報怨行이란 현세 생활의 원망과 증오·고통·번뇌로움을 자신의 과거 전생 업보에 의한 것이라고 받아들여 인내하면서 도에 힘쓰는 것이다.

『금강경』을 수지 독송할 때 좋지 않은 일이 발생하는데, 그것은 바로 이 경을 수지 독송함으로 인해 악업이 소멸된다는 것이다. 즉 『금강경』 독송 공덕으로 인해 타인으로부터 멸시나 천대를 한꺼번에 받음으로서 과거 전생부터 지었던 악업을 소멸하고 깨달음을 구하는 길임을 강조하고 있는 것과 같은 이치이다.

둘째, 수연행隨緣行이란 살아가면서 고통이 있기도 하고 어느 때는 즐거운 일도 있는데, 이런 것은 모두 업보의 인연에 의한 것이다. 나쁜 일도 인연이 다하면 결국 없어지게 된다는 것을 관觀하여 좋은 일이든, 나쁜 것이든 그 인연을 순조로이 받아들여 수행에 힘써 나가는 것이다.

석가모니 부처님의 나라 카필라국은 코살라국(유리왕)에 의해 멸망했다. 처음에 부처님은 나라가 망하는 것을 몇 번이고 막았으나, 마지막에는 인연에 맡겼다. 그러면서 아난에게 말했다.

"나의 고향 카필라국의 인연도 다하였구나. 앞으로 7일이면 카필라국은 완전히 패망할 것이다."

깨달으신 성자도 이렇게 순역 경계의 인연을 받아들였건만, 하물며 범부 중생의 삶이야 인생의 굴곡이 있음이 당연하지 않겠는가? 옛 어른들은 인생

● 소림사 주변 사설 무술학교
●● 초조암

만사人生萬事 새옹지마塞翁之馬라 했다.

『열반경』에는 '흑암녀黑暗女 공덕천功德天'이라는 이야기가 있다. 공덕천(상서롭고 기쁜 일)이라는 아가씨는 동생 흑암녀(좋지 못하고 슬픈 일)를 항상 데리고 다녔다. 즉 좋은 일이 있으면 반드시 나쁜 일이 따르기 마련이며, 좋지 않은 일이 있으면 또 좋은 일이 찾아올 수 있다는 일화이다.

셋째, 무소구행無所求行이란 가치를 밖에서 구하지도 말고 집착하지도 말라는 말이다. 『유마경』에는 "법을 구하는 사람은 무언가 구하는 것이 있어서는 안 된다."고 설해져 있다. 마조의 설법 중에도 "무릇 법을 구하는 이는 구하는 것이 있어서는 안 된다.〔夫求法者 應無所求〕"고 하였는데, 이는 마음 밖에 부처가 따로 있지 않으며 부처를 떠나 마음이 따로 있는 것이 아니라는 뜻이다.

파랑새를 찾아 몇 년을 집 밖에서 떠돌다 찾지 못하고 집에 돌아오니 자기 집 뜰에 파랑새가 있었다고 하였듯이 결국 내 안에서 찾아야 하는 법이요, 외부로 치달려서는 안 된다.

넷째, 칭법행稱法行은 본래 청정한 자성에 입각해 수행하고, 모든 형상이 무상無相이라는 이치에 입각해 있으며, 공관空觀에 투철해 6바라밀을 행하는 것이다.

나름대로 달마의 사상을 머릿속에 정리하면서 소림사 도량으로 들어갔다. 오늘 하루는 소림사만 참배할 예정이라 일단 가방을 소림사 객당客堂에 맡기고 오후 늦게 찾을 생각이었다. 분명히 승려임을 밝히고 잠시 가방을 좀 맡겨 놓겠다고 해도 안 된다는 것이다. 이제까지 이런 일이 있을 때 대부분은 승려임을 알고 맡아 주었던 터라, 이런 경우를 당한 적은 없었다. 가방에 컴퓨터가 들어 있어 좀 불안했지만, 할 수 없이 다시 도량 밖으로 나가 일반 가게에 맡겼다.

이전에는 승려라는 신분이 밝혀지면 법당 내로 들어갈 수 있었고 사진 찍는 것도 가능했다. 그런데 소림사 스님들은 국물도 없다. "진짜 스님 맞습니까?" 하고 따지기도 했다. 더군다나 스님들이 곳곳에서 향이나 초, 테이프을 팔고 있어 이미지가 좋지 않았다. 도량 내에 한국 조동종에서 세운 석비石碑가 있어, 한 승려에게 종파를 물었더니 조동종 소속으로 승려 150여 명이 상주한다고 했다.

도량 내의 건물들은 대부분 송나라 때(1125년) 건물이다. 입설정立雪亭은 눈 오는 날 달마를 찾아온 혜가가 제자가 되겠다고 묵묵히 서 있던 것을 상징한 듯 싶다. 당우 안에는 초조 달마에서 5조 홍인까지의 조사상이 모셔져 있다. 서방성인전은 달마를 숭앙하는 전각으로, 도량 가장 끝에 위치해 있다. 문수전에는 달마가 9년간 면벽한 모습이 새겨져 있다. 소림사에는 비림碑林과 3백여 개의 비석·석각화들이 있는데 일반에게 공개하지 않는다고 한다.

소림사에서 나와 달마가 9년 면벽을 했다는 달마동으로 향했다. 소림사 뒤편 산으로 약 1시간 가량 올라간다. 달마동은 천연 바위 동굴로 약 1평 정도 되는 굴 안에 달마상이 안치되어 있다. 왼쪽에는 소림권이 부조되어 있으며 오른쪽에 혜가가 달마에게 한 팔을 잘라 바친 것을 상징하는 팔 하나가 돌 위에 부조되어 있다.(이곳에 갈 때에는 꼭 손전등을 지참하시길)

달마동에서 내려오는 길녘에 초조암初祖庵이 있다.

이 암자는 송나라 때 건물로서 당우 하나와 요사채 하나뿐이다. 법당 안의 달마도는 송나라 때 작품이고, 사방 벽화에는 윤회도가 그려져 있다. 5년 전에 갔을 때만 해도 스님이 아닌 재가자가 살고 있었는데, 이제는 비구니가 5명 정도 상주하고 있으니 웬지 마음이 편안하다.

도량 내에는 오른편에 측백나무 한 그루가 서 있다. 그 앞에는 "광동성으로부터 6조가 이곳으로 와서 백수栢樹를 심었다."는 기록이 있는 것으로 보아 나무 수령이 적어도 1300여 년은 되었을 것 같다(그런데 혜능이 이곳까지 와서 나무를 심었을 가능성이 희박하다. 누군가 만든 이야기가 아닐까 싶다).

초조 달마의 법을 이은 2조 혜가는 나이 40이 넘어 달마를 찾아 왔다. 그가 스스로 팔을 잘라 스승에게 수행의 굳은 증표를 보이면서까지 얻고자 했던 것은 무엇일까?

이조암을 향해 발길을 돌린다.

1 숭산은 중국의 5악 가운데 하나이다. 숭산은 태실太室산, 소실少室산 2개의 산과 36개 봉우리로 나뉜다. 소림사는 소실산에 위치해 있다.

● 소림사 내 서방성인전

이조암
네 죄를 가지고 오면 참제해 주리라

2조 혜가 하남성 등대

● 이조암

불가에는 늦깎이와 올깨끼라는 말이 있다. 올깨끼는 어려서부터 절집에서 자란 뒤 출가한 승려를 지칭함이요, 늦깎이는 세속생활을 할 만큼 하고 늦게 출가한 경우를 말한다. 요즘에는 올깨끼가 거의 드물고 출가자들의 평균 연령이 30대 후반이라고 하니, 대부분 늦깎이에 해당하는 것 같다.

늦깎이 중에는 늦게 출가한 만큼 열심히 정진하는 승려도 많지만, 몇몇은 정진에 소홀하고 중물이 들지 않는 승려도 있다. 그래서 조계종단에서 출가 년수를 제한하고 있는데, 이런 데는 다 그만한 이유가 있는 법이다. 그러나 시대가 시대인 만큼 출가 나이를 한 번쯤 재고해 보아야 할 것 같다. 2조 혜가도 달마를 만나기 이전에 출가했다고 하지만 늦깎이라고 할 수 있다.

혜가慧可(487~593년)는 희姬씨요, 향산사香山寺 보정 스님에게 출가했다. 40세 무렵, 선정 속에서 "큰 선지식이 있거늘 어찌 여기에만 있느냐?"는 소리를 관觀하고, 자신의 이름을 신광神光이라 고친 뒤 달마를 찾아가 귀의했다. 당시 인도에서 온 외국 성인을 스승으로 정하고 법을 구하고자 했으니, 혜가의 지혜 또한 뛰어났음에 틀림없다.

　　눈발이 날리는 속에서 혜가가 스승 달마에게 예를 표하고 물었다.
　　"스님, 저의 마음이 너무 편안치 못합니다. 어떻게 하면 이 마음을 안심시킬 수 있겠습니까?"
　　"그래, 그렇다면 너의 불안한 마음을 가지고 오너라. 가지고 오면 너의 마음을 안심시켜 주리라."

달마의 답변에 혜가는 한 가닥 깨달음을 얻었다. 결국 손바닥을 뒤집으면 그 자리가 지옥이요, 똑바로 하면 그 자리가 바로 극락이요 안심의 자리이기 때문이다. 자신이 극락(안심)과 지옥(번뇌)을 다 가지고 있으면서 외부에서 찾으려고 하니 찾을 수 없는 법이다.

달마에게 혜가라는 법명을 받았다. 그는 마을에 내려가 걸식, 탁발을 해다가 스승을 섬겼다. 어느 날 혜가가 달마에게 물었다.

"스님, 어떻게 공부해야 도를 얻을 수 있습니까?"
"밖으로 모든 인연을 쉬고〔外息諸緣〕
안으로 헐떡거리는 마음이 없으며〔內心無喘〕
마음이 장벽과 같아야만〔心如牆壁〕
도에 들어가느니라.〔可以入道〕"

이 게송을 처음 접했던 때는 강원 학인시절이다. 당시 강사스님이 칠판에 써 주셨는데, 성격이 느긋한 편이 아닌지라 마음이 혼란스럽거나 편치 않을 때 늘 이 게송을 읊조리곤 했다.

2조 혜가는 6년간 스승을 섬기며 달마에게 가르침을 받고 법을 전해 받았다. 달마가 하남성 웅이산熊耳山에서 입적하자, 그의 유골을 강기슭에 묻었다. 혜가는 업도鄴都에서 선법을 열며 교화에 주력했는데, 많은 사람들이 마어魔語라며 그를 비방했다.

2조 혜가가 머물던 이조암二祖庵은 소림사에서 서남쪽으로 1킬로미터 정도 떨어진 발우봉 아래 위치해 있다. 케이블카가 있어 편안하게 올라갔다. 암자에 도착하기 전까지, 그 늦은 나이에도 정진하고자 팔까지 끊어가면서 서원을 세웠던 2조 혜가를 마음 속에 그리며 도량으로 들어섰다. 혜가의 간절한 구도정신을 생각하며 들어섰건만 사찰은 그런 분위기가 아니었다. 법당 앞에서 승려 2명이 장기를 두고 있고 5~6명의 승려들이 그 주위를 둘러싸 구경하고 있었다. 그래도 여기까지는 이해했다.

법당에는 2조 혜가상이 모셔져 있고, 도량에는 달마가 석장으로 찍어서 물이 나오게 했다는 우물이 사방에 4군데나 있다. 작은 도량을 살피면서 법당 건물 옆에 붙어 있는 재신전이 있어 아무 생각없이 들여다 보았다.

글을 쓰면서 좋지 못한 점을 보아도 긍정적인 측면으로 묘사했고, 사회주의 국가의 과도기적인 현상이려니 하고 넘어갔다. 그런데 이조암의 승려들은 각자 앞에 돈까지 놓고 마작을 하고 있는 것이 아닌가! 행색으로 보아 관광사찰 내에 직업으로 머리 깎고 승복 입은 사람들은 아닌 것 같은데, 도량 내에서 버젓이 대낮에 마작을 하고 있는 모습을 본 것이다. 소림사를 비롯해서 이 낙양 땅에 그 옛날 화려했던 불교가 완전히 시든 낙엽처럼 보인다.

규봉 종밀은 『선원제전집도서禪源諸詮集都序』에서 달마를 중국 선의 시조라고 보았는데, 그것은 마음으로써 마음을 전하기 때문이다. 여기서 마음이란 달마가 혜가에게 전한 안심安心을 말하는데, 달마의 안심은 당시 수행자들과 중국 선종에 흐르는 핵심 물줄기이다.

2조 혜가도 "무명지혜등무이無明智慧等無異 지만법즉개여知萬法卽皆如"라고 했다. 이는 무명과 지혜, 번뇌와 보리는 같은 것으로서 서로 다른 것이 아니며 무명과 지혜, 중생과 부처를 구별하는 것은 2가지 견해에 집착되어 있다는 것을 말한다.

551년 무렵, 40세쯤 되어 보이는 한 남자가 2조 혜가 앞에 나타나 말했다.

"저는 오래전부터 풍병을 앓고 있습니다. 무슨 죄가 그리도 많은지 스님께서 참제해 주십시오."

"죄를 가지고 오너라. 그러면 없애 주리라."

"죄라는 것을 찾을 수가 없습니다."

"그러면 너의 죄는 벌써 없어졌다. 앞으로 불법승 삼보에 의지하라."

"스님이 계시니 승보는 알겠지만, 무엇이 불보와 법보입니까."

"마음이 부처요, 마음이 법이다. 부처와 법이 둘이 아니니, 승보 또한 그러하다."

"오늘에서야 비로소 몸과 마음이 깨끗함을 얻었습니다."

"너는 나의 보석이다. 승찬僧璨이라 하리라."

승찬이 바로 법을 이어받은 3조이다. 또한 2조 혜가에게는 혜惠 선사와 나那 선사, 충沖 선사 등 여러 제자가 있었다. 혜가는 법을 3조 승찬에게 물려주고 업도에서 천민들과 어울리며 막행막식했다. 혜가를 이해하지 못한 대강사 변화 법사가 재상에게 밀고를 함으로써 혜가는 처형당해 입적했다.

이조암 도량과 주변을 둘러보는데 어디선가 한국말이 들려왔다. 오랜만에 듣는 한국말인지라 고개부터 돌려졌다. 한국의 어느 대학 교수님 두 분인데,

● 소림사 탑림

낙양에 세미나가 있어서 왔다가 소림사에 들렀다는 것이다. 오랫동안 여행했지만 한국인을 만나는 일은 드물었다.

이조암에서 내려와 10여 분 정도 걸으면 탑림塔林이다. 이 묘탑들은 숲처럼 줄지어 서 있는데, 역대 승려들의 묘탑 앞에 서니 내 자신이 초라하다. 탑림은 당나라 때부터 청나라 때 고승들의 묘탑으로 230여 좌이다. 탑들은 1층~7층, 높이가 2~15미터, 6각·8각·원추형·원주형 등 매우 다양하다. 중국의 고대 전탑을 연구하는 데 있어 중요한 문화재요, 석탑 예술의 보고라고 한다.

교수님들은 기념품을 살 모양이다. 몇 가지 기념품을 둘러보고 나서 한 분이 낙양의 상징인 목련 그림을 사고 싶어 해서 물어보니, 한 장당 120원(한국돈 16,000원)이란다. 우리는 물건 값을 함께 깎아 주기로 모의하고 "한 장당 60원으로 해서 5장에 300원하면 안 되겠느냐?"고 물었다. 주인 여자가 무조건 안 된단다. 우리도 그에 맞서 "당신이 팔지 않으면 내일 백마사 갈 건데 거기서 살거다."라고 응수하고 아예 물건을 포기한 척 가게에서 나왔다. 이렇게까지 나오면 분명 상인들은 물건을 팔기 위해 사람을 붙잡고 흥정하기 마련이다. 다른 상점에서 물건을 보고 있는데 그 가게 주인 여자가 따라왔다. 본전도 안 남는데 300원에 주겠다는 것이다.

교수님이 100원(한국돈 13,000원)짜리 지폐 3장을 내니, 주인은 돈을 만져보고 햇빛에 비쳐보기를 몇 번이나 거듭한다. 어느 가게에서는 기계까지 놓아두고 위조지폐인지 아닌지를 확인한다. 또 은행에서 달러를 중국돈으로 환전할 경우, 은행원은 몇십 장의 달러도 하나하나 만져본 뒤 기계에 넣어서 다시 또 확인한다. 중국에서는 은행원의 일처리가 워낙 느리기 때문에 시간을 넉넉히 잡고 가야 한다.

중국인들은 조금 큰 돈은 절대 곱게 받는 법이 없다. 수표를 내도 크게 의심하지 않는 한국에 살다가 처음 중국에 와서 돈을 낼 때마다 만져보고 비쳐보니 기분까지 나빴다. 그런데 이제는 나도 습관이 되어 아무렇지 않다. 어떤 택시 기사에게 "정말 위조지폐가 많아서 중국인들은 꼭 돈을 확인하느냐?"고 물었더니 위조지폐가 많단다. 장사꾼이 위조지폐를 한 장 받으면 그날 일한 것이 수포로 돌아가기 때문에 늘 살핀다는 것이다. 그러면서 내게 위조지폐 구분하는 방법까지 가르쳐 주었다. 위조지폐인 줄 알면서 물건을 사고 위조지폐로 대금을 치루면 법에 걸린다. 그런데도 중국인들은 위조지폐를 받으면 억울해서 또 써먹는다고 한다.

교수님에게 충고해 주었다.

"내일 백마사 가면 어쩌면 물건 값이 더 쌀지 모릅니다."

그런데 정말 이튿날 백마사 앞 상점에서는 그 비슷한 목련 그림을 20원(한국돈 2,600원)에 팔고 있었다. 선물하려고 두 장 사면서 그것도 한 장당 15원으로 깎았다고 하면 한국 사람들은 믿을까?

● 소림사 내에 모셔진 달마

단하사

목불을 태워도
사리가 나오지 않네

단하 천연 하남성 남소

● 단하사 삼문식 패방

너희들은 여래의 유해(사리)를 모시겠다고 하지 말라.

비구들이여! 이 세상 모든 것은 무상無常한 것이다.

게으름 피우지 말고 열심히 정진하라

『대반열반경』

부처님께서 열반에 드실 무렵, 제자들에게 신신당부했던 말씀이다. 부처님 열반 후 법체法體를 다비하자 8말 8섬의 사리가 나왔다고 한다. 인도의 8나라 왕들이 부처님 사리를 모시고 가서 사리탑을 세웠다. 부처님 열반 200여 년 후, 황제였던 아소카왕이 불교를 신봉했다. 그는 부처님의 성지를 순례했고, 열반 직후 세운 8개의 부처님 사리탑을 헐어 인도 각지에 84,000개의 사리탑을 세웠다.

그러나 사리탑은 승려들과 무관했다. 설령 부처님 사리탑 앞에 공양물이 올려져 있어도 승려들의 몫이 아니었다. 부처님은 깨달은 성자의 유해를 신봉하고 떠받드는 것보다 마음을 맑히고 깨달음에 도달하는 것이 중요하다고 하셨다. 따라서 사리탑을 지키고 신봉하는 것은 재가자들의 몫이었다.

불교를 비방할 때 제일 먼저 쓰는 말이 불교는 우상을 숭배하는 종교라는 것이다. 몇 년 전 아프카니스탄의 바미얀 석불은 세계적인 문화유산임에도 불구하고 이슬람교도들에 의해 우상숭배물이라고 파괴당했다.

불교만큼 수행을 중시하는 종교는 없을 것이다. 어떤 형상을 한정짓고 집착하는 것조차 경전에서는 엄격히 금한다. 예불을 드리고 불상을 조성함은 자신도 부처님처럼 깨달은 성자가 될 수 있다는 표본이요, 믿음의 상징이다. 결국 예불은 자신에게 드리는 것이다. 그러니 원숙한 종교인이라면 자신의 종교를 존중하는 만큼 종교를 비방해서는 안 된다.

　부처님의 진심을 액면 그대로 받아들이고 실천한 선사가 당나라 때의 단하 천연丹霞天然(736~824년)이다. 천연 선사는 만행 도중, 어느 추운 겨울날 낙동洛東 혜림사慧林寺에서 하룻밤을 묵게 되었다. 천연이 절에 너무 늦게 도착해 밥도 얻어 먹지 못하고 잠을 자려니 추워서 잠을 잘 수가 없었다. 천연은 법당에서 목불木佛을 내려다 쪼개서 불을 피웠다. 다음 날 아침 절에서는 난리가 났다. 스님들이 예불을 하려고 보니 불상이 없었다. 마침 부엌에서 원주스님이 타다 남은 목불의 조각을 발견했다. 원주는 대중들을 불러 모으며 소리쳤다.

　"세상에 이런 법이 어디 있습니까? 큰일났습니다."

　밖에서 소란스럽게 웅성거리자 천연 선사는 천연덕스럽게 문을 열고 나오며 말했다.

　"소승은 이 절의 부처님 법력이 대단하다고 들었습니다. 그래 부처님 몸에서 사리가 나오나 했더니 나오지 않더군요."

　원주스님이 기가 막혀 화를 내며 말했다.

　"나무 불상에서 무슨 사리가 나옵니까?"

　"사리도 나오지 않는 부처인데 불을 피워서 몸 좀 녹였기로서니 무슨 큰 죄라도 됩니까?"

　이 이야기는 단하소불丹霞燒佛이라는 유명한 공안이다.

　한국에서도 승려들은 어느 절집에서나 하룻밤을 묵고 공양을 대접받을 수 있는 것이 승가의 불문율이다. 중국에서 순례하면서 절에서 많이 머물렀는데, 불편하기는 해도 이 점이 참 좋았다.

나는 버스를 타고 하남성河南省 최남단을 향해 내려가고 있다. 버스가 남소南召에 이르니 오후 3시 반이었다. 해가 길어 다니기에는 편한데 지금 단하사로 가도 되는지가 문제였다. 어느 깊은 산골인지, 마을 민가와 가까운지, 얼마만큼의 거리인지를 알 수 없다. 택시 기사에게 물어보니 그 지역은 워낙 시골인지라 택시는 없고 낡은 오토바이에 수레를 단 딸딸이 차가 있을 뿐이란다. 30분 정도의 거리라고 하니, 일단 출발하기로 했다.

몇 달 전에 광동성 소관 인화현에서 9킬로미터 떨어진 곳에 위치한 단하산 풍경구丹霞山風景區를 단하 천연 도량일 것이라고 지레 짐작하고 찾아갔던 경험이 있는지라 괜히 웃음까지 나왔다. 아무튼 파란만장한 순례길이다.

절에 도착하니 문이 열려 있다. 해가 길어 다행이다. 절 도량은 당우를 중심으로 양쪽이 텃밭이다. 스님네들이 그곳에 야채나 채소를 심는 것 같지는 않았다. 마음대로 자란 야생화와 풀만이 무성한데, 인위적인 것보다 소박한 것을 좋아하는 취향 탓인지 자연 그대로 모습이 마냥 좋기만 하다. 천연天然 선사가 주석했던 도량답다. 신장님을 에워싼 유리가 깨져 있는데도 갈아 끼울 생각도 하지 않고 깨진 채 매달려 있다. 그냥 그 모습 그대로!

단하 천연의 속성과 출생지는 잘 알려져 있지 않다. 스님은 어려서 유학을 공부했다. 청년이 되어 천연과 방거사(?~808년)는 함께 과거시험을 보러 길을 떠났다. 가는 도중에 한 선사를 만나 대화를 주고받는다.

"지금 두 분은 어디 가십니까?"

"저희들은 과거시험을 보러 갑니다."

"세속의 명예를 추구하는 관리로 선택되는 것보다 수행해서 부처에게 선택되는 것〔選佛場〕이 어떻습니까?"

● 조사전에 모셔진 천연 선사 및 방거사
●● 단하사 탑림

"부처에게 선택되려면 어떻게 해야 합니까?"

"마조라는 유명한 선지식이 있으니, 그 선사를 한번 만나 보지 않겠습니까?"

이 소리를 듣고 단하 천연과 방거사는 마조를 찾아갔다. 선불장이라는 말은 여기서부터 비롯되었다. 한국 선방이나 중국 선방에 편액으로 많이 걸려 있다. 방거사는 후에 다음과 같은 시구절을 남겼다.

> 시방에서 수행자들 모여들어 十方同共聚
>
> 모두가 제가끔 무위를 배우나니 箇箇學無爲
>
> 여기는 부처를 뽑는 과거장이니 此是選佛場
>
> 마음 비워 급제해 돌아가리라 心空及第歸

단하 천연은 처음 마조에게 귀의했다가 후에 석두 희천(700~791년)을 참문해 그의 제자가 되었다. 하루는 석두 희천 선사가 대중들에게 이렇게 말했다.

"내일 아침공양을 마친 뒤 법당 앞에 풀이 무성하니 풀을 깎아야겠다."

이튿날 다른 제자들은 제각기 낫과 괭이를 들고 나왔으나 단하 천연만은 머리 깎는 칼과 대야에 물을 떠가지고 석두 선사 앞에 꿇어앉았다.

선사가 고개를 끄덕이고 웃으며 그의 머리를 깎아 주었다.

머리를 깎아 준 뒤에 정수리가 봉우리처럼 볼록 솟아 있는 것을 보고 이를 어루만지며 말했다.

"천연天然스럽구나."

"이름을 지어 주셔서 감사합니다."

"내가 언제 이름을 지어 주었느냐?"

"조금 전에 스님께서 천연이라고 하지 않았습니까?"

천연은 법명이 되었고, 석두 문하에서 수행한 뒤 깨달아 석두 희천의 법을 이었다. 이후 단하 천연은 여러 곳을 행각하며 자유로이 수행하다가, 820년 남소 단하산에 머물며 제자들을 지도했다. 그가 단하산에 주석한 지 3년 만에 수행자가 500여 명에 이르렀다고 한다. 단하 천연은 늘 제자들에게 이렇게 말했다.

"그대들은 하나의 영묘한 물건을 잘 보호하라. 이것은 네가 조작해서 얻을 수 있는 모양과 이름이 아니다. 이 일은 말로 해서 얻을 수 있는 것도 아니며, 네가 본래 한 자리를 갖추어 가지고 있는 것이므로 절대 의심하지 말라."

단하 천연은 입적할 무렵 제자들에게 "목욕물을 준비하라. 나는 가려고 한다."고 말한 뒤, 석장을 짚고 신을 신은 다음 한 발을 내딛고 그 다음 발이 땅에 닿기 전에 입적하였다. 황제는 그에게 지통智通이라 시호를 내렸고, 탑호를 묘각妙覺이라 하였다.

절 도량 가장 뒤편에 기억(ㄱ)자 형식으로 된 벽에 역대 방장스님들의 초상화를 부조해 놓았다. 개산開山 시조가 단하 천연이요, 현재는 57대 방장이다.(1947~1976년, 문화혁명 때는 승려가 상주하지 않은 것으로 기록되어 있다) 현재 조동종 소속의 30여 명의 승려가 상주하고 있다.

조사당에 가 보니 천연의 상이 중심에 있고, 오른쪽에 (천연 선사)대제자大弟子라고 쓰인 상이 있으며, 왼쪽에 방龐거사(740~808년)상이 있다. 방거사는 단하 천연과 함께 불교에 귀의한 사람으로서 서로를 탁마한 도반이었다.

방거사는 재가자로서 수행하였는데, 부인과 아들 딸 모두 성불해서 불교 신자들의 귀감이 되고 있다. 그의 수행방식은 말 그대로 일상생활 속에서의 수행이다. 널리 회자되고 있는 그의 게송에 잘 나타나 있다.

> 내 일상생활에 특별한 일이 따로 없고 日日事無別
> 내 스스로 차별 없이 즐긴다 惟吾自偶諧
> 취하고 버릴 것이 따로 없으며 頭頭非取捨
> 너무 법석 떨 것도 치워 버릴 것도 없다 處處沒張乖
> 누가 주자[1]라고 불렀는가 朱紫誰爲號
> 산과 언덕엔 티끌하나 없는데 邱山絶塵埃
> 신통한 힘과 묘용은(내 마음의 공부는) 神通幷妙用
> 물 깃고 땔나무 줍는 일이로다 運水及搬柴

도량에서 나오니 해가 떨어져 노을이 온 천지를 빨갛게 물들였다. 절 옆에 몇좌의 탑이 있다. 이끼 낀 세월의 무게 위에 붉은 노을이 탑 주위를 감돌고 감돈다. 마치 단하 천연의 위용처럼.

---

[1] 주자朱紫는 관복이 붉은 색이기 때문에, 고관대작을 상징한다. 이런 최고의 상징인 명예를 뛰어넘듯이 불교 최상의 진리인 진여眞如이니 실상實相이니 하는 것까지도 마음두지 않는 일이다.

● 풍혈사(하남성 여주) 종각

향엄사

작년 가난은
가난이 아니다

향엄 지한, 혜충 국사 하남성 석천

● 향엄사 도량 입구

하남성 남소南召에서 남양南陽으로 가기 위해 저녁 7시 30분발 완행기차를 탔다. 여행객들이 이용하는 열차라기보다는 순전히 중국인들의 교통수단인 기차다. 여행하면서 다양한 교통수단을 이용했지만 완행 기차는 처음 타본다. 인구가 많고 땅이 크다보니 삶을 살아가는 방식도 천차만별이다.

입석표를 발매하는 기차칸이다 보니 많은 사람들이 서서 간다. 거기다 그 좁은 통로에 웬 장사꾼이 그리도 많이 지나가는지. 큰 가방까지 있는데다가 서서 1시간 반을 가려니 눈앞이 캄캄했다. 이때 마침 생각지도 않게 어떤 사람이 자리를 내주어 앉아서 갈 수 있었다. 철부지적 모친을 따라 시골에 가면서 탔던 기차가 생각났다.

남양에 내리니 밤 9시가 다 된 시간이다. 작은 도시인데도 거리가 꽤 번화하다. 이 지역은 남양 혜충南陽慧忠(?~775년)의 도량 향엄사香嚴寺가 있는 곳이다.

위앙종을 연 위산 영우潙山靈祐(771~853년)에게는 앙산仰山(815~891년) 외에도 향엄 지한香嚴智閑(?~898년)이라는 제자가 있다. 향엄은 불교경전은 물론 유교경전에도 해박했으며, 말은 청산유수였다. 어느 날 스승 위산이 향엄에게 물었다.

"그대는 불경에 쓰인 뜻을 의지하지 않고 대답을 할지니라. 부모미생전父母未生前 본래면목本來面目을 한번 말해 보게나."

향엄이 경전 경구를 헤아리며 아무런 대답을 하지 못하고 망설였다. 스승이 볼 때는 향엄이 깨달을 만큼 뛰어난 근기가 있는 제자임을 알고 있던 터라, 그를 꾸짖으며 말했다.

"대답을 해 줄 수 없으니, 네가 직접 궁구해서 답을 구하거라."

이에 향엄은 고심하다가 만행을 떠났다. 만행 중에 혜충 국사가 머물렀던 향엄사에 당도했다. 향엄은 그곳에서 오랫동안 머물렀다. 그러던 어느 날 마당을 쓸다가 기와 조각이 대나무에 "딱!"하고 부딪치는 소리에 깨닫고, 이렇게 게송을 읊었다.

"한 번의 딱 소리에 이제까지 알던 것 다 잊으니, 수행의 힘 빌릴 일이 아니었도다."

사람마다 깨닫는 시절인연이 다른 법이다. 영운 지근은 복숭아꽃 핀 모습을 보고 깨달았고, 화장실에서 볼일 보다 깨달은 선사도 있으며, 어느 선사는 물속에 비친 자신의 모습을 보고 깨달았다. 또 근대의 허운 화상은 마시던 찻잔 깨지는 소리에 깨달았으며, 송나라 때 소동파는 폭포소리를 듣고 깨달았다. 깨달은 이후 향엄 선사는 오도송 200여 수를 남겼다.

작년 가난은 가난이 아니요 去年貧未是貧

금년 가난이 참 가난이네 今年貧始是貧

작년 가난에는 송곳 꽂을 땅이라도 있더니 去年貧猶有卓錐之地

금년 가난에는 그 송곳조차 없구나 今年貧錐也無

백계천방이 오직 이 한 몸을 위한 것 百計千方只爲身

육신이 티끌 가운데 티끌인 줄을 알지 못함이로다 不知是身塵中塵

백발이 말이 없다고 하지 말라 莫言白髮無言語

이것이 황천객이 전하는 말이로다 此是黃泉人傳語

● 향엄사 탑림

향엄사는 남양 혜충 국사가 40여 년간 수행했던 곳인데, 혜충의 도량이기 보다는 향엄 지한이 깨달았던 곳으로 더 유명하다. 오늘 하루는 어차피 향엄사만 순례하면 되기 때문에 조금 느긋함을 즐겼다. 일단 남양에서 석천淅川이라는 곳까지 버스를 타고 갔다(남양에서 바로 가는 버스도 있고, 차를 빌릴 경우 남양에서 출발해도 된다).

석천에서 택시를 한 대 빌렸다. 얼마 안 되어 도착할 줄 알았는데 한도 끝도 없이 달린다. 2시간을 달린 뒤 어느 강 앞에 당도했다. 택시 기사에게 "이 길이 맞느냐?"고 물었더니, 강을 건너서도 20킬로미터는 더 달려야 한단다. 이 강은 단강丹江이라고 하는데, 이렇게 맑은 강물은 처음 보았을 정도로 물이 맑다.

선착장 앞에서 1시간을 기다려 배로 옮겨 탔다. 지명상으로 당자곡 백애산이라고 하지만, 매우 큰 섬이라고 보면 될 것이다. 강을 건너 또 달리는데, 마침 노동절(5월 1일)을 앞둔 터라 초등학교 학생들이 선생님과 함께 도로를 청소하고 있었다. 그 깊은 산골에 웬 아이들이 이렇게도 많은지…. 도시에 거주하는 사람들이나 자녀를 하나씩 두지, 시골은 인구 억제책이 어려워 보인다.

향엄사 입구에 도착하자 도로비를 내라, 주차비를 내라, 입장료를 내라는 등 무슨 명목의 입장료가 그렇게도 많은지. 도량에 들어서니 패방은 물론 당우도 불사를 전혀 하지 않은 상태이다. 승려가 살지 않는 사찰인 줄 알았는데, 최근 승려가 상주한다고 한다.

남양 혜충 국사는 속성은 염冉씨이며 절강성 사람이다. 『조당집』에 의하면, 어린 소년(혜충)이 사찰로 달려가 선사에게 매달려 말했다.

"선사께서는 자비를 베푸시어 나를 출가시켜 주십시오."

"우리 선문禪門에는 은륜왕의 적자나 금륜왕의 손자라야 법을 이을 수 있다. 그렇지 못하다면 선문의 종풍이 크게 훼손될 것이다. 너 같은 시골뜨기가 어떻게 선문에 들어올 수 있겠는가. 출가는 너의 일이 아니니 어서 집으로 돌아가거라."

"만물은 평등하여 높고 낮음이 없거늘 선사께서는 어찌 나의 신심을 가로막습니까? 다시 한 번 청하오니 나를 거두어 제자로 삼아 주십시오."

혜충 국사는 이렇게 간절한 원으로 출가했다. 6조 혜능 문하에서 수행하고 법을 얻은 후 여러 지역을 유행했다. 향엄사에서 40여 년을 머물며 산문을 내려오지 않았다. 현종·숙종·대종 황제가 그의 덕을 흠모해 국사로 책봉하고 그를 받들었다.

그는 혜능의 제자 중 한 사람이었으나 제자가 없어 그의 법이 끊어진 것 같지만, 그의 독특한 무정無情설법과 일원상一圓相은 조사선祖師禪에 큰 영향을 끼쳤다.

한 제자가 혜충 국사에게 물었다.
"불심이란 무엇입니까?"
"담벼락의 기와이니라."
"스님의 말씀이 경전의 말씀과 매우 다르군요."
"미혹하면 다르고, 깨달으면 다르지 않느니라."
"경에는 '불성은 항상함이오, 마음은 무상하다.'고 했는데, 왜 다르지 않다고 하십니까?"

● 항엄사 패방
●● 항엄사 도량

"그대는 단지 말에만 의지하고 뜻에는 의지하지 않는구나. 미혹과 깨달음은 마음에 달려 있느니라."

"무정無情도 심성이 있다면 설법을 알아들을 수 있겠습니까?"

"그들은 언제나 법을 설하여 잠시도 쉬지 않느니라."

"그런데 저는 어째서 무정설법을 듣지 못합니까?"

"그대 스스로가 듣지 못하는 것이다."

중생에게 본래부터 갖추어져 있는 깨달음의 성품을 상징적으로 표현한 것이 원형이다. 즉 경계境와 지혜智, 밝음明과 어두움暗이 일상一相이 되는 것을 원상圓相으로 법을 나투는 묘리이다. 원상은 선에서 자주 언급되는 상징이요, 원상을 수행의 방편으로 처음 내세운 이가 혜충 국사이다. 그의 제자 탐원 응진眈源應眞이 위앙종의 앙산 혜적에게 일원상 진리를 전했다.

혜충 국사는 황제에게 "무봉탑無縫塔을 하나 세워 주십시오."라고 했다. 황제가 알아듣지 못하자, 혜충 국사는 "나의 제자 응진에게 물어보라."고 하였다. 형체도 없고, 볼 수도 만질 수도 없는 온 우주 법계를 하나의 탑으로 형상화한 것이다. 이 무봉탑은 일원상이니 불성을 상징한다. 그리하여 선종 사찰에서 돌 한 덩어리로 된 탑[一石塔]이나 흙무덤을 구체화시켜 탑을 세운다.

마조의 제자인 남전 보원南泉普願, 귀종 지상歸宗智常, 마곡 보철麻谷寶徹 세 사람이 함께 길을 가다가 남전 스님이 땅에 동그라미를 그리고 말했다.

"말해 보라. 그러면 가겠다."

귀종은 동그라미 속에 주저앉았고, 마곡은 허리를 굽혀 절을 했다.

세 사람이 마조 앞에 다다르자 마조 스님이 손으로 일원상一圓相을 그린 다음 그곳에다 일日 자를 써 보였다.[1] 이렇게 혜충 국사의 일원상은 마조계와 위앙종의 종풍에 큰 영향을 끼쳤다.

그는 국사로서 혜능의 가르침을 널리 세상에 알렸다. 그러나 혜충 국사는 『육조단경』의 유통에 있어 자파의 이익에 따라 스승 혜능의 뜻을 그릇되게 전함을 날카롭게 비판했는데, 불성을 어떤 실체 주인공으로 이해하는 것에 대한 질책이었다.

그는 이렇게 탄식했다.

> "요즈음 남방의 불법이 크게 변해버렸다. 그들은 인간의 4대 육신 속에 신령한 성품이 들어 있어 불생불멸不生不滅한다고 한다. 또 이 4대가 파괴되더라도 성품은 파괴되지 않는다고 말한다. 이러한 견해는 인도 외도들과 같은 견해이다."

고대 인도의 브라만교도들은 육신 안에 실체적 자아인 아트만이 존재한다고 주장했다. 이 아트만의 아我와 우주의 근본원리인 브라만, 즉 범아일여梵我一如를 주장하고 있는 것이다.

"소소영령하게 아는 실제적으로 자각하는 주체자는 있되 없는 존재요, 어떤 실체를 세우는 것은 그릇된 것이다. 육신 안에 존재하는 어떤 실체적 불성이 있다."는 주장은 잘못되었다고 비판했다.

그런데 정말 향엄사에서 "향엄 지한이 기와 조각이 대나무에 부딪히는 소리에 깨달았다."고 언급한 대로 이곳은 도량 사방이 온통 대나무 밭이다. 탑림에 가 보니 빽빽한 대나무 속에 여기저기 탑이 우뚝 서 있는데, 그 폼이 마치 꿋꿋한 선비같다.

돌아오는 길에 선착장에 도착해 보니 관광객이 탄 자가용 1대와 공안公安이라고 쓰인 경찰차가 2대 서 있다. 섬에 들어올 때도 배를 같이 탔는데 나갈 때도 함께 타는 셈이다.

배를 타려면 선착장에서 1시간 반을 기다려야 하는데, 날씨가 무척 덥다 보니 사람들이 차 밖으로 나와 배를 기다렸다. 경찰차에 탄 두 아가씨는 엄청 더운데도 꼼짝 않고 차 안에 앉아 있다.

중국 관련 책을 통해서나 직접 시골을 여행하면서 느끼는 거지만, 중국은 지나치게 관료사회요 권력중심의 사회이다. 언젠가도 언급했지만, 중국은 부정부패와 뇌물로 얼룩진 나라이다. 북경에서 장사하는 한국인 부부도 알게 모르게 받치는 검은 돈이 만만치 않다며 힘들어했다. 전 세계에서 중국이 부정부패 1위요, 이에 질세라 그 뒤를 바짝 쫓는 나라 중의 하나가 한국이라고 하니, 남의 나라 흉볼 일이 아니다.

---

1 '달마야 놀자' 라는 영화에서 노승이 제자들에게 법을 깨우치는 장면으로 이 일화를 사용하고 있다.

● 향엄사 탑

삼조사

누가 그대를
속박하고 있는가?

3조 승찬 안휘성 잠산

● 삼조사 사천왕문

지극한 도는 어렵지 않음이요 至道無難

선택을 꺼릴 뿐이다 唯嫌揀擇

(마음자리는) 둥글기가 큰 허공과 같아서 圓同太虛

모자람도 없고 남음도 없거늘 無欠無餘

취하고 버리려는 취사선택 때문에 良由取捨

그 마음이 여여하지 못하도다 所以不如

세속의 인연도 따라가지 말고 莫逐有緣

출세간의 법에도 머물지 말라 勿住空忍

참됨을 구하려 하지도 말고 不用求眞

망령된 견해만 쉴지니라 唯須息見

두 견해에 머물지도 말고 二見不住

그것을 쫓아 찾으려고도 하지 말라 愼莫追尋

잠깐이라도 '옳고 그르다'는 시비를 일으키면 纔有是非

어지러이 본 마음을 잃으리라 紛然失心

신심은 둘이 아니요 信心不二

둘 아님이 바로 신심이니라 不二信心

이 게송은 3조 승찬僧璨(?~606년) 선사가 지은『신심명』에서 부분부분을 발췌한 것이다.『신심명』은 4언 절구의 시문 형식으로, 148구 592자로 되어 있다. 예로부터 많은 선사들이 애송했고, 지금도 승속을 불문하고 많은 이들이 마음에 새기는 글이다.

『신심명』의 내용은 대승불교 사상으로 보면 양변을 떠난 중도사상이요, 공사상을 내포하고 있다. 곧 마음자리는 원래 부사의한 해탈경계이니 옳고 그름, 남녀男女, 장단長短, 흑백黑白, 밉고 고움의 이분법적인 견해를 제除하기만 하면, 바로 그 자리가 깨달음이라는 것이다. 그러니 깨달음의 본체인 신심信心에 새겨 놓으라(돌에 새기듯이)는 승찬 대사의 간절한 말씀인 것이다.

공부할 때 한 학기 내내『신심명』강좌를 들었던 적이 있다. 글을 쓰면서 다시 새겨보니 구구절절 가슴에 와 닿는다.

안경安慶 삼조사三祖寺에 참배하기 위해 하남성河南省 남양南陽에서 안휘성安徽省 합비合肥까지 시골 완행버스로 10시간이 걸렸다. 다시 합비에서 안경까지 2시간 반 만에 내렸으니(남양→합비→안경), 자그마치 하루 동안 무려 13시간 버스를 탄 셈이다. 아무튼 이 대륙 땅덩어리를 직접 발로 디디면서 큰 땅임을 실감하지 않을 수 없다. 너무 고생한 탓에 밥맛까지 잃을 정도이다.

다음 날 삼조사를 가기 위해 터미널로 나갔다. 그런데 안경이란 도시는 작은 현縣 치고는 꽤 번화한 곳이요, 거리가 매우 깨끗했다. 차를 타고 삼조사를 향해 가는 내내 삼조사가 무척 궁금하다. '또 어느 깊은 산골일지, 혹 고생을 하지는 않을지, 사찰에 승려가 상주하는지….' 그러나 안경을 벗어나 잠산潛山 천주산으로 들어온 지 얼마 안 되어 삼조사에 도착했다. 차 도로변 옆에 사

● 삼조동

찰이 있는데, 선종 사찰 가운데 교통이 제일 편한 곳에 위치해 있다.

3조 승찬은 풍병 환자로 2조 혜가를 만났는데, 요즘 말로 하면 문둥병을 앓았다고 하면 맞을 것이다. 지금도 문둥병이라면 하늘이 내린 천형이라고 하는데, 아마 당시에는 더욱이 그러했을 것이다. 나도 육신의 용량이 부족해 가끔 고생을 하는 터라 승찬 선사에 대한 연민이 앞선다. 이는 어찌 보면 업병일 수도 있기 때문이다. 아픔을 통해 감내해야 할 고독과 힘겨움이 있기에 더더욱 마음이 애달프다.

삼조사는 남조시대 국사 보지공寶志公 화상이 505년에 창건했고, 처음에는 건원선사乾元禪寺라 불렸다. 사천왕문 입구 편액은 아직도 건원사라고 쓰여 있다. 양무제가 사찰 이름을 산곡사山谷寺라고 지어 잠시 부르다가 3조 승찬이 이곳에서 교화를 편 이후부터 삼조사三祖寺라 불리게 되었다.

도량 내에 승찬이 수행했던 삼조동三祖洞이 있다. 작은 동굴인데 사진을 두어 장 찍고 한동안 동굴을 바라보며 승찬에 대한 이미지를 떠올렸다.

승찬에 관한 생몰연대 기록이 정확하지 않다. 승찬이 출가하고 수행한 때는 5호 16국 시대로 왕조의 흥망성쇠가 잦았다. 또한 북주 태무제가 벌인 대법난이 있었던 때이다. 따라서 당시 달마 이래 선수행자들은 한곳에 일정하게 머물지 않는 두타행자가 많았다. 승찬도 마찬가지로 왕권이나 귀족의 비호도 없는 열악한 환경에서 수행했다.

사찰에서 나와 왼쪽으로 10여 분 정도 올라가면 절이 또 나오는데, 이곳에 유물 및 승찬의 발자취가 있다. 올라가는 입구에 정자가 있는데, 해박정解縛亭이라는 편액이 걸려 있다. 아마도 3조 승찬의 법을 이은 4조 도신과의 기연을 염두에 두고 정자 이름을 지은 것 같다.

4조 도신이 승찬을 스승으로 섬기고자 찾아왔을 때는 14세의 사미였다.

> 제자 도신이 먼저 스승에게 물었다.
> "스님의 자비로서 해탈법문을 하나 주십시오."
> "누가 그대를 해탈하지 못하도록 묶어 두었는가?"
> "아무도 그런 사람이 없습니다."
> "묶은 사람도 없는데 무엇을 벗어나려고 한단 말이냐?"

묶음은 외부에서 행한 것도 아닌 자신이 묶고 있으며, 그 풀 수 있는 것도 자신이 풀 수 있다. 원래는 묶여 있는 것도 아니건만, 번뇌와 고통이라는 올가미를 스스로 쓰고 있는 것이다. 4조 도신은 이때 깨달음을 얻고 스승 문하에서 수행한 뒤 법을 물려받았다.

산문 입구 벽면에 순치황제 출가시가 새겨져 있다. 오랜만에 보는 문구이다. 사찰 불교대학에서 강의할 때 시작 전에 재가자들과 늘 함께 독송했는데, 막상 신종 사찰에 새겨진 문구를 보니 감회가 새롭다. 도량에 들어서자 정면에 조사전이 있다. 당우 안에는 달마를 중심으로 2조 혜가와 3조 승찬이 모셔져 있다.

3조 승찬은 법회하다가 큰 나무 아래서 합장한 채 서서 열반했다. 사람들이 산곡사에 묘를 써서 스님을 묻어 주었다. 훗날 이상李常이라는 사람이 신회에게 물어서 산곡사 도량에 승찬의 묘가 있다는 것을 알고 묘를 파서 유골을 화장하니, 사리가 300과가 나왔다고 한다. 3조 승찬이 열반한 지 150년 후

● 각적탑(3조탑)

현종이 감지鑑智 선사라는 시호를 내렸고, 탑 이름을 각적覺寂이라 하였다. 도량 내에는 승찬의 사리탑인 각적탑이 우뚝 서 있다.

마침 11시 점심공양 시간이라 스님네들이 외국 승려인 줄을 알고 점심공양을 하라고 제당을 가리킨다. 제당에 가서 아침공양 몫까지 배불리 먹었다. 공양할 때 주위를 둘러보니, 이 사찰에는 연로하신 비구니 스님이 몇 분 계셨다. 연세가 많은 분이 행각을 할 리는 없고, 이 사찰에 사는 것 같았다. 한국은 비구 사찰에 비구니가 함께 상주하는 것이 불문율로 되어 있는 터라 처음엔 어색해 보였는데, 중국 사찰에서는 흔히 볼 수 있는 일이어서 이제는 이상하게 보이지 않는다.

일단 두어 시간을 삼조사에서 보낸 뒤 지주池州에 위치한 남전 보원南泉普願(748~834년) 도량인 남전사를 향해 출발했다. 일요일인데도 학생들이 학교에 등교하고 있다. 내일부터 노동절 연휴이기 때문이다. 중국은 초등학생부터 대학생까지 주 5일제 수업인데, 긴 연휴가 끼어 있는 앞뒤 주말은 모두 수업을 한다.

그린데 믹싱 지주라는 곳에 도착해 보니 남전사를 아는 사람이 전혀 없었다. 이름이 다를 수도 있으니 느긋이 물어 찾으면 될 터인데, 택시 기사는 아는 사람이 전혀 없다며 돌아가야 한다는 것이다. 이제까지 사찰을 찾느라고 고생한 적은 있지만 이런 경우는 처음이다.

택시 기사는 나의 허탈한 마음은 안중에도 없고 차를 숙소로 되돌렸다. 그리고 숙소 앞에 도착해서는 "약속한 돈을 다 지불하라."는 것이었다. 출발 전에 거액을 불러 600원(한국돈 75,000원)으로 깎아 놓은 터였다.(처음 부른 가격도 터무니없는 거액인 줄 알면서도 속아 주는 셈치고 약속했었다) 하지만 나는 사찰 내에서 참배하는 동안 마음 편하게 참배하도록 기다려 주는 시간의 대가까지 생각해서 요금을 준다. 그런데 목적지도 한 군데 가지 않았고, 기다린 만큼의 시간 소비도 없었건만 택시비를 다 달라고 한다.

솔직히 600원이면 일반 노동자 한 달 월급이요, 서민들의 생활비다.(북경에서 일주일에 6일, 하루 9시간 정도 일하는 파출부 한달 월급이 800원이다) 싸우기가 싫어 얼떨결에 저 공안경찰 앞에서 계산해 주겠다고 으름장을 놓았더니, 말이 다 떨어지기도 전에 택시 기사는 돈을 채서 달아나 버렸다.

달라는 대로 다 주면 좋겠지만, 중국에서는 이것만큼은 진짜 금물이다. 여행하면서 제일 힘들고 지치게 만드는 요인이 이런 요금 문제인데, 어쩔 수 없이 부딪혀 싸워야 한다. 중국인들의 지나친 상술과 외국인이라는 것 때문에 부당하게 당할 수는 없지 않은가.

방금 전에도 택시 안에서 점심을 때우기 위해 차를 세우고 도로에서 과일을 몇 개 샀다. 분명 내가 몇 개를 골라 넣었는데 가격을 터무니없이 불러 봉지를 열어 보니, 주인이 어느 틈에 썩은 과일을 섞어 넣었다.(중국은 무게를 달아 과일을 판다) 적당히 속아 주면 좋으련만, 절대 내 나라 귀한 돈을 함부로 쓸 수는 없는 법.

백장사

하루 일하지 않으면
하루 먹지 말라

백장 회해 강서성 봉신

강서성 성도 남창南昌에 또 왔다. 두어 달 전에도 남창에서 며칠을 머물렀고 이곳 부근 사찰도 여기를 통해서 찾아갔기 때문이다. 백장사 위치를 몰라 참배하지 못해 일부러 찾아온 것이다.

당나라 때 마조의 사상은 매우 혁신적이었다. 전통이나 경전의 권위를 빌리지 않고 살아 있는 인간의 현실성에 중점을 두었다는 점이다. 마조의 현실적 일상성의 선을 이은 제자가 백장 회해百丈懷海(749~814년)이다.

인도에서 전래한 선이 중국적인 선으로 토착화되면서 변화가 필요했는데, 이 변화의 틀을 만든 선사가 바로 백장이다. 변화의 틀이란 바로 청규淸規 제정이다. 청규는 당시 선종 교단뿐만 아니라 한국이나 일본의 선종 교단에도 많은 영향을 끼쳤으며 지금까지 승가에서 지켜지고 있다.

당시 백장은 매일 울력이 있을 때마다 대중들보다 먼저 나와 일했다. 이를 보고 안타까워하던 주지가 하루는 연장을 감추고 쉬기를 청하자, 백장 선사가 말했다.

"내가 심어 놓은 덕도 없는데 어찌 남들만을 수고롭게 하겠는가?"

그날 저녁 백장은 공양을 하지 않았다. 제자들이 찾아와 스님께 공양하기를 청하니 백장이 말했다.

"하루 일하지 않으면 하루 먹지 않는다.〔一日不作 一日不食〕"

이 말은 청규의 대표적 사상이 되었다. 당나라 문화와 역사가 흔들리고 왕권이 위협을 받았던 안사의 난(755~763년) 때, 신회 선사가 도첩을 팔아 왕권을 도왔다. 그러나 난이 끝난 후에도 도첩 매매가 성행했다. 이러한 상황을

● 조사전의 백장
●● 바위 위에 새겨진 청규

지켜본 선사들은 수행을 위해서는 '세속적인 유혹을 끊고 자급자족해야 한다'는 안으로부터의 요청이 있었다.

물론 이전의 선사들도 노동과 수행을 동일하게 여겨왔다. 선종 교단은 국가권력과는 거리가 멀었다. 9세기 말 회창파불會昌破佛 법난 때에도 선종만이 우뚝 살아남을 수 있었던 요인 중 하나가 선사들의 자급자족하는 능력이었다. 백장은 이런 것을 구체화하였다고 볼 수 있다.

당시 선수행자들은 율원에서만 거주할 수 있어 율종 승려와 생활이 맞지 않았다. 이에 백장의 청규는 선종 사찰에 수행자가 거주하며 동시에 생활할 수 있도록 모든 규범과 의식·절차를 제정했다.

청규의 내용에는 전 대중이 평등하게 공동으로 노동해야 하는 의무 규정인 보청법普請法, 덕이 있는 스승을 장로長老로 삼아 방장方丈에 거주케 하고, 불전佛殿을 따로 만들지 않고 법당만을 세워 생불生佛로 추대된 장로로 하여금 법당에서 법을 설하게 한다. 어록을 만들기 시작한 것도 이 무렵이다. 그래서 선종 사찰은 도량의 가장 마지막 당우가 법당인 것이다. 한국에서는 부처님이 모셔진 당우를 일반적으로 법당이라고 하는데, 이런 통칭이 쓰이게 된 것도 선종사의 한 단면에서 비롯된 것이다.

『사분율의四分律藏』나 『불유교경佛遺敎經』에 의하면 승려가 노동을 하는 것은 계율에 어긋난다. 그러나 『오분율장五分律藏』에 "비록 내가 제정한 법이지만 다른 나라에 있어서 풍습상 맞지 않거든 이것을 그만두어야 할 것이다."라고 명시되어 있다. 백장의 청규 제정은 계율을 저버린 것이 아닌 중국불교로 탈바꿈한 것이다.

청규로 유명한 백장 선사의 도량을 찾아가는데, 사찰이 어떤 모습일지, 어떤 승려가 거주할지 매우 궁금하다. 일단 택시를 타고 출발했는데, 이 택시 기사의 감당할 수 없는 요구가 계속된다.

"너무 멀다, 돈을 더 내야 한다…."

이제까지 선종사찰을 순례하면서 숱한 고생을 겪었다. 선종 사찰 대부분이 시골에 위치한데다 교통이 원활하지 못한 곳에 있다 보니, 찾아가는 데 거의 하루를 다 소모하고 경제적·육체적으로도 에너지 소모가 컸기 때문이다.

이전에 위산 영우 선사 도량인 호남성 밀인사를 찾아갈 때도 꽤 높은 고지대에 위치해 있어 놀라웠다. 그래도 호남성은 마오쩌둥의 고향이라 도로 포장이 잘 되어 있었다. 그런데 백장의 도량은 감히 상상할 수 없는 곳에 있다. 시골에서 벗어나 점차 민가가 보이지 않더니 포장도 안 된 산길로 굽이굽이 1시간을 넘게 올라간다. 빼어난 숲과 경치가 아름답다. 그 깊은 산골에 사람이 살 수 있나 싶을 정도이다. 그런데 참으로 묘한 일이다. 깊은 산 정상에 마을이 있고 백장사가 우뚝이 보이는데 신천지를 발견한 기분이다.

백장은 왕王씨이며, 복건성 복주福州 장락현長樂縣 사람이다. 서산 혜조에게 출가하고 형신 법조에게서 구족계를 받았다. 여러 경전을 공부한 다음, 마조 문하로 들어갔다.

　　어느 날 마조와 백장이 들판을 지나다가 들오리가 날아가는 것을 보고 마조가 백장에게 물었다.
　　"이것이 무슨 물건인고?"
　　"들오리입니다."

● 바위 위에 새겨진 야호암
●● 백장 선사가 붓을 던지자 돌로 변했다는 전설의 필석

"어디로 갔는가?"

"이미 날아가 버렸습니다."

마조가 백장의 답이 끝나기도 전에 백장의 코를 비틀어 버린다.

백장은 (갑자기 당하는 일이라) "아야! 아야!" 하고 소리를 지른다.

"그래도 날아갔다고 하겠느냐?"

이 이야기는 '백장과 들오리'란 화두이다.

여기서 마조가 백장에게 물었던 "이것이 무슨 물건인고?"라는 것은 무엇을 말하는 것일까. 이 질문은 단순히 '들오리'라는 답을 요구하는 것이 아니다. '옆에 있는 자네는 도대체 누구인가?'라는 함축성이 들어 있다. 들오리는 단지 구실에 불과하다. '들오리가 날아가는 순간 보고 듣는 작용을 하고 있는 그대의 정체, 즉 너의 본체는 무엇인가?'라는 것이다.

몇 년 후 스승 마조로부터 깨달음을 얻고 법을 이어받았다. 마조가 입적한 뒤에도 백장은 강서성 정안 마조 사리탑(보봉사) 옆에서 수행했다. 이후 백장은 신도들의 요청에 의해 강서성 봉신현 대웅산大雄山(백장산)에 주석하며 제자들을 제접했다. 백장이 배출시킨 제자로는 5가 7종 가운데 제일 먼저 위앙종을 개산開山한 위산 영우와 임제종계의 스승인 황벽 희운이 있다. 그 외 신라 때의 명조안明照安 등 수많은 제자들이 백장 문하로 몰려들었다.

사찰 도량의 뒤편으로 가 보니 백장 스님의 사상을 상징하는 문구가 돌 위에 새겨져 있다. 그 중에 야호암野狐巖이라는 문구가 새겨진 바위가 눈에 띄었다. 야호암은 그 유명한 '불락인과不落因果 불매인과不昧因果' 법문인 백장야호百丈野狐 이야기다.

백장이 설법할 때마다 한 노인이 청중들 맨 뒤에서 법을 들었다. 어느 날 그 노인은 설법이 끝났는데도 법당에 서 있었다. 백장이 이상히 여겨 "거기 서 있는 사람은 누구냐?"고 물었다. 그때 노인이 말했다.

"저는 사람이 아닙니다. 옛적 가섭불 때 이 절의 주지였습니다. 그때 어느 학인이 제게 묻기를 '수행을 많이 한 사람도 인과에 떨어집니까?' 라고 하기에, 저는 '인과에 떨어지지 않는다.〔不落因果〕' 라고 했습니다. 그렇게 대답한 이후부터 저는 500생 동안 여우의 몸을 받았습니다. 스님께서는 제가 여우의 몸을 벗어나도록 좋은 말씀을 해 주십시오."

백장이 여우에게 말했다.

"수행을 많이 한 사람은 인과에 떨어지는 것이 아니라, 인과에 어둡지 아니하다.〔不昧因果〕"

그 말 끝에 여우가 깨달음을 얻고 절을 하며 말했다.

"저는 이미 여우의 몸을 벗어나서 뒷산에 있으니, 스님께서는 승려의 장례식처럼 저를 거두어 주십시오."

여우가 물러난 뒤 백장이 대중에게 말했다.

"공양 후에 승려의 장례식이 있으니 화장할 준비를 하라."

대중이 절 뒷산으로 올라가 보니 여우 한 마리가 죽어 있었다.

도량의 당우는 대웅전·옥불전·조사전이 전부이다. 사찰 앞에 거대한 대웅전 불사가 진행 중이었다. 한편 사천왕문 앞에 토지묘와 산신을 모신 사당이 양쪽으로 있는데, 중국 사찰에서는 드물게 보는 특이한 점이다. 산에 인접한 한국 사찰에는 산신각이 대부분 있는 반면 중국 사찰에서는 산신각을 보기가 어려웠는데, 백장사에서 처음 본다.

한편 절 오른편으로 10여 분 걸어가면 탑묘가 있다. 백장 선사의 탑은 없고 근래에 만들어진 탑으로 역대과화고승탑歷代過化高僧塔이라고 쓰여 있을 뿐이다.

백장 선사가 부르는 것 같다.

백장은 법당에서 설법한 뒤, 대중들이 밖으로 나가는 것을 보고 자주 소리쳐 이름을 불렀다. '너 자신이 불성을 지닌 존재라는 것을 순간순간 자각하라'는 뜻이 담겨 있는 말인데, 대중들이 놀라서 고개를 돌리면 백장이 외쳤다.

"이게 무엇인고(이뭣고)?"

● 백장사 전경

07
서선사 · 용천사 · 성적사 · 설봉사 숭복사 · 개원사 · 만복사

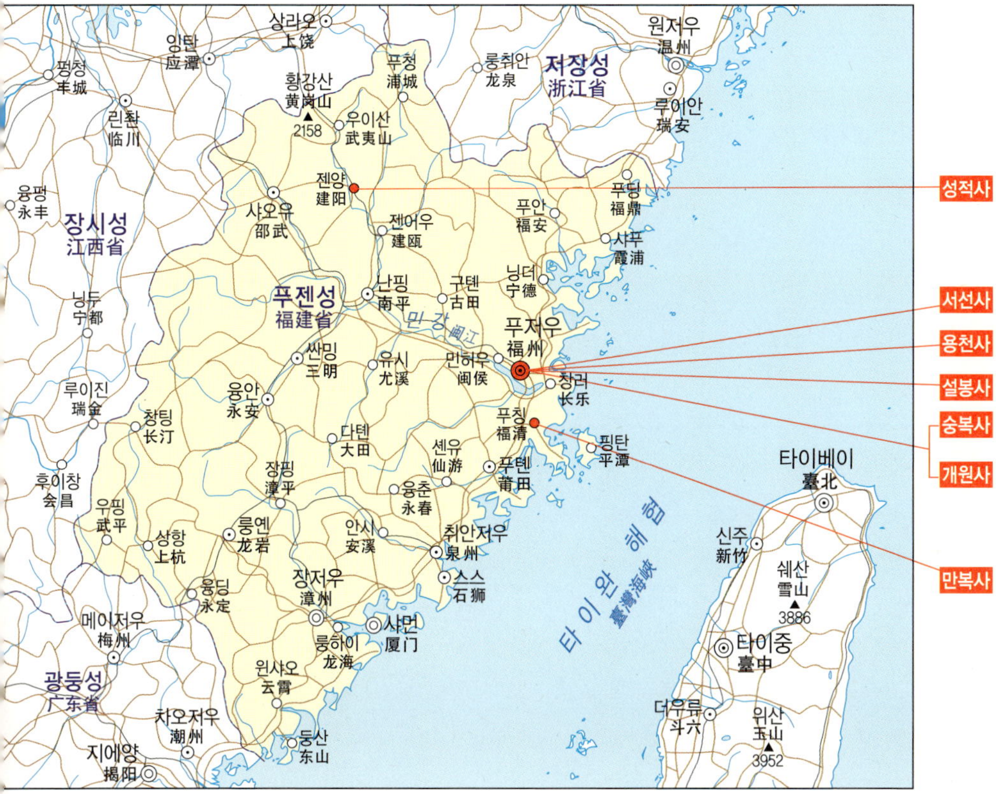

● 설봉사

서선사

스승에게 배웠으되,
스승의 선禪만은 배우지 않았다

서원 대안 복건성 복주

● 서선사

몇 달 전 강서성·광동성·호남성 등의 선종 사찰을 순례하면서, 복건성 福建省은 가지 못했다. 복건성에 대한 그리움만 남겨 둔 채로.

여행 일정을 조정한 후 미쳐 가지 못했던 선종 사찰이 있어 다시 떠났다. 하남성에서 5일간을 머물고, 안휘성에서 강서성으로 옮겨 이틀을 더 머문 후, 복건성으로 넘어갈 예정이었다. 마침 노동절 연휴라 비행기표 구하기가 어려울 것 같아 대도시 남창에 온 김에 복건성에서 북경으로 올라갈 비행기표를 미리 예약했다. 한술 더 떠서 다음 날 떠날 복건성 건양建陽행 버스표까지 예매해 두었다.

이렇게 일정을 잘 짜 놓았는데 그날 저녁 뜻하지 않은 전화 한 통에 모든 일이 무산되고 말았다. 북경 재중불자모임 만월사 초파일 법회 때 집전할 스님이 없으니 어떡하면 좋으냐는…. 예정된 스님은 갑자기 일이 생겨 서울에서 오지 못하고, 북경에 있는 스님네들은 미리 약속된 바가 없었던 터라 개인 사정이 있다나 어쨌다나. 이런 극한 상황까지 다다랐는데, 결코 개인적인 문제가 아니라는 생각에 북경행을 결심했다.

다음 날 모든 여행 계획을 취소하고 비행기표를 바꾸어 북경으로 올라갔다. 연휴기간이어서 그런지 다른 날짜로 바꾸는데도 이전 비행기표 값의 50%까지 위약금으로 물어야 했고, 출발 직전인 버스표도 10%의 위약금을 내야 했다.(가능한 국제선 이용시 중국 CAL 비행기를 타지 않는 것이 좋을 듯)

아무튼 이틀간에 걸쳐 초파일 행사를 치뤘다. 그런데 이번 법회를 보아 주는 것만으로 해결될 문제가 아니다. 중국뿐 아니라 해외에 있는 한국 사찰들은 스님들이 일구어 놓은 절도 있지만, 재가자들이 노력해서 만들어진 법회나 사찰도 더러 있는데, 문제는 스님들의 부재다. 종단에 포교원이 있기는 하지만 아직은 해외 사찰들에 대해 재정적으로나 인력면에서 제대로 관리하고 도와줄 만큼 조직적인 체계가 미흡한 형편이다.

이상하게도 해외에 있는 한국 사찰들은 국내와 다른 양상을 띠고 있다. 재가불자들 입장에서야 스님들이 포교에 신경 쓰지 않는다고 하겠지만, 스님들 입장에서도 얼마든지 변론할 만큼 여러 가지 제반 문제를 안고 있기 때문이다. 그래도 중국 북경의 만월사는 여러모로 조금 나은 편이다. 한국에서 십여 년 동안 법회와 강의를 해왔던 나로서는 안타까울 따름이다.[1]

복건성은 춘추전국시대에는 월나라에, 전국시대에는 초나라에 속했다. 복건성은 진시황이 현 복주 지역에 민중군을 설치한 것을 계기로 중국의 영향권 아래 편입되었다. 복건이라는 이름은 당나라 때부터 불렸고, 복주福州는 당나라 말기 5대 10국 때 민국閩國의 수도였다. 이 민閩은 현재도 복주를 상징하는 단어로 쓰이고 있으며, 복주 한 가운데를 가로지르는 강 이름도 민강이다. 또한 명나라 때 해외 원정을 떠난 정화鄭和[2]의 출발지이기도 하다. 복건성은 광동성 다음으로 해외에서 이주해 온 사람들이 많다. 홍콩과 마카오 거주민 중에도 복건성 사람들이 많다고들 한다.

복건성은 말 그대로 복 받은 땅같다. 성 전체에 산지 면적이 80%를 차지한다고 하는데, 정말 그렇게 산이 많은 곳은 중국에서 처음 봤다. 한편 호수와 강이 많아 다른 지역에 비해 사람이 살기가 적합해 보인다. 기후가 좋아 유명한 고산高山 오룡차나 대홍포大紅袍차, 안계철관음安溪鐵觀音이 다 복건성 특산품이다.

공항에서 내리자마자 지도를 사서 보니 복건성 성도 복주 지역의 사찰은 이루 셀 수 없을 정도이다. 지도를 보며 사찰 참배 일정을 짜다 보니, 음식으로 치면 먹을 게 너무 많아 어떤 것을 먼저 먹어야 할지 고민스러운 데 비유될 수 있을까?

백장 회해가 청규를 제정했다는 말은 앞의 글에서 언급했었다. 이 유명한 백장에게 걸출한 제자가 많이 나왔는데, 제자 가운데 서원 대안西院大安(793~883년)이라는 승려가 있다. 후에 복주 장락長樂의 서원西院에서 개당하였기에 서원 대안이라고 한다.

> 대안이 백장 문하에 있을 때 백장 선사에게 물었다.
> "저는 깨달음을 이루고 싶습니다. 도대체 무엇이 부처입니까?"
> "소를 타고 소를 찾는 것과 같으니라."
> "그런 줄 알고 난 뒤에는 어떻게 해야 합니까?"
> "사람이 소를 타고 집에 돌아가야 한다."
> "어떻게 번뇌가 다시 일어나지 않도록 깨달음을 지켜야[保護任持] 합니까?"
> "소치는 사람이 막대기를 가지고 소를 감시해서 남의 밭에 침범하지 못하게 해야 한다."

선화禪畵 가운데 십우도十牛圖 혹은 심우도尋牛圖라는 그림이 있다. 소는 번뇌가 가득한 인간의 본성에, 그 소를 길들이는 동자는 수행자에 비유된다. 즉 마음의 번뇌를 조복받고 잘 다스려서 해탈 경지에 이른다는 것을 10개의

● 서선사 승려들이 빨아 널은 승복
●● 빨래 너는 방법도 가지가지

장면으로 그려 놓은 것이다. 이 십우도는 12세기 중엽, 송나라 때 곽암 선사廓庵禪師가 처음으로 그렸다.

① 심우尋牛 : 목동이 소를 찾고 있는 장면으로, 자신의 본성을 잊고 찾아 헤매는 것을 뜻한다.

② 견적見跡 : 목동이 소의 발자국을 발견하고 그것을 따라간다. 수행자는 부처가 되고자 정진한다는 뜻이다.

③ 견우見牛 : 목동이 소의 뒷모습이나 소의 꼬리를 발견한다. 수행자가 깨달음의 근원을 자각해 견성見性에 가까워지고 있음을 뜻한다.

④ 득우得牛 : 목동이 드디어 소의 꼬리를 잡아 고삐를 거는 모습이다. 수행자가 자신의 마음에 있는 불성을 꿰뚫어보는 견성의 단계에 이르렀음을 뜻한다.

⑤ 목우牧友 : 목동이 소에 코뚜레를 뚫어 길들이며 끌고 가는 모습이다. 깨달은 불성을 그냥 두지 않고 수행으로 길들여 3독의 때가 묻지 않도록 하는 보림保任 단계이다.

⑥ 기우귀가騎牛歸家 : 소에 올라탄 목동이 피리를 불며 집으로 돌아가는 장면이다. 더 이상 번뇌가 남아 있지 않은 자유로운 상태이다.

⑦ 망우재인忘牛在人 : 소는 없고 목동만 앉아 있다. 소는 단지 방편일 뿐이므로 고향에 돌아온 후, 방편 따위는 마음에 두지 않는 것이다.

● 조사전의 조사(왼쪽부터 대안, 달마, 백장)

⑧ 인우구망人牛俱忘 : 소도 사람도 실체가 없는 공空임을 깨닫는다는 뜻으로, 텅 빈 원상만 그려져 있다.

⑨ 반본환원返本還源 : 강은 잔잔히 흐르고 꽃이 붉게 피어 있는 산수풍경만이 그려져 있다. 여여한 깨달음의 세계를 표현한 것이다.

⑩ 입전수수入廛垂手 : 지팡이에 도포를 두른 행각승의 모습이나 목동이 포대화상과 마주한 모습이다. 깨달음을 얻고 나서 자신만 깨닫는 것으로 그치는 것이 아니라 속세로 돌아와 중생을 제도하는 것을 뜻한다.

"어떤 것이 부처냐?"는 대안의 질문에 백장은 결국 '소를 타고 소를 찾는 것'처럼 불성은 자기 자신이 본래 가지고 있다고 설한다. 십우도로 본다면 ①~④단계까지라고 할 수 있다.

그 다음 백장 선사가 제자에게 대답한 "사람이 소를 타고서 집에 돌아가는 것과 같다."는 것은 ⑤~⑥번에 해당한다고 볼 수 있다.3

서원 대안(793~883년) 선사의 수행력이 담긴 서선사西禪寺로 향했다. 서선사는 유명한 관광사찰 도량이요, 스님네가 150여 명 상주하는 절로서 거대한 공원처럼 꾸며져 있었다. 원래 502년 남북조시대에 창건되었으니, 1500여 년의 역사를 지닌 곳이다. 당나라 때 대안 선사가 개산한 뒤 선종 사찰로 자리 잡았는데 당나라 때 유명한 선사 나안懶安과 혜릉慧棱의 탑비가 유물로 전한다. 중일전쟁 때 일본군에 의해 폭격당했는데, 이후 몇 차례 복원을 했다.

조사전에 들어가니 달마를 중심으로 왼쪽에 백장, 오른쪽에 대안 선사의 상이 모셔져 있다. 대안 선사가 처음에는 백장에게 법을 구했지만 백장이 입적한 뒤에는 사형사제간인 위산 영우의 법을 이었다. 대안의 법을 이은 제자로는 『벽암록』 29칙 주인공 법진法眞(834~919년) 선사가 있다.

위산 영우의 법은 앙산 혜적이 이어받아 위앙종을 정립했지만, 처음 영우 선사가 위앙종을 개창할 때 적극적으로 도운 사람이 대안 선사다.

『조당집17』에 의하면 "내가 위산에 머무르기 30년, 위산의 밥을 먹고 위산의 대변을 보았지만 위산 선사의 선만은 배우지 않았다."라고 설하고 있다. 일반 사회에서는 스승의 가르침을 받고도 부정한다면 막되먹은 제자로 간주하겠지만, 선가에서는 깨달음의 본체를 얻은 사람으로 여긴다.

대안 선사는 위앙종의 가풍인 여여불如如佛의 본체를 여실히 드러냄이요, 스승의 가풍을 따르되 스승의 가르침에 얽매이지 않는 본지풍광의 모습을 드러낸 것이다.

1 2006년 초파일 이후, 북경 재중불자모임인 만월사에 지도법사님이 상주하게 되어 기도와 법회가 잘 이끌어지고 있다. **2** 정화는 운남성 곤양 사람으로 남해원정을 마친 인물이다. 영락 황제 때 태감太監에 발탁되어 정鄭씨 성을 받았다. 영락제의 명을 받아 동남아시아와 서남아시아 30여 국에 7차 원정하여 명나라의 국위를 선양하고 무역상의 실리를 획득했다. 또한 아시아 각지에서 화교들의 발전에도 크게 기여했다. 정화가 지휘한 명나라 세력이 인도양에 진출한 것은 바스코 다가마의 인도양 도달보다 80~90년이나 앞섰다고 한다. **3** 십우도가 처음 등장한 시기와 백장이 활동하던 시대는 서로 맞지 않지만, 학문적인 논문이 아니므로 이런 문제는 접어두기로 한다.

용천사
차나 마시거라!

고산 신안 복건성 복주

● 보봉사(강서성 정안)에 모셔진 허운 화상

중국의 허운虛雲(1840~1959년) 화상은 20세기 초 쇠잔해 가던 중국의 선풍을 다시 일으켜세웠다. 허운 화상의 원력으로 사라진 선종 5가(임제·위앙·법안·조동·운문종)가 되살아났으며 중국의 선맥이 단단히 여며졌다.

석가장 백림사의 전 방장이었던 정혜淨慧 선사도 허운 화상의 제자요, 선종 사찰 승려들은 대부분 허운 화상 제자들이다. 한국에서도 『방편개시』, 『참선요지』 등 그의 책이 출간되어 있다. 그는 수행할 때나 중생을 제도할 때 참선뿐만 아니라 참회·발원·염불을 겸하였고, 계율을 엄격히 지켰다.

그는 복건성福建省 천주泉州 출생으로 19세에 출가해 20~30대에는 각지의 선지식을 찾아다니며 경론을 공부했으며, 43세 때 2년에 걸쳐 오대산을 향해 3보 1배 하는 수행을 했다. 이후 티베트, 인도, 실론, 미얀마 등 불적을 찾는다. 그리고 귀국 후 구화산에서 3년간 수행했다. 56세 때 강소성江蘇省 고민사高旻寺에서 정진하던 어느 날 끓는 물에 손이 데어 놀라며 찻잔을 떨어뜨렸는데, 잔 깨지는 소리에 깨달았다. 깨달음을 얻은 뒤 곤명昆明의 복흥사福興寺 토굴에서 홀로 3년여간 보림하고 토굴에서 나온 뒤 여러 곳을 유행하며 가르침을 폈다.

허운 화상은 머무는 사찰마다 도량을 정비하고 중창 불사를 했다. 97세부터 103세까지 6조 도량 남화사에 머물며 남화사와 운문사를 복원했다. 1954년 그의 나이 115세에 강서성 운거산 진여사를 중흥하고, 이곳에서 주석하다가 1959년 세수 120세로 입적했다.

허운 화상이 112세 무렵, 중국 정부에서 불교를 탄압하자 "승려가 계율을 지키고 승복을 입게 해 달라."고 요구했다. 이렇게 항변한 허운을 반혁명분자로 낙인찍고, 방장실에 감금하고 음식조차 주지 않았다. 공산당은 그에게 금이나 은을 내놓으라며 구타해서 머리가 터지고 피를 흘리며 쓰러졌다. 가슴 아픈 일이지만 허운 화상은 살아생전 비참한 꼴을 당해야 했다.

허운 화상을 떠올릴 때마다 한국의 경허(1846~1912년) 스님을 함께 떠올린다. 경허 스님도 구한말 꺼져가는 불교를 살려냈고, 수많은 수행자들을 길러냈다. 월정사, 수덕사나 범어사뿐만 아니라 많은 사찰이 경허 스님의 법을 잇고 있지만 기념당이나 초상화를 모신 경우는 드문 것 같다.

중국의 선종 사찰은 허운 화상의 사진이나 형상이 모셔져 있지 않은 곳이 없었다. 또한 허운 화상이 생전에 상주했던 사찰들은 그의 탑과 기념당이 꼭 있었다. 물론 선禪 입장에서 보면 어떤 형상에 매이지 말아야 하겠지만, 젊은 수행자들의 지표로 삼을 만한 분을 부각시킨다는 것도 그다지 나쁘지 않다고 본다. 신해혁명으로 중국을 개혁한 쑨원(孫中山, 1866~1925년)을 본토 중국인이나 대만인들 모두 '중국의 아버지'로 칭한다. 과연 한국의 아버지는 누구인가? 한국에도 그만한 인물이 없는 것은 아닐 게다.

솔직히 복건성 복주福州 고산鼓山에 위치한 용천사涌泉寺를 찾아가면서도 정확히 어느 선사가 머물렀던 절인지 알지 못했다. 허운 화상에 관한 책자에서 "스님이 용천사에 머물렀다."는 내용을 읽은 것 이외에는.

고산은 복주 동쪽 교외에 위치한 해발 969미터의 산으로 복주 시민들의 쉼터이다. 산정에 북 같은 거대한 바위가 있어서 고산鼓山이라고 한다. 꾸불꾸불한 산길을 올라가면서 보니, 일부 사람들은 케이블카를 타고 오르거나 걸어서 올라간다. 용천사 입구 못 미쳐서 산 아래를 바라보니 복주 시내와 복주 중심에 흐르는 민강이 한눈에 들어온다.

● 남화사(광동성 소관) 허운 화상 사리탑

일단 용천사에 들어가 조사전을 찾았다. 선종 사찰이라면 조사전을 먼저 찾아가야 그 사찰이 누구의 법맥을 이은 곳인지를 알 수 있는데, 조사전에 가보니 달마 스님 한 분만 모셔져 있을 뿐이다. 할 수 없이 객당으로 가서 스님께 이 사찰에 대한 연혁을 물었더니, 개산조 신안神晏이라는 한자만 적어 줄 뿐 그 외에는 노코멘트다.

솔직히 신안이 누구인지 몰라서 어느 시대 승려냐고 물었더니 아주 자랑스럽게 모른다는 답뿐이다. 한 스님은 오히려 내게 신안이 누구냐고 되묻는다. 참으로 답답할 노릇이다.

도대체 자신들이 사는 사찰의 개산조가 누구인지, 어느 시대 사람인지조차 모른다니…. 이런 경험을 한두 번 한 것이 아니기에 아예 포기하고 불교용품점에서 역대 고산에 머물렀던 선사들을 정리해 놓은 『증교고산열조연방집增校鼓山烈祖聯芳集』을 샀다.

『증교고산열조연방집』에 의하면, 원래 개산한 선사는 영교靈嶠 선사지만 일반적으로 제 1대 방장인 흥성 국사興聖國師를 개산조로 삼았다. 흥성 국사가 바로 설봉 의존雪峰義存(821~908년)의 법을 이은 고산 신안鼓山神晏(853~939년), 즉 흥성興聖 신안이다. 『조당집』과 『전등록』에 그의 전기가 일부 나오는데, 당시에는 대 선지식이었던 것 같다.[1]

신안 선사는 대량大梁 출신으로 속성은 이씨다. 13세에 신령스러운 꿈을 꾸고 백록산白鹿山 묘제선원의 도규道規에게 출가해 숭산 유리단에서 구족계를 받았다. 이후 여러 지역의 선지식을 참례한 후 설봉 의존 문하에 들어갔다.

설봉 문하에 머문 지 얼마 안 되어 깨달음을 이루어 설봉의 법을 이어받았다. 뒤에 민사왕閩師王 연빈延彬이 신안 선사에게 감화를 받아 그에게 가르침을 구하며 스승으로 섬겼다. 민사왕은 고산에 용천선원湧泉禪院을 짓고 신안 선사를 이곳에 머물게 했는데, 신안은 이곳에서 종풍을 크게 떨쳤고 많은 제자들을 지도했다.

어떤 제자가 신안 선사에게 물었다.
"위로부터의 종승宗乘을 어떻게 제창해야 합니까?"
신안 선사가 갑자기 불자拂子를 가지고 그 승려의 입을 후려갈겼다.
승려는 갑작스런 일인데다 본인이 질문을 잘못한 줄 알고 다시 물었다.
"교리 이외에 따로 전하는 어떤 것이 있습니까?"
"차나 마시거라.〔喫茶去〕"

스승이 제자에게 친절히 대답은 하지 않고 불자로 사람을 치거나 차나 마시라고 하였으니, 불성실한 스승으로 생각할 수도 있을 것이다. 그러나 이는 단칼에 번뇌를 베어야 한다는 뜻이요, 어떤 말로 구체화하거나 알음알이〔知解〕를 내지 말라는 스승의 노파심이 담겨 있는 것이다.

'끽다거'라는 말은 선가에서 자주 사용되고 있는데 조주 선사가 그 대표다. 차茶라는 것은 빈부귀천을 떠나서 누구나 마실 수 있는 것이다. 차 입장에서 수행자든, 왕이든, 거지이든 어느 누구를 가리지 않는다. 누구나 지니고 있는 불성과도 같은 존재이다.

한편 선가禪家에서 말하는 차는 곧 깨달음을 상징한다. 차를 달이고 잔에 따르는 행동이 바로 선 행위며 여여如如한 불법의 체현이다. 그래서 다선일미

● 88불의 명호가 새겨진 바위
●● 금동과 옥녀

茶禪一味라고 하였다.

　　신안의 법을 이은 제자 자의子儀가 여러 지역을 다니다가 신안 선사를 찾아뵙고 물었다.
　　"제가 삼천 리 먼 곳에서 법석法席을 찾아 오늘 때 아닌 때에 왔으니 스님께서 때 아닌 대답을 해 주시기 바랍니다."
　　"그대를 둔하게 만들 수는 없다."
　　"힘 더는 곳이 어떠합니까."
　　"그대는 왜 지금 헛된 힘을 소비하고 있는가?"

　제자 자의는 신안 선사와의 법거량으로 깨달음을 얻은 후 나한원에서 크게 법을 떨쳤다. 『전등록』에 실린 신안의 제자만 해도 여럿이다. 그가 열반한 후 흥성 국사興聖國師라는 시호가 내려졌다.
　용천사 앞에는 송나라 때의 천불도탑千佛陶塔이 있고 백옥와불白玉臥佛이 안치되어 있다. 특히 명·청나라 때의 불교경전이 새겨진 석각판石刻版이 중요 문화재로 보존되어 있다.
　절에서 20여 분을 걸어 나오니 바위에 온통 글씨가 새겨져 있다. 곳곳마다 아미타불, 심불급중생시삼무차별心佛及衆生是三無差別, 무량수불, 제악막작諸惡莫作 중선봉행衆善奉行 등 부처님 명호와 경전 어귀가 쓰여 있다.
　그런데 가만히 살펴보니, 원래 중국인이 복福 자를 즐겨 쓰기는 하지만 이곳은 좀 심하다. 부처님 이름에도 증복수불增福壽佛, 첨복수불添福壽佛, 탑 이름도 만수탑萬壽塔 등 온통 복과 수명을 연장하는 의미가 담겨 있다. 그 이름들을 보고 혼자 히죽거리며 웃었다.

거기다 복건성 사찰들은 한 술 더 뜬다. 대부분의 대웅전 입구 안쪽에 좌우 양쪽으로 금동金童과 옥녀玉女가 서 있다. 금 같은 남자와 옥 같은 여자라는 뜻인데, 흔한 말로 얼짱으로 표현하면 맞을 듯하다. 이는 불교사상이 아니라 도교에서 비롯된 것으로, 일종의 복을 가져다 주는 수호천사라고 보면 될 것 같다.

18풍경구라고 따로 구역을 정해 놓은 곳이 있다. 그 구역에 불교 유적지가 많은 것 같아 매표를 하고 들어갔더니 나한대, 불굴佛窟(88불의 명호가 새겨져 있음), 달마동 등이 있다. 천연바위를 이용한 달마동에는 바위에 면벽面壁이라고 새겨져 있고 달마상이 모셔져 있다. 그 외에 불교와 관련된 천불암, 관음봉 등이 있는데 옛날에는 이 고산에 사찰이 엄청 많았음을 알 수 있다.

하산하다 보니 사람들이 옹기종기 모여 밥을 먹기도 하고, 마작을 즐기기도 한다. 아무튼 중국인들은 몇 명만 모였다 하면 마작이나 포커를 한다. 곳곳마다 계곡이 많은데, 남녀 연인들은 사람들이 지나가도 아랑곳하지 않고 애정표현을 한다. 한국에서는 볼 수 없었던 행위들을 종종 목격한다.

몇 달 전 여행하면서 밤에 감기약을 사러 나간 적이 있다. 마침 가게 간판을 보니 건강보건용품이라고 쓰여 있기에 가게 안으로 들어가 주인에게 감기약을 달라고 했다. 그런데 주인은 달라는 약은 주지 않고 아래위로 멀뚱멀뚱 쳐다만 보았다. '주인이 왜 저렇게 불친절하지?' 하고 얼떨결에 가게 내부를 돌아보니 일반 약국이 아닌 것 같아 바로 나왔다. 나와서 보니 예사 물건을 파는 곳이 아니었다. 나중에 보니 북경에도 그런 물건을 파는 가게가 많았고,

곳곳에 많이 있다고 한다.

한국에도 그런 상점이 있는지는 모르겠지만, 중국 땅에는 이상한 인간들이 많다. 실은 버스 안의 침대칸에서 어느 남녀는 사람들이 보는데도 아랑곳하지 않고 함께 누워있는 모습도 보았다. 나만 민망해서 고개를 돌리지(그래도 안 보는 척하면서 다 본다) 중국인들은 아무렇지도 않게 여긴다. 아무튼 몇 달 여행하면서 별꼴을 다 본다.

[1] 신안 선사는 『조당집』 10, 『전등록』 18권에 그의 전기가 실려 있으며, 저서로는 『고산선흥성국사화상법당현요광집鼓山先興聖國師和尙法堂玄要廣集』 1권이 있다.

● 풍혈사(하남성 여주) 담장

불적령 성적사
평상심이 도이니라
마조의 개당 설법도량 복건성 건양

● 불적령 성적사

공항에서 한 세관원이 이상한 병을 발견하고 절강성浙江省 사는 할머니에게 물었다.

"이것이 무엇입니까?"

"미사용 성수인데요. 프랑스의 천주교회당 신부가 담아 준 것이오."

세관 직원이 유리병 하나를 골라 마개를 여니 코냑의 향기가 진동했다.

"할머니, 이건 술인데 어째서 물이라고 합니까?"

"아, 만능의 천주시여! 이것은 정말로 기적이올시다."[1]

중국 공항 세관을 통과할 때는 세관원이 마시는 생수병까지 직접 열어 본다. 하다못해 허름한 시골 버스터미널까지 물건 탐지기가 있을 정도이다. 세계에서 상술로 뛰어난 민족이 유태인이라고 한다. 그러나 유태인보다 더 고도의 상인정신을 발휘하는 게 중국인이다.

중국에서도 절강성 사람의 임기응변과 상술은 쑨원과 마오쩌뚱까지 침이 마르도록 칭찬했을 정도라고 한다. 2위가 광동성, 3위가 복건성이라는 통계를 보았다. 그래서 그런지 절강성과 광동성, 복건성 사람들이 생활이 윤택해 보였다.[2]

복건성에 며칠 있으면서 택시 기사가 요구한 택시비나 상인들이 부르는 물건값이 비싸게 느껴진 적이 별로 없었다. 절강성과 광동성도 마찬가지였다. 하기야 이것도 하나의 느낌일 뿐이지 다 그런 것은 아닐 게다.

한번은 복건성 복주福州 공항에서 기가 막힌 경험을 했는데, 북경 차茶 시장에서 30원(한국돈 3,800원) 하는 차관이 330원(한국돈 40,000원) 정가가 붙어 있었다. 복건성 차 시장에서도 100원(한국돈 13,000원) 하는 차 세트가 500원

(한국돈 65,000원), 기관지에 좋다는 4원(한국돈 600원)짜리 사탕이 15원(한국돈 1,900원)으로 정가가 붙어 있었으니, 장님이 코끼리 만지는 격이지….

아무튼 하남성과 안휘성, 강서성의 상인이나 택시 기사들은 터무니없는 돈을 요구했다. 안휘성의 어느 슈퍼마켓에서 과일을 사는데 주인이 저울에 달더니 12원(한화 1,500원)을 내라고 한다. 북경에서 사면 4원(한국돈 600원) 정도 되는 값이다 싶어서 이렇게 말했다.

"나는 북경에 사는데 과일 값이 북경에 비해 너무 비싸서 다음에 사겠다."

그랬더니 주인이 갑자기 태도를 바꾼다.

"5원에 줄 테니 가져가라."

솔직히 주인이 이렇게 나올 줄 알았다. 어느 과일 장수는 얼마치를 달라고 말해도 계속 저울에 하나하나 더 올려 놓으며 그것에 해당하는 돈을 내라고 한다. 눈에 뻔히 보이는 장삿속을 모를 리 없는데.

어느 택시 기사는 출발 전에 요금을 약속해 놓고도 조금만 돌아가거나 산속에 있는 절이면, 몇 킬로미터 단위마다 요금을 더 줘야 한다고 몇 번이나 내게 인지시킨다. 이제는 거리상 계산이 서기 때문에 좀 멀다 싶으면 조금 더 얹어 준다. 그러나 아무리 더 달라고 채근해도 안 되는 것은 안 된다. 하기야 '내가 좋아서 중국 땅 이곳저곳을 다니면서 누구를 탓하랴. 중국이 싫으면 떠나면 될 것을…'

이렇게 사는 것이 인생이겠지. 이런 하찮은 것들이 모두 인생의 귀한 밑거름이요, 이런 평상의 삶이 말 그대로 도인 것이리라.

조주趙州(778~897년)가 스승인 남전南泉(748~834년)에게 물었다.

● 마조상

"어떤 것이 도입니까?"

"평상심이 도이니라.[平常心是道]"

평상심平常心은 즉심시불卽心是佛과 함께 마조馬祖(709~788년)의 핵심사상이며, 마조 이후 선종의 중심사상으로 여겨졌다.

평상심이라는 것은 인간 누구나가 갖추고 있는 근원적인 본래의 마음이요, 단순한 평상시의 마음이 아니라 옳고 그름, 인위적인 조작, 길고 짧음, 선과 악, 추하고 아름다움이라는 극단적인 분별심을 떠난 순수한 마음을 말한다. 이 마음이 행하는 것 자체가 도라는 것이다.

이러한 주장은 평상심이라고 하는 인간의 마음이 본래 청정한 마음이라는 사실을 전제로 한다. 이는 달마로부터 계승된 마음, 곧 안심安心과 같은 뜻이다.

다시 정리하자면, 본래부터 인간이 가지고 있는 불성을 그대로 알기만 하면 불과佛果를 얻는다고 마조는 설하고 있다. 따라서 수행을 하지 말라고 하는데, 이는 본래성불本來成佛의 자성을 갖추고 있으니 다만 번뇌로 물들이지 않아야 한다는 실천사상이 담겨있음을 놓쳐서는 안 된다.

『유마경』에서 유마가 앉아 있는 사리불에게 "반드시 앉는 것만이 좌선하는 것이 아니다. 좌선이란 것은 3계에 몸과 뜻을 나타내지 않는 것이 좌선이며, 멸진정滅盡定에서 일어나지 아니하고 온갖 위의 행동을 나타내는 것이 좌선이며…." 하였듯이 불법의 실현은 구체적인 일상생활 속에서만 가능하다고 하는 선종의 기본 입장을 표현한 말이다. 『열반경』에서 일체중생실유불성一切衆生悉有佛性이라고 한 것과 같은 이치다.

마조가 밥 먹고 옷 입는 일상생활에서 도를 행함을 나타낸 것으로 평상심 그대로의 발현이요, 도라는 것은 의복을 걸치고, 밥을 먹고, 대소변을 보는 일상생활의 행위 중에 있다는 뜻이다. 그래서 마조는 늘 제자들에게 이렇게 말했다.

> 어디에서든 늘 진실 그대로이다 隨處任眞
> 현실에 있는 그대로가 다 참됨이다 立處卽眞 卽事而眞

앞에서도 언급했지만, 마조의 증손자뻘 되는 임제(?~866년)도 "가는 곳마다 주인이 되고 서는 곳마다 진리의 땅이 되게 하라.〔隨處作住 立處皆眞〕"고 했다. 자신의 존재가치를 결정해 가면서 현실 그대로에 적응해 나가는 그 자리에서 느끼는 진실된 자각이 자유라는 것이다.

마조 선사로부터 비롯된 평상심이 발전하여 일상생활 속에서 수행한 제자들이 많다. 앞에서도 언급했지만, 방거사는 "신통神通과 묘용妙用, 물을 나르고 또 섶을 나른다."고 표현했으며, 생전에 『돈오요문頓悟要門』을 지어 마조에게 귀하고 통큰 진주라고 칭찬받은 대주大珠 선사는 "배고프면 밥 먹고 피곤하며 잠 잔다."고 했다. 대주는 평소 모든 생활을 순간순간 투철하게 살았던 것이며 일상생활, 그 자체가 깨달음의 경지임을 간파한 것이라고 생각된다. 한편 이 평상심시도平常心是道 사상은 노동을 곧 수행으로 여긴 백장百丈의 청규가 나오게 된 배경이 된다.

아침 일찍 복주福州에서 건양建陽을 향해 출발했다. 건양은 마조 선사가 깨달은 뒤 처음으로 법을 설한 불적령佛迹嶺 성적사聖迹寺가 있기 때문이다. 건

● 마조의 발자욱

양까지 바로 가는 버스가 없어 중간에 한 번 갈아타고 오후 2시 무렵 도착했다. 그러나 택시 기사, 경찰, 노인들도 하나같이 성적사를 몰랐다.

마침 한 택시 기사가 안다고 하기에 택시를 탔다. 말이 택시이지 우리나라 시골 딸딸이 수준도 안 되는 차다. 30여 분을 달려 내리니 마조묘媽祖廟 앞이다. 마조묘가 어떤 곳인지는 모르겠지만, 내가 가고자 하는 성적사가 아니었다.

나중에 조사해 보니 마조媽祖는 바닷가의 여신이었다. 해상에서 재난을 구제하는 신으로, 해안을 끼고 있는 지역(특히 복건성) 사람들이 신으로 섬긴다. 당나라 말기부터 시작되어 송나라와 원나라 때 해상무역 번영과 함께 발전된 도교적 민간신앙이다. 뜻하지 않은 일로 인해 마조를 알게 되었다.

아무튼 정말 난감했다. 성적사를 지도에 표시해 둔 지 몇 달 전부터 얼마나 기대를 하고 찾아가는 사찰인데…. 30여 분을 동동거리며 찾다가 그 근방에 청련사淸蓮寺가 있다고 하기에 그 절로 갔다. 절은 마을 중심에 위치해 있는데 신도들이 꽤 많았다.

남산만큼이나 배가 나온 주지스님께 한국 승려라고 하며 성적사를 물었더니 잠깐 기다리라고 한다. 건양시에서 25킬로미터 떨어진 거구呂口진에 위치해 있으니 함께 가 주겠다는 것이다. 30여 분을 기다린 뒤 이 절 신도가 차를 가지고 와서 함께 성적사를 향했다.

한참을 달린 뒤 산속으로 들어가 성적사에 도착했다. 절은 산을 배경으로 아담하게 자리잡고 있고, 그 앞은 논밭이다. 정말 한 폭의 그림이다. 이 사찰에는 노비구 스님과 비구니 스님이 다섯 분 정도 상주하고, 도량은 정비가 되지 않은 채로 어지러이 널려 있었다. 비구니 스님은 너무 반가워하며 먼저 조사전으로 안내했다.

● 마조가 홀로 수행했다는 동굴

　조사전에는 당나라 때 조성되었다는 마조의 상만 안치되어 있었다. 조사전에서 나와 대웅전 뒤편에 마조가 수행한 작은 토굴로 옮겨 갔다. 토굴은 딱 한 사람 앉을 수 있는 작은 공간이다.

　다시 마조 스님의 발자국이 있는 유적지로 향했다. 그 발자국은 절 앞에서 20여 분 정도 되는 거리에 위치해 있는데, 노구의 몸을 이끌고 노비구 스님께서 앞장서 가신다. 몸보다 젊게 사는 노스님의 모습이 좋아 보인다.

　마조의 발자국 주변에 정자를 세워 놓았고, 그 앞에 불적령佛跡嶺 당사문唐沙門 마조 도일馬祖道一이라고 새겨져 있다. 마조의 발자국이라고 하지만 어느 때 누가 만들어 놓았는지는 정확히 알 수가 없다. 단지 마조의 발자국이라고 하니 마조 스님을 다시 한 번 떠올리고 수행의 의지를 다지는 데 의의가 있을 것으로 생각된다.

성적사에서 2시간 가량 머물다 떠나려고 하는데 스님은 "밥 먹고 가라.", "하룻밤 자고 가라." 성화시다. 청련사 주지스님도 청련사에서 하루 묵고 가라고 하지만, 복주 가는 버스가 이틀에 한 번밖에 없어서 부득이 작별하고 나왔다. 건양이 워낙 외진 곳이라 복주행 저녁 8시 버스를 타야만 했다. 오늘 만난 스님들의 따뜻한 배려에 너무 감사하다는 인사도 제대로 드리지 못했다. 참 이것도 빚인데….

저녁 8시 복주로 향하는 버스는 침대차다. 건양을 지나는 장거리 버스인데 복주에는 새벽 3시 무렵 도착할 예정이라고 한다. 한국 땅의 44배 되는 큰 땅덩어리인지라, 한국에서는 해볼 수 없는 경험을 톡톡히 한다. 침대가 있는 버스는 처음 타보는데 겨우 한 사람 누울 정도요, 몸도 뒤척일 수 없는 작은 간이침대다. 그래도 꽤 편하다. 신발을 벗어 신발칸에 넣어 두는데, 잘 씻지 않는 중국인들이라 참으로 향기롭지 못한 냄새가 진동을 한다. 한참을 달리다 쉬고, 또 중간에 사람을 내려 주고 태운다. 덜컹거리는 버스 침대칸에서 한숨 늘어지게 자고 내리니 다음 날 새벽 4시였다.

---

1 이 이야기는 강효백 씨가 쓴 『차이니즈 나이트』라는 책에서 인용했다. **2** 복건성, 광동성, 절강성은 바다에 인접해서인지 조금 경제가 나은 편이다. 반면 안휘성, 하남성, 강서성은 지리상으로 중국 내륙 지역에 위치해 있어, 타 지역에 비해 낙후되어 있다. 중국 정부는 특히 안휘성이나 강서성에 공장이나 사회시설을 지음으로써 지역 균등을 이루고자 노력하고 있다.

● 불적령이라고 새겨져 있다

설봉사
좋은 도반은 수행의 전부를 얻는 것과 같다

설봉 의존 복건성 복주

새벽 4시, 복주福州에 내리니 그 새벽에도 택시가 줄지어 서 있다. 택시 기사에게 가까운 숙소를 안내해 달라고 했더니 전에 3일간이나 머물렀던 숙소에 내려 준다.

며칠 전 이곳에 왔을 때도 택시 기사에게 소개해 달라고 했더니 이 숙소였다. 대체로 이렇게 손님을 소개하면 호텔측으로부터 얼마간의 커미션을 받는다. 기차역이나 버스터미널 부근에는 이런 택시 기사까지 합쳐 숙소를 소개시켜 주는 사람들이 계속 치근덕거린다. 싸고 좋은 방을 안내해 주겠다고 하는데, 이런 사람들을 따라가지 않는 게 좋다. 중국은 어디를 가나 이런 사람들이 정말 지겹게도 따라 붙는다. 강력 본드도 이 정도는 아닐 게다.

숙소에 들어가니 계산대 아가씨는 새벽인데도 하루 방값을 요구했다. "지금 시간이 몇 시인데 하루 방값을 내느냐?"며 방값을 조금 싸게 해달라고 요구해도 영 막무가내다. 어차피 싼 방도 아니다 싶어 과감히 떨치고 다른 숙소로 옮겼더니 새벽이라고 반 값에 방을 내 준다.

피곤한 탓이었는지 침대차에서 자기는 잤어도 도로 사정이 좋지 않아 덜컹거리는 소리에 몇 번이나 깼었다. 아무데서나 잘 자면 좋으련만, 잠자리가 바뀌어도 잠을 잘 자는 느긋한 성격은 아니다. '아무 데서나 잘 자고 아무거나 잘 먹는 돼지 같은 습관을 들여야지!' 하고 늘 자신에게 주입시킨다. 그런데 먹는 것은 그런대로 까다롭지 않은데 잠자는 일은 소심한 편이다.

덕산 선감德山宣鑑(782~865년)의 법을 이은 제자로는 설봉 의존雪峰義存(822~908년)과 암두 전활巖頭全豁(828~887년)이 있다.

암두와 설봉은 만행하던 중 호남성 낭주 오산이란 곳에 갔다가 갑자기 눈이 많이 내려 그곳에 갇히는 신세가 되었다. 설봉은 마음에 불안감을 느끼면서 참선을 한 반면, 암두는 아무 걱정도 없다는 듯이 편안하게 잠을 잔다. 이 부분을 접할 때마다 암두의 대범한 면과 설봉의 소심하고 조급해하는 성격을 대조해 보곤 한다. 솔직히 암두를 닮고 싶은데 설봉에 가까운 면이 있다.

> 함께 며칠을 머문 뒤에 설봉이 암두에게 물었다.
> "앞으로 다가오는 뒷날을 어찌해야 합니까?"
> "오는 뒷날 거룩한 가르침을 드날리고자 한다면 지금까지 배운 여러 가르침을 완전히 자기 것으로 소화한 뒤, 자기 가슴 속에서 뽑아내어 이 세상 모든 것과 하나가 되도록 하면 됩니다."
> 암두의 대답에 설봉 의존이 깨달음을 얻었다.

설봉과 암두는 덕산의 법을 이은 사형사제다. 설봉이 스승인 덕산에게 인가받고 덕산의 법을 이었지만 크게 깨닫지는 못했다. 그러다 도반이자 사형사제간인 암두의 말에 설봉은 크게 깨달았다. 실은 암두가 설봉보다 6살이나 어렸지만 설봉이 깨닫는 데 스승이었던 셈이다. 그래서 선지식은 굳이 연로한 스승만이 아니라 도반에게서도 아랫사람에게서도 배울 수 있는 법인데, 우리 중생은 이걸 모르고 늘 멀리 있는 유명인사만 찾아다닌다. 그래서 부처님께서는 "좋은 도반을 얻음은 깨닫는 데 전부를 얻는 것과 같다."고 하셨다.

지도를 꼼꼼히 살펴보다가 복건성 복주에 설봉사라는 절이 있음을 발견했다. 복건성 사찰 순례 계획에는 없었는데 설봉사라는 절 이름을 보고 잠시 망

● 설봉 의존 사리탑과 당우

● 설봉 의존 사리탑

설였다. 당나라 말기 그 유명한 설봉 의존의 사찰인 듯한데, 혹시 아닐지도 모르기 때문이다. 설봉 스님은 '남쪽의 설봉, 북쪽의 조주'라는 말이 있을 정도로 당시 수행자들에게 큰 선지식이었다.

설봉사가 워낙 먼 곳인지라 하루를 소비해야 하는데, 설봉 스님의 사찰이면 하루가 아깝지 않지만 그렇지 않다면 시간과 경비를 너무 소모하기 때문이다. 어차피 인생은 도박과 같은 것, 일단 떠나기로 했다. 택시를 불러 흥정했더니 생각지 않게 적은 액수를 부르길래 단숨에 가기로 결정했다.

그런데 얼마쯤 가다가 차를 세우더니 자기 부인이라고 하면서 여자 한 명을 태웠다. 이전에도 장거리에 부부가 함께 가기도 했었고, 어떤 택시 기사는 가다가 핸드폰으로 친구를 불러내 동행하는 등 이런저런 경험이 있던 터라 내버려 두었다. 필자가 날강도같이 생겨서 못 미더워서 그런건지, 이참에 자기네들도 사찰에 다니러 가는지 그 깊은 속내를 알 수가 없다.

설봉산은 복주에서 3시간 정도 떨어진 거리에 위치해 있다. 가는 내내 그렇게 높은 산이라고는 생각지 못했는데 꽤 지대가 높은데다, 그 방면으로 고속버스가 많이 오간다. 그 일대가 높은 산인데, 이곳 고산高山에서 자생하는 차茶라고 하여 붙여진 차 이름이 고산오룡이다.

설봉사에 도착해서 보니 숭성사崇聖寺라는 편액이 걸려 있다. 막상 도량에 들어서니 매우 큰 도량이다. 그런데 갑자기 비가 쏟아지기 시작했다. 아침부터 간간히 내리기는 했지만 제법 큰 빗줄기가 내리기 시작한다. 마침 오후 2시 무렵이었는데, 스님네들이 대웅전에 들어가서 예불할 모양이다. 가사를 수하고 대웅전으로 모여들기 시작했다. 한 스님에게 한국 스님이라고 하면서 "조사탑이 어디에 있느냐?"고 물었더니 스님께서 직접 안내를 해 주겠다고 자청한다.

먼저 참배하러 갔던 곳은 도량 안에 있는 설봉 선사의 탑이다. 큰 항아리를 엎어 놓은 것 같은 봉분형식의 탑에 의존조사탑義存祖師塔이라고만 쓰여 있다. 이 조사탑은 사리를 모셔 놓은 것이 아니라 다비하지 않고 설봉 선사의 전신을 탑 속에 모셔 놓았다.

탑의 주인인 설봉 의존은 당나라 때 복건성福建省 천주泉州 사람이다. 성은 증曾씨요, 아버지를 따라 포전蒲田 옥윤사玉潤寺에 갔다가 경현慶玄 선사에게 출가하였는데 이때가 17세였다. 출가하고 얼마 안 있어 무종의 회창폐불 법난(845년)이 있었다. 이런 와중에도 열심히 정진하며 3차례나 투자 대동投子大同(819~914년) 선사에게 참문하고 9차례나 동산 양개 화상을 찾아가 법을 구한 구도자였다. 동산의 소개로 덕산 선감(782~865년)을 참례하였는데, 이때

● 남송시대 대웅전과 목련밭
●● 설봉사 탑림

설봉 선사의 나이 43세 때이다.

설봉이 먼저 스승에게 물었다.

"위로부터 전해오는 종승사宗乘事를 저도 깨달을 근기가 되겠습니까?"

방망이를 휘두르기로 유명한 덕산 선사가 순간 설봉에게 방망이를 휘두르면서 말했다.

"무슨 쓸데없는 소리를 하느냐."

순간 설봉이 깨달음을 얻었다. 그리고 덕산 문하에서 수행한 뒤 법을 이었다. 이후 860여 년 무렵부터 그가 열반할 때까지 설봉산에 주하면서 법을 폈다. 설봉산은 겨울에 눈이 제일 먼저 내리므로 설봉雪峰이라 하였다고 한다. 이 무렵 희종이 설봉 선사에게 진각 국사眞覺國師라는 시호와 함께 자색 가사를 하사했다.

조사탑 뒤 대련에는 "운문과 법안 2종이 의존 선사로부터 비롯되었다."고 쓰여 있다. 특히 제자 운문 문언雲門文偃(864~949년)이 운문종을 열었고, 현사 사비玄沙師備(835~908년) 계통에서 법안종이 형성되었다. 그에게는 기라성 같은 제자가 많았는데, 『조당집』에 의하면 의존에게 1,700여 명의 제자가 모여들었다고 한다. 용천사의 홍성 신안도 설봉 선사의 제자이다. 또한 보복保福(867~928년) 선사 계통에서 『조당집』, 법안종에서 『전등록』과 『종경록』이 편찬되어 선종이 비약적인 발전을 하였다.

조사탑에서 나와 남송시대에 건축된 대웅전으로 향했다. 남송시대라면 700여 년 전의 건물인데 아직도 여전히 건재하다. 그 앞에는 목단밭이 200여 평 정도 되는데, 4월 20일경에 가면 아름다운 목단을 볼 수 있을 것이다. 바로 옆 5분 거리에 탑림이 있다.

묘하게도 7중탑[1], 불지佛智 선사의 탑 등 9좌의 탑이 있는데 하나같이 탑의 형식이나 모양이 다르다. 고기가 물 만난 듯 너무 반갑고 그윽한 향취가 풍기는 듯해 한참을 넋놓고 서 있었다.

그런데 비가 점점 더 세차게 내린다. 마침 비구 스님께서 우산을 정성스럽게 받쳐 주어 사진을 찍는 데 무리가 없었다.

민왕이 설봉 선사를 궁내전으로 불러서 물었다.
"모든 부처님과 조사가 전한 비밀한 심인을 말씀해 주십시오. 그리고 부처님과 조사가 어떤 인과를 닦아 성불하셨는지요?"
"견성이 바로 성불입니다."

하루는 설봉이 자신을 가리키며 대중에게 말했다.
"이 검은 암소의 나이가 얼마가 되겠느냐."
대중들이 대답을 하지 않자 설봉이 말했다.
"일흔아홉이다."
"스님은 왜 검은 암소가 되려 하십니까?"
"여기에 무슨 죄와 허물이 있느냐? … 내가 만약 이렇게 말하고 저렇게 말하면 그대들은 말에 집착하고 언어를 좇을 것이다. 그러나 영양羚羊이 잠을 자면서 뿔을 나무에다 걸고 발을 땅에 닿지 않도록 하여 흔적을 남기지 않는 것처럼, 찾을 수 있는 자취가 없다고 하다면 그대들은 또 찾으려느냐?"

"온 대지를 손으로 움켜잡으면 겨우 좁쌀 크기만 하다. 이것을 눈앞에 내던졌지만 (그대들은) 전혀 알지 못하고 있다. 북을 쳐서 전 대중이 일[普請]이나 하도록 하라."

"좁쌀 한 알에도 삼라만상 모든 진리가 다 들어 있다."고 한 말은 대중을 모아 놓고 했던 설법이다. 곧 일즉일체다즉일一卽一體多卽一, 깨달음의 도리를 제자들이 알아듣지 못함을 애석해하며, 몸소 흙을 밟고 체현하는 노동을 권하고 있다.

설봉은 제자들을 가르칠 때 스승 덕산 선사에 비해 온화하고 자비로운 교육자였다. 그는 중생제도나 제자를 지도함에 있어 이렇게 원을 세웠다.

"나는 사거리에 선원을 지어 대중을 여법如法하게 공양할 것이다. 만약 어떤 사람이 길을 떠나면 나는 바랑을 메고 주장자를 들어 문밖에까지 나가 잘 전송하고 그가 몇 걸음 가거든 '스님!' 하고 불러 그가 고개를 돌리면 '가는 도중 내내 몸조심 하십시오.' 라고 할 것이다."

참 묘하게도 사찰 안내를 해 주고, 사진 찍을 때 우산까지 받쳐 주며, 사천왕문을 떠날 때까지 손을 흔들면서까지 친절을 베풀었던 스님도 꼭 설봉 선사의 자비로움을 닮은 듯하다. '그 스승에 그 제자이겠지.'

차를 타고 나오면서도 더 머물고 싶은 마음에 설봉사를 몇 번이고 뒤돌아보았다.

---

1 7중이란 비구, 비구니, 사미, 사미니, 식차마나, 우바새, 우바이다. 우바새는 남자신도, 우바이는 여자신도를 말한다.

숭복사, 개원사
양생의 묘약은 욕심을 줄이는 겁니다
복건성 복주

● 승복사의 한 승려가 지장전에서 경을 독송하고 있다
●● 복주 개원사 승려들과 신도들이 기도하고 있다

칭기즈칸은 1222년 서역원정을 마치고 힌두쿠시 산속의 파르윈(카부르 지방)에서 여름을 지내고 있었다. 마침 산동성山東省에서 만리 길을 달려온 전진교全眞教의 도사 장춘진이라는 사람이 칭기즈칸을 방문했다. 이전에도 칭기즈칸은 장춘진에게 불로장생의 비법이 있다고 들어 몇 번 법기를 청했었다. 먼저 칭기즈칸이 물었다.

"도대체 어떤 불로장생의 묘약이 있는가?"

"양생養生의 방법은 있으나 불로장생의 묘약은 없사옵니다."

"그렇다면 양생의 방법은 무엇인가?"

이 대목에서 나는 '거창한 비법이 나오겠거니!' 침까지 꼴깍 삼키며 잔뜩 기대하고 다음 문장으로 내려갔다.

"마음을 바르게 먹고 욕심을 줄이는 것이 가장 중요한 양생법입니다."

숙소에서 새벽녘 잠이 깨어 누운 채로 중국 영웅에 관한 책을 읽다가 위의 대목을 보고 벌떡 일어났다. 경전을 통해 수십 번도 더 보았던 말이요, 누구나 대답할 수 있는 비법이건만 역사를 통해서 보니 새로운 의미로 다가온다. "새는 모이를 탐하다가 그 목숨을 잃고, 사람은 재물을 탐하다가 그 몸을 망친다."고 하듯이 인간은 결국 막판까지 가야 손을 놓는다. 참으로 묘한 일이다. 욕심이 과하면 자신은 물론 가족까지 피해가 있다는 것을 알면서도 왜 미리 놓지 못할까? 그래서 인간은 늘 자기 반성이 필요하고 수행이 필요한 것이리라.

오늘 참배할 사찰 2곳이 다 일본불교와 연관이 있어 일본불교에 대해 생각해 본다.

일본은 감히 기독교가 넘보지 못할 만큼 많은 사람들이 불교를 믿고 있으며, 승려들의 사회적 지위도 높다. 현재 일본불교의 현황을 보면 종파는 13개 계통의 180파에 이른다. 천태계가 20파, 진언계가 43파, 정토계가 25파, 선종계가 23파, 일련(법화)종계가 36파, 나라불교계가 6파, 기타 27개 파 등등. 이 중에 전국에 4천 개 이상의 말사를 가지고 있는 종파는 천태·진언·일련·임제·정토진종 등 8개 종파이다. 불교 교단에서 세운 4년제 대학만 해도 구택駒澤, 대정大正, 용곡龍谷 등 10여 개가 넘고, 2년제 단기 대학도 많다.

한편 일본의 선종이 제일 먼저 세계에 선을 전파했고, 불교학 또한 세계 불교계에 미친 영향이 매우 크다. 영어에서 선禪을 의미하는 단어 젠(zen)은 일본 발음으로 전 세계에 보편화된 지 오래다. 자존심 상하는 얘기지만, 불교에 관련된 논문을 쓸 때에도 일본 것을 많이 참고하고 있는 것이 현실이다.

오늘은 복주 시내와 가까운 곳에 위치한 사찰을 가기로 예정했다. 먼저 강남의 비구니 총림인 숭복사崇福寺를 향했다. 복주 시내에서 8킬로미터 떨어진 곳에 위치해 있다. 사찰에 들어서니 승려가 250여 명이 상주한다고 하는데 그렇게 큰 도량은 아니었다. 송나라 때인 977년 창건된 사찰로서 1981년부터 비구니 총림이 되었다.

객당으로 가니 3명의 승려가 대화를 나누고 있었다. 한국 승려임을 밝히고 이 사찰의 연혁이나 안내서를 좀 달라고 했더니, 지객스님이 외출 중이라며 줄 수 없다는 것이다. 사찰에 관한 안내나 연혁은 소임자가 아니어도 누구나 줄 수 있는 일이 아닐까? 아마도 한국 같으면 이 정도 일은 누구라도 할 수 있는 일이다. 그런데 중국에서는 꼭 그 담당자가 있어야 했다. 이런 점에 대해 어떻게 설명해야 할지 모르겠으나, 조금 꽉 막힌 기분이 든다.

"이 사찰이 현재 무슨 종파냐?"고 물었더니 한참을 자기네들끼리 분분히 무슨 말이 오가더니 정토종 계열이란다. 그런데 그들은 물 한 잔 마시라는 말도 하지 않고, 객이야 가든 말든 자기네들끼리 얘기하기에 바빴다. 씁쓰레한 기분으로 나와 대웅전으로 가 보니 문이 꼭꼭 잠겨 있다. 관음전도, 법당도. 그래 법당 앞에서 서성대니 몇몇 승려가 나를 도둑놈 취급하듯이 멀리서 기웃거리며 쳐다본다.

이곳은 경전 공부하는 강원으로 젊은 비구니들만 모여 사는데 너무 겸손하지 못하다. 이래서 옛말에 "벼는 익을수록 고개 숙인다."는 말이 있는가 보다. 이제까지 사찰을 찾아다니면서 정말 연로하신 스님들을 많이 만났는데, 젊은 비구니에게 고개까지 숙이면서 '여행하느라 고생한다'며 친절히 안내해 주었다. 그래서 가난한 비구니 사찰에 보시를 하고도 미안스러웠다. 젊은 승려들의 무례함을 보고 겸손해야 한다는 것을 가슴 깊이 새겨 넣는다.

조사당에 달마상이 모셔져 있고, 서귀당과 공덕당이 있으며, 대웅전 뒤에 법당이 배치된 사찰 구조로 보아 분명히 선종 사찰이요, 조사한 비에 의하면 조동종 법맥이라고 알고 왔는데 정토종 계열이라니…. 그리고 벌건 대낮에 누가 부처님을 업어 간다고 법당문은 그렇게 꽁꽁 잠가놓는지. 마음이 많이 언짢아 혼자 구시렁거리며 도량을 나왔다.

평소 은사스님은 삭발한 지 얼마 안 되는 제자들한테 말씀을 막하다가도 보살님들 앞에서는 이름을 부를 때도 'ㅇㅇ스님' 하고 부르고, 존대말까지 하신다. 나중에 은사스님께 "스님, 불편하게 왜 그러십니까?" 하고 여쭈었더니,

보살들 앞에서 젊은 제자 이름을 함부로 부르거나 반말하면 사찰 창건주나 연세 많은 보살님들은 덩달아 젊은 승려의 이름을 부르며 함부로 대하는 사람도 있기 때문이라고 하셨다. 그러니 승려가 승려를 욕한다고 덩달아 이 글을 읽는 독자들까지 '백지장도 맞들어야 가볍다고, 나도 한몫 거들어야지.' 하는 마음을 내려놓기 바란다.

복주福州 개원사開元寺로 향했다.

사찰 안으로 들어가니 오전 11시 무렵인데 스님 두 분과 200여 명의 신도들이 약사전에서 기도를 하고 있다. 밖에서 약사전 내부를 보니 신도님들은 호괘합장을 한 채로 기도를 한다. 호괘합장은 장시간 하기에는 쉽지 않은 자세인데 대단하다.

이 사찰이 548년에 창건되었으니, 1500여 년의 역사를 지닌 곳이다. 복주 개원사는 복주에서 규모가 제일 큰 사원으로서 면적이 당시 복주의 10분의 1쯤을 차지했다고 한다.(조금 과장이 아닐까)

도량 내 유물로는 철불전鐵佛殿 당우 안에 송나라 때 주조된 아미타불이 모셔져 있다. 높이가 5.35미터, 넓이가 4미터, 무게가 10만근 이상이 된다. 유리창 안에다 부처님을 모셔 놓아서 왠지 답답한 기분이 들었다.

약사전 앞에는 일본 승려 쿠우까이空海 대사(774~835년)의 상과 그에 대한 약력이 몇 줄 소개되어 있다.

804년 쿠우까이가 당나라로 들어오기 위해 탔던 배가 폭풍우 때문에 난파해서 복주에 수개 월 머물게 되었는데, 그 머문 곳이 복주 개원사다. 쿠우까이는 개원사에서 머문 뒤 다음 해 장안에 머물던 불공 삼장不空三藏(705~774

년)의 제자 혜과惠果(?~805년)를 만났다. 혜과로부터 진언밀교의 법을 이어받았다. 쿠우까이는 일본으로 돌아가 일본 진언종을 창종한다. 한편 그는 학교를 설립하여 교육에도 열정을 보였다.

일본에 처음 불교가 전해진 것은 백제의 성왕(523~553년) 때이고, 일본에 불교가 정착하는 데는 성덕聖德 태자(574~622년)의 공덕이 크다. 그는 용명 천황用明天皇의 아들로 태어났다. 일본 최초의 절인 법흥사法興寺(593년 창건)에서 고구려 승려 혜자惠慈와 백제 승려 혜총惠聰으로부터 불교를 배웠다. 이후 그는 『승만경』이나 『법화경』을 강의할 만큼 지극한 불자가 되었다.

● 송나라 때 주조된 복주 개원사 철불

헤이안시대(平安, 784~1185년)에 쿠우까이의 밀교뿐만 아니라 천태학을 중심으로 하는 종파도 성립되었다. 쿠우까이와 거의 같은 시대 사람인 사이쵸最澄(766~822년)도 당나라에 유학해 천태학을 배워 귀국한 뒤, 비예산에 연력사를 세우고 천태교학의 바탕 위에 염불과 밀교를 받아들여 일본 천태종의 개창자가 되었다.

복주 개원사에서 1시간 정도 도량을 돌며 나름대로 무언가를 찾고 싶었으나 특별한 것은 없었다. 산속에 위치한 사찰이 아니다 보니 일반 대중들과 가까운 절이라는 점 이외에는.

● 풍혈사(하남성 여주) 도량

만복사

일본 불교사와
웬수 같은 복건성

황벽 희운, 은원 융기 복건성 복청현

● 은원선사

오늘 하루 사찰을 참배하고 저녁 6시 반에 공항까지 데려다 주기로 약속한 택시 기사는 여성이다. 중국에는 택시나 대형버스 등을 운전하는 사람 중에 여성이 꽤 많다.

중국 여성들은 좋게 말하면 당당하고, 부정적으로 표현하면 당돌하다고 할까? 중국어를 가르치는 학원의 여선생들 중에는 여름에 민망할 정도로 노출이 심한 옷을 입는 이도 있다. 가끔 길에서 보면 남의 시선을 아랑곳하지 않고 짧은 치마를 입고 오토바이나 자전거를 타고 다닌다. 또 거리를 활보할 때도 몇몇 여성들은 주위를 의식하지 않고 담배를 피운다. 중국에서 자녀들과 함께 사는 한국 엄마들은 아들이 중국 여성과 사귀는 것을 매우 싫어한다. 조선족 남성들까지도 한족 여성은 아내감으로 '노 No'라고 한다.

중국은 남녀평등이 빨리 이루어진 나라이다. 사회주의 초기의 인민공사는 공동 취사가 실시되어 부녀자들을 부엌에서 해방시켜 생산활동에 투입했다. 그리하여 여성도 남성과 동등한 권리와 의무를 부여받음으로써 여성은 가사노동에서 벗어나게 되었고, 남성은 가사노동의 분담을 부여받게 된 것이다.

마오쩌뚱은 여성에 대해 말하길 "여성이 하늘의 반을 떠받친다.〔婦女能頂半邊天〕"고 했다. 새로운 사회에서 여성의 역량은 남성과 마찬가지라는 뜻이다. 그만큼 여성을 중시하는 의미가 담겨 있다. 그래서 중국에서는 여성을 반변천半邊天이라 한다.

앞글에 이어서 일본의 불교역사를 살펴보면, 헤이안시대(794~1190년) 중기 무렵 호오넨法然(1132~1212년)은 오로지 염불로써 왕생극락할 수 있는 정토종을 성립시켰다. 한편 그의 제자 신란親鸞(1173~1263년)은 아미타불의 자비에 의해서만 왕생이 이뤄진다고 주장하고 타력보은他力報恩 염불을 강조하며, 정토종으로부터 분리해 정토진종을 형성했다. 이 정토진종은 오늘날 일본 최대의 종파가 됐다.

가마꾸라시대(1185~1333년)에는 이전 귀족적인 불교가 일반 대중들에게 일반화되었으며, 송나라와 무역이 성행했다. 이 무렵 에이사이榮西(1141~1203년)에 의해 임제종계의 선과 도오겐道元(1200~1254년)에 의한 조동종계의 선이 일본에 창종되었다. 그리고 『법화경』을 중심으로 한 니찌렌日蓮(1222~1282년) 대사에 의한 일련종이 만들어졌다.

무로마찌시대(1392~1477년)에는 사회적으로나 정치적으로 심한 변화가 일어나면서 불교계도 큰 변혁을 겪었다. 이때 경제적 궁핍을 겪었던 사찰은 밀교화되거나 황폐화되는 경우가 많았다. 이런 변혁의 시기에 크게 번창한 것은 정토진종뿐이다.

정토진종은 누구나 행하기 쉬운 칭명 염불을 제창하여 당시 민중의 고통을 치유시키는 데 큰 역할을 했고, 조상숭배와 습합하고 농민의 종교가 되기 위해 일본의 신도와 결합한다. 정토진종은 비승비속非僧非俗의 세속 종단으로서 혈연에 의해 상속되는 가장 일본적인 형태의 불교로 정착되었다.

에도시대(1603~1867년) 조금 앞서 선종의 일파인 황벽종이 개산되었다. 임제종과 조동종이 일본 승려가 중국에 들어가 법을 이어온 반면, 황벽종은 중국의 선사가 직접 일본으로 건너가 개산했다. 황벽종의 개조開祖는 복건성 만복사에서 수행했던 은원 융기隱元隆琦(1592~1673년)이다.

복건성이 해안지대에 위치해서인지 비가 많이 내린다. 어느새 만복사 입

● 은원기념당

구에 들어섰다. 만복사는 공항으로 가는 길에 잠깐 들르려니 생각할 만큼 작은 사찰인 줄 알았다. 복주시와 2시간 정도 떨어진 복청현福淸縣에 있는 사찰로 789년에 정간 선사正干禪師가 복건사福建寺(만복사의 옛 이름)를 창건했다.

이곳은 황벽 희운의 출생지역으로, 황벽이 이 사찰에서 출가했으며, 804~820년까지 주지소임을 맡았다. 이후 황벽이 강서성 의풍에서 절을 짓고 법을 펼 때, 고향의 산 이름인 황벽산을 그대로 따서 불렀다. 그래서 중국의 황벽산은 2곳인 셈이다.

매우 작은 사찰이라고 생각했는데 꽤 규모가 큰 번듯한 선종 사찰로 자리

잡고 있었다. 황벽산은 수피樹皮를 약재와 염료로 쓰는 황벽黃檗나무가 많아서 붙여진 이름이라고 한다.

송나라 때에는 임제종의 큰 도량이었으나 차차 쇠퇴하다가 명나라 때에 다시 부흥하여 신종神宗으로부터 만복선사萬福禪寺라는 칙명을 받았다. 명나라 말기, 1654년에 임제종계의 은원 선사가 이 절에서 수행하다 일본으로 건너가 일본 황벽종을 개산했다.

사찰 입구에는 황벽 희운 선사의 『전심법요傳心法要』 전문이 대리석에 새겨 있다. 그런데 사찰에 들어서니 분명 스님이 머문 듯한데 도량은 쥐죽은 듯이 조용하다.

일본 황벽종에서 세운 비가 있다. 아마도 선방 및 사찰의 도량 곳곳에 당우를 새로 짓는데 꽤 많은 보시를 했던 모양이다. 도량을 돌아보다 관음전 옆에 창고가 있어 들어가 보니, 불상과 18나한상이 먼지를 푹 뒤집어쓴 모습이 눈에 들어왔다. 아마도 새로 불사를 하면서 이전 당우의 불상을 이렇게 방치한 것으로 보인다. 적어도 이 불상들은 청나라 때의 불상인 듯한데 아무데나 내팽개쳐 놓고, 일본 황벽종에서 세운 황벽종 개산조인 은원 선사의 기념당은 번듯했다. 굴러온 돌이 박힌 돌을 내친다고 하더니 딱 그 짝이다.

아무리 선수행하는 승려는 부처를 죽이고 스승을 죽일 만큼 자기 자각이 중요하다고 하지만, 지켜야 할 도리를 잠깐 잊은 듯하다. 불상은 창고 구석에다 처박아 놓고 승려의 기념당을 꾸민다는 것이 말이 되느냐 말이다! 내가 흥분한다고 해결될 일도 아니니 접어두자.

일본으로 건너간 은원 선사는 일본 불교계뿐만 아니라 문화계에도 큰 영향을 미쳤다. 일본에서 차 잎을 우려내어 마시는 다도茶道는 은원 선사가 교

● 만복사 입구에 황벽산을 배경으로 서 있는 칠불탑
●● 만복사 탑림

토에 만복사萬福寺를 창건하면서 전파시켰다고 한다. 또한 일본 정진요리 가운데 황벽종의 보차普茶요리가 있다. 이 보차요리에는 30여 가지가 넘는데, 은원 선사가 일본에 직접 전한 중국식 음식이다.

그의 제자 목암木庵(1611~1682년) 선사는 복건성 천주泉州 진강晉江 출생이다. 19세 때 출가하여 은원 선사를 따라 일본으로 건너갔는데, 은원 선사 입적 후 1664년에 일본 황벽종 2조가 되었다. 그는 후에 서성사瑞聖寺를 개산하고 10여 개의 사찰을 창건하였다. 그는 은원 스님, 즉비卽非 스님과 함께 황벽 3필筆로 불릴 만큼 서도書道에 능했다고 한다. 현재 일본의 3대 선종으로는 임제종·조동종·황벽종을 꼽는다.

에도시대(1598~1867년)에 이르면 가마꾸라시대의 서민화되었던 불교는 다시 국가불교 체제로 전환된다. 조선을 침략했던 도요또미 히데요시가 죽고 도꾸가와 이에야스로 정권이 넘어가자 농민과의 결속을 맺고 있던 불교 교단을 국가가 직접 관리했다. 이 시대에는 자유로운 포교활동의 금지, 사원건립의 제한, 출가자의 제한 등 탄압정책을 실시하는 한편, 국가에서 본말사本末寺의 행정체제를 정립했던 것이다.

이는 막부의 명령을 본산本山을 통해 곧바로 말사末寺까지 전달하는 체제로써 각 종파는 행정의 중앙집권화가 이루어지는 결과가 됐다. 막부는 불교 종파의 행정체제 정비와 더불어 주지의 임명권까지 장악했다. 승려들은 주지가 되기 위해서는 막부가 실시하는 시험에 합격해야 했고, 이로 인해 불교학이 발전하는 계기가 된 셈이다.

기독교는 1549년 일본에 전해졌다. 하지만 막부는 그리스도교를 믿지 못하게 하기 위해 불교를 이용했다. 서민들은 혼인, 여행, 이사 등에도 반드시 사찰이 발급한 증명서가 있어야 하고, 이를 막부에 제출하도록 만들었다. 모든 국민이 어떤 형태로든 사찰과 인연을 맺도록 만들었던 것이다. 승려의 사회적 지위가 크게 향상되었으나 승려들의 관료화에 따른 타락과 부패상이 드러나기 시작했다. 이에 대해 불교계 내부에서도 자기비판이 일어났다.

점차적으로 불교 교단이 정치와 멀어질 무렵, 일본이 한국과 중국 등 여러 나라를 침략하게 된다. 이때 일부 승려는 국가가 일으킨 전쟁을 정당화하기도 하고, 일본 천왕을 전륜성왕에 비유하기도 했다. 그러나 양심적인 일부 불교도는 자기 반성을 촉구했다.

이렇게 일본불교는 국가의 소용돌이 속에서 권력과 서로 밀접한 영향을 주고받으며 성장했다. 일부에서는 정법수행을 고수하는 승려가 있어 신심면에서나 수행면, 그리고 불교학에 있어서 발전할 수 있었다고 본다.

만복사에서 나와 공항으로 향하는데 시간이 넉넉하다. 공항 가는 길녘에 원나라 때 조성된 미륵대불이 있어 참배했다. 그런데 오후 3시 무렵 간간히 내리던 비가 점점 거세게 쏟아지는데, 한치 앞이 안 보인다.

오늘 저녁 예약된 6시 30분 비행기가 이륙할지 걱정이다. 일단 공항에 들어서서 입국수속을 마쳤다. 창밖은 엄청난 폭우가 쏟아진다. 내일은 더 많은 비가 온다고 오늘 공항으로 사람들이 몰렸다. 내일이 문제가 아니고 오늘도 저렇게 많이 오는데, 걱정이다. 다행히 내가 탈 비행기는 이륙할 예정이고, 오후 7시 이후부터는 모든 비행기가 취소되었다. 공항에서는 무조건 기다리라고 한다.

전에도 복건성에만 오려고 하면 일이 터져 곧바로 북경으로 올라갔었다. 복건성과 무슨 웬수가 졌는지, 돌아갈 때도 무진 애를 먹는다. 다행히 2시간을 넘게 기다린 끝에 나의 베이스캠프 북경으로 향했다.

● 천녕사(북경) 진신사리 탑

● 표충사 입구에 있는 고목

구법

선의 원류를 찾아서

초판 1쇄 발행 | 2007년 6월 8일
초판 2쇄 발행 | 2017년 1월 31일
지은이 | 정운
펴낸이 | 이동출
펴낸곳 | 도서출판 솔바람
등록 | 1989년 7월 4일(제5-191호)
주소 | 서울특별시 종로구 수송동 58번지 두산위브 파빌리온 1213호
전화 | (02)720-0824 전송 | (02)722-8760 이메일 | sulpub@hananet.net
편집위원 박종일 | 편집장 김용란 | 편집·디자인 오수영 손미영 황은아 | 마케팅 권혁민 박기석
ⓒ정운, 2007

값 18,500원
ISBN 978-89-85760-61-4 03220

· 저자와의 협의에 따라 인지를 생략합니다.
· 잘못된 책은 바꾸어 드립니다.